普通高等院校地理科学专业系列教材

地理教学论

曾　玮等　编著

科学出版社
北　京

内 容 简 介

本书以《教师教育课程标准（试行）》以及《中学教师专业标准（试行）》等为编写依据，以整个地理教学为研究对象，系统探讨了地理教育的发展历程、研究内容和研究方法、国内外地理课程的改革与发展、地理教学思想、地理教学情境、地理教学目标、地理教学内容、地理教学模式与方法、地理教学过程、地理说课、地理学习评价以及地理教师专业发展等内容。全书内容丰富、体系完整，以学生为本，突出创新性和实用性。

本书既可作为高等师范院校地理科学专业本科生的必修教材，也可作为中学地理教师、地理教研员自学、培训教材或参考用书。

图书在版编目(CIP)数据

地理教学论/曾玮等编著．—北京：科学出版社，2014.9
普通高等院校地理科学专业系列教材
ISBN 978-7-03-041746-6

Ⅰ.①地…　Ⅱ.①曾…　Ⅲ.①中学地理课-教学研究-高等学校-教材
Ⅳ.①G633.552

中国版本图书馆 CIP 数据核字（2014）第 193397 号

责任编辑：文　杨/责任校对：朱光兰
责任印制：徐晓晨/封面设计：迷底书装

科学出版社出版
北京东黄城根北街 16 号
邮政编码：100717
http://www.sciencep.com
北京凌奇印刷有限责任公司 印刷
科学出版社发行　各地新华书店经销
*
2014 年 9 月第　一　版　　开本：787×1092　1/16
2021 年 1 月第六次印刷　　印张：15 3/4
字数：373 000

定价：49.00 元

（如有印装质量问题，我社负责调换）

本书编写人员名单

主　　编： 曾　玮

编写人员： 常华锋　赵传兵　吕润美　顾绍琴
郭锋涛　周维国　吴利珠

前　言

教育部于2011年印发了《关于大力推进教师教育课程改革的意见》(教师［2011］6号文)，并颁布了《教师教育课程标准（试行)》。于2012年印发了《关于印发〈幼儿园教师专业标准（试行)〉、〈小学教师专业标准（试行)〉和〈中学教师专业标准（试行)〉的通知》(教师〔2012〕1号文)。《中学教师专业标准（试行)》是中学教师教育教材编写的依据、教学的依据和教学评估的依据。

为进一步规范地理教师教育课程以及“地理教学论”教学，引导未来的中学地理教师尽早地了解和熟悉中学地理教学的原理与方法，我们以《中学教师专业标准（试行)》为指导，通过与广东、山东、上海、河南等省市部分中学地理教研员和教师交流以后，制订了本书的编写大纲。

在编写过程中，作者力图凸显下列特色。

1）以学生为本。以学生为本是《中学教师专业标准（试行)》倡导的基本教学理念。它既是教育教学发展的理性选择，也是教学实践经验的高度抽象。在教师教育中，把以学生为本作为一条主线，既是培养高质量未来教师的需要，也是大学教师对未来中学教师的身教示范。也就是说，一方面，我们在《地理教学论》中认真贯彻以学生为本的教学思想；另一方面，作为教师教育的大学教师，我们也要在教学中理性地践行这一理念。

2）体系完整。参考国内外教学论和地理课程与教学论方面的著作，根据我们对基础教育教学改革与发展走向的判断，我们确立了本书的结构框架。因此，本书的结构体系既是对前人研究成果的总结，也是我们关于地理教学理论框架的一个创新。

3）实用性强。即满足地理教师教育需要。主要体现在：第一，反映地理教育教学最新研究成果，体现地理教育教学的时代特色。第二，系统地介绍地理教学理论。教学技能与实践能力的培养离不开教学理论的指导。因此，系统掌握教学理论是教师教育教学论的重要任务。第三，注重实践技能。一方面，注重各项教学艺术的指导；另一方面，注重各项教学基本技能的训练。另外，本书适时引入和介绍了中学教学中许多成功的教学案例。

本书是集体智慧的结晶，编写大纲是经过整个编写组协商后完成的，各作者分别承担了各章的编写任务。具体分工是：曾玮博士负责第一章和第二章，其中，潘慧平、彭培欣、杨韵莹、吴利珠等老师在第二章第二节和第三节的撰写中提供了帮助；第十一章第一节、第三节和第四节由曾玮撰写，第二节由吴利珠撰写；常华锋博士负责第三章、第六章和第十二章；赵传兵博士负责第四章、第七章和第八章；顾绍琴博士负责第五章；吕润美博士和周维国硕士负责第九章；郭锋涛博士负责第十章。全书由曾玮博士统稿。

在本书编写过程中，参考了国内外学者大量的研究成果，在此深表谢意。衷心感谢华南师范大学肖玲教授、徐颂军教授和陈国媚老师在本书的出版过程中所付出的辛勤劳动，感谢他们对本书编写过程中给予的关怀和指导。

由于水平和条件的限制，书中难免有疏漏和不妥之处，敬请各位读者提出宝贵意见。最后，衷心希望本书对于我国地理教育教学改革与发展有所贡献。

作　者

2014 年 1 月

目　　录

第一章 绪　　论

本章的学习目标：
1. 理解地理教学论的研究对象；
2. 阐释地理教学论的研究内容；
3. 掌握地理教学论的研究方法。

第一节 地理教学论的学科发展历程

地理教学论在我国历经了一百余年的发展历史，其研究对象的理解与确定，也经历了一个由浅入深、不断发展的认识过程。随着教育学、教学论、地理教学论等学科科学化研究的不断深入与发展，地理教学论的研究对象也逐渐清晰，地理教学论这一门学科也就孕育而生了。

随着我国地理新课程改革的不断深入与发展，地理教学论在中学地理教学的理论研究和实践指导方面的作用越来越明显。实践证明，地理教学论在推进地理新课程改革、指导地理教师培养和专业发展、推动中学地理教育的有效实施与健康发展等方面，有着不可替代的作用。但地理教学论的发展也经历了一个迂回曲折的过程，回顾和研究地理教学论的发展历程，梳理其研究对象的时代更替，对于揭示地理教学论的发展规律，明确地理教学论的发展前景与方向，具有重要的理论价值与实践意义。

一、地理教授法阶段

我国地理教育思想及内容源远流长，如《山海经》是一部富于神话传说的最古老的地理著作，《水经注》是我国古代较完整的一部以记载河道水系为主的综合性地理著作，在我国长期历史发展进程中产生了深远影响。1867 年新式学校京师同文馆中便开设地理课程，1878 年张焕纶在上海开办新式小学正蒙书院，设“舆地”等基本科目，以后国人自办新式中小学多有单独地理课程设置（黄京鸿，2011）。但是地理学科作为一门单独的课程在学校普遍开设，以及各地大学堂的文科及师范院校开设地理学课程，却始于 20 世纪初。1904 年，清政府废除科举制度，兴办学校，颁布了《奏定学堂章程》，实行癸卯学制，在“小学堂”和“中学堂”都开设地理课，这是在我国近代学校正式设置的最早的中小学地理课程。与此同时，在初级和优级师范学堂分别开设“教授法”和“各科教授法”，地理教授法主要讲授“地理的次序、法则”（《中国大百科全书》编委会，1992）。不过当时出版的著作，以小学地理教学的研究居多，如谢洪赉编写的《地理教授法》、南洋工学发行的《小学地理教授法》、姚明辉编著的《高等小学地理教授法》等（陈澄，1999），而研究中学地理教授法的著作并不多见。

二、地理教学法阶段

我国著名教育家陶行知先生基于“教、学、做合一”的思想，指出教师教的方法要与学生学的方法联系，于1919年提出将“教授法”改名为“教学法”。虽然此后“地理教授法”的说法并未销声匿迹，但“地理教学法”名称的提出，意味着地理教学思想的一大进步。随着地理教育事业的不断发展以及地理教育研究逐步转移到中学阶段后，关于地理教学法的研究成果也逐渐增多。1922年，竺可桢先生发表了《地理教学法之商榷》一文（史地学报，1922年第2期），这是本学科最早以“地理教学法”命名的论述（杨新，2010）。1922年11月1日，教育部颁布的“新学制”（又称“壬学制”）正式规定，在中等师范学堂开设“普通教学法”、“各科教学法”，“地理教授法”也就发展成为“地理教学法”。随着全国各地普遍开设地理教学法课程，地理教学法方面的研究增多，著作和文章相继问世，其中影响较大的有：葛绥成的《地理教学法》（中华书局，1932年）、刘虎如的《小学地理科教学法》（商务印书馆，1934年）、田世英的《中学地理新教法》（商务印书馆，1943年）、褚绍唐的《地理学习法》（中华书局，1935年）、《中学地理教学法述要》（地学季刊，1936年第2期）等。

新中国成立以后，仍然沿用“地理教学法”的名称。1955年，教育部颁发了《地理教学法教学大纲（试行）》，这是新中国成立以后颁布的第一部地理教学法教学大纲，有效地推进了地理教学法课程的研究与发展。20世纪50年代，各行各业学习苏联，这个时期也引进了较多苏联版本的地理教学法著作，如库拉佐夫的《地理教学法》（正风出版社，1953年）、鲍格达诺娃的《小学地理教学法》（人民教育出版社，1954年）、毕比克的《中学世界地理教学法》（人民教育出版社，1954年）、包洛文金的《自然地理教学法》（人民教育出版社，1955年）、巴朗斯基的《学校经济地理教学法概论》（人民教育出版社，1956年）等（陈澄，1999），这些地理教学法著作都对我国中小学地理教学产生过较大的影响。

三、地理教材教法阶段

20世纪五六十年代进行的教学改革，以批判苏式体系及精简课程为突出特征，“地理教学法”随当时教学改革潮流，着重研究改革后的中小学地理教材及教学方法（黄京鸿，2011），因此将“地理教学法”更改为“地理教材教法”是对地理教学法研究对象的错误认识和理解。

“文化大革命”时期，中学地理教育几乎停滞，地理教学论的研究几乎无人问津。

四、地理教学法阶段

20世纪70年代后期，地理教学论的学科发展进入了一个崭新的时期。很多学者认为，“地理教材教法”的称谓不够全面、不够准确。因为“地理教材教法”的研究对象是指对地理教材的分析和对地理教学方法的探讨，把地理教学法的“法”字理解为“方法”，实际上是一种误解。地理教学法的“法”字应是“法则”之法，是“规律”、“原理”的意思。以后，在大部分高等师范院校，这门学科仍被称为“地理教学法”。

继1978年北京通县座谈会达成共识，1979年，北京师范学院、北京师范大学、吉林师范大学、西南师范学院、开封师范学院、天津师范学院、陕西师范大学、华南师范学院、南京师范学院九所高师院校联合编写高师院校试用教材《地理教学法》，第一次明确提出“地理教学法的研究对象是地理教学。地理教学法的研究任务是研究地理教学的普遍性规律，并据以规定地理教师在地理教学活动中应符合的基本要求”（黄京鸿，2011）。1980年，教育部颁布了高等师范学院《中学地理教学法教学大纲》。随后，关于地理教学法研究的不断丰富，相继出版了十余种地理教学法教材，如褚亚平等编著的《中学地理教学法》（人民教育出版社，1981年）、褚绍唐等编著的《地理教学法》（华东师范大学出版社，1982年）、刁传芳等主编的《中学地理教学法》（北京师范大学出版社，1988年）、曹琦等主编的《中学地理教学法》（高等教育出版社，1989年）等。

地理教学论曾出现过地理教材教法的称谓，现又回归到地理教学法，这个时期地理教学论的研究，从研究地理教学中以“教”为主的取向，到开始研究如何指导学生的“学”，拓宽了地理教学论的研究范围和视野，能够更好地指导中学地理教学实践，提升了地理教学论研究的理论层次，提出了一系列的地理教学原则，如直观性原则、启发式原则、巩固性原则、精讲多练原则、理论联系实际原则和可接受性原则（李家清，2009）；开展了对地理教学过程中教学方法的研究，介绍新的教学方法；介绍现代化的教学手段，加强对教育技术的研究。

五、地理教育学阶段

随着我国社会的发展以及教育的发展，社会主义现代化建设对人才的培养提出了新的要求，在学校各学科的教学中，如何充分发挥各学科的教育功能，加速一代新人的全面发展，无疑是摆在我国教育科学研究领域中的一项重大课题。学科教育的教学需要建立在完整、系统的学科教育科学概念的基础上，必须具有学科的系统结构和理论、方法上的科学体系。正是社会进步和学科发展的双重需要，包括地理教育学在内的学科教育学，于20世纪80年代在我国孕育和产生了（杨新，2010）。随着学者们不断地进行深入研究，学科教育学也在不断发展与完善。

1988年12月，由北京师范学院（今首都师范大学）学科教育学研究中心发起，在北京召开了我国首届“学科教育学理论研讨会”，会议对该学科建立的必要性、可能性以及该学科发展的基本框架，取得了较为一致的看法，并认为这次会议在学科教育理论的探索上迈出了重要一步（褚亚平等，1992）。各学科教育学的研究与教学工作快速发展。

20世纪80年代末至90年代初，在首都师范大学褚亚平等教授的倡导下，地理教育学这一门新的课程诞生了。到20世纪末，全国大部分的高等师范院校的地理师范生都开设了“地理教育学”课程，取代了“地理教学法”。地理教育学是地理教学法的发展与提高，也是由学校地理教育全过程的研究转向学校地理教育原理以及实现最佳地理教育效益的能动因素研究的集中标志，无论是从研究范围还是从研究理论高度来看，地理教育学的发展对我国地理教学论的研究均起到了很大的推动作用。关于地理教育学的著作、教材也陆续出版，如褚亚平编著的《地理教育学》（上海教育出版社，1992年）、孙大文编著的《地理教育学》（浙江教育出版社，1992年）、袁书琪编著的《地理教育学》（福建教育出版社，1995年）、王希标和邹健编著的《地理教育学》（南海出版公司，1998年）以及杨新编著的《简明中学地理学科教育学》（中国人民公安大学出版社，1998年）等。

有的学者认为，地理教育学由于其“理论学科的基本特性”以及它对地理学科“教育教学实践的指导并不是具体的、可操作的”等缘故，并结合我国当时的教育现状来审视，它更适合作为地理教育硕士研究生的一门专业课程（陈澄，1999），也可以作为中小学地理教师进行继续教育的高级理论课程。

六、地理教学论阶段

鉴于“地理教学法”的名称易被误解，其在理论与实践方面的研究仍需不断加强和提升，地理教学法方面的学者们倡导建立一门高等师范院校地理专业适用的、理论与实践并重的“地理教学论”课程。1987年，国务院学位委员会发文将教育学科的二级学科“教材教法研究”更名为“学科教学论”。1992年，原国家教育委员会师范司曾分别组织召开了全国文、理科“学科教学论”课程研讨会，会议达成了设立各学科教学论的共识，《地理教学论》的编写计划便开始酝酿、筹划（陈澄，1999）。1999年，由陈澄先生主编的我国第一部《地理教学论》教材正式面世，全国众多高等师范院校地理本科专业开始开设“地理教学论”课程。

地理教学论是一门研究地理教学现象和问题，揭示地理教学规律，并用于指导地理教学实践的学科。地理教学论的研究对象就是地理教学活动中的一切现象和问题（陈澄，1999）。地理教学论的研究与发展适应社会发展的需要、适应地理学科发展的需要、适应我国素质教育发展的需要。

第二节　地理教学论的研究内容

地理教学论主要研究地理教学理论，并且指导地理教学活动。具体地说，就是解决地理学科教学中“为什么教（学）”、“教（学）什么”、“如何教（学）”和“教（学）的效果如何”等一系列教与学的问题。主要体现在以下8个方面。

一、研究地理课程的设置与目标

地理课程一直是我国基础教育课程体系中不可或缺的课程之一，地理学科既是促进个人教育的重要媒介，也可以对国际教育及环境和发展教育做出重大贡献。

地理课程的定义与课程的定义一样，也是随着社会的发展变化而不断发展变化的，就地理课程的定义而言，我国学者比较认同“地理课程就是地理课业及其进程”这一定义。地理课程的设置非常重要，地理课程的编制需要遵循一定的原理，设定地理课程目标、选择地理课程内容、实施地理课程和对地理课程进行评价。

新课程倡导知识与技能，过程与方法，情感、态度与价值观三维目标，三维目标分别从知识、方法、价值观这三个层次来设置。第一个层次是组成地理学科的基础知识和概念；第二个层次是支撑在基础知识和概念背后的地理思维和行动方式；第三个层次是隐含在地理思维和行动方式背后的个人情感、态度与价值观。三维目标的设置与地理学科的逻辑体系相一致。

二、研究地理教学的思想与理念

教学思想，一方面是地理教学价值取向的具体化；另一方面，它又指导着地理教学实践活动，影响着人们的地理教学行为。因此，地理教学思想研究，既是一个理论问题，又是一个实践问题。在教学实践中，教师有什么样的地理教学思想，他（她）就会形成什么样的地理教学策略，采用什么样的教学方法，开展什么样的地理教学活动。因此，地理教学思想是指导地理教学实践的理论武器，它决定着地理教学的方向与质量。每个教师都有自己的教学思想。地理教学思想主要形成于地理教学实践。从某种程度上讲，地理教学思想是地理教学经验的总结与升华。学习是地理教学思想形成与完善的另一个途径。教育教学理论的学习与地理教育专家教学思想的学习是修正和完善自己教学思想的重要方式。

三、研究地理教学环境的创设

在地理教学活动诸要素中，情境（或环境）要素常常被忽略。环境要素的影响有时虽然是潜在的，但绝对不能忽视其重要性。因此，正确认识地理教学情境的功能，创设良好的地理教学情境，是地理教学论研究的重要内容。

地理教学情境是多要素相互联结、相互依存构成的良性教学生态系统。在地理教学过程中，地理教学情境对学生具有完善人格、培养情感、养成科学素养、提升情意、产生良好行为的功能作用。地理教学情境包括“物化”的教学环境和“人化”的教学情境。在地理情境创设过程中，要凸显地理教学情境的教育性、系统性、干预性、区域性、发展性等功能，从而使得地理教学实践与时俱进，立足学科前沿，选择源于生活、具有时代特征的教学内容，营造与时代同步的地理教学情境。

地理教学情境创设是为了创造或改善地理教学条件，有效实现地理教学目标，对地理教学情境进行整体或局部的规划、组织、协调和安排。从某种意义上说，地理教学情境创设的过程是一个发现和解决地理教学问题的过程。这就需要教师和学生加强教学设计原理和方法的学习和运用，培养师生地理科学思维习惯，从而提高师生分析问题、解决问题的能力。

随着现代科学技术的发展，信息技术日益成为影响地理教学情境创设的重要因素。基于信息技术的地理教学情境创设也已成为地理教学工作者研究的焦点之一，基于多媒体的教学情境、基于网络的地理教学情境、基于虚拟技术的地理教学情境、基于数字星球系统的地理教学情境等的创设和运用，使得地理教学手段逐步完善和成熟，基于多元教学技术的地理专业教室的构建也已成为很多学校不可或缺的地理教学情境。

四、研究地理教学内容与形式

地理教学内容，即地理课程。它是为了达成教学目的而规定的、要求学生学习的一切内容的总和，是师生教学活动的媒介。教学内容是由课程标准规定的。因此，研究地理教学内容首先要研究课程标准，课程标准是教育部制订的，它是国家意志在课程与教学方面的具体体现。因此，它是编写教科书、教学、评价和考试命题的依据，是国家管理和评价课程与教学的依据。课程标准具体地规定了课程的性质、目标、内容框架，提出了教学和评价的建议。其次，要研究教科书。教科书是课程标准的具体化。但是，教科书的编写又具有一定的创造性，不同版本的教科书有不同的风格与特点。各版本教科书都在编写指导思想、教学内容（课程）结构、内容的选择与安排等方面各具特色。最后，还要研究学校课程资源。理论上，学校存在的各种课程资源均属于教学内容的范畴。

五、研究地理教学过程与方法

地理教学过程与地理教学方法是地理教学论研究中的重要内容，地理教学过程的研究内容主要包括以下 3 个方面。

1）地理教学过程中的要素。地理教学过程是多因素在多层面中相互作用、相互组合的复杂过程，反映的是教师、学生、学习内容、教学媒体等要素之间的复杂组合关系。其中地理教师、学生和教学材料是地理教学过程的最基本因素。

2）地理教学过程的优化。地理教学过程优化的判断标准主要表现在：优化的地理教学过程要有明确的目标；优化的地理教学过程要能促进学生发展；优化的地理教学过程要有符合学生接受能力的信息量；优化的地理教学过程要给予学生参与教学的机会；优化的地理教学过程要有通畅的互动反馈渠道。

3）地理教学过程的实现。地理过程实现就是要在平等合作、对话理解的情感情境中，实现地理课程目标，为学生的全面发展和健康成长创造有利条件。在有机整合的三维目标中，“知识与技能目标”是地理课程的基础目标，“过程与方法目标”是地理课程的关键目标，“情感、态度与价值观目标”是地理课程的终极目标。在地理教学过程中，应该以地理基础知识实现为中心，关注过程与方法目标的实现，重点在于养成学生的地理情意目标。

地理教学方法的研究内容主要包括以下两方面。

1）地理教学模式。地理教学模式是指在一定地理教学思想和地理教学理论指导下形成的地理教学的理想意图、逻辑结构及基本教学范式。一般来说，地理教学模式由地理教学思想与理论、教学主题、教学目标、教学程序、保障条件和教学评价等要素构成，这些要素之间有规律的联系就组成教学模式的基本结构。

2）地理教学方法。本书从教学方法与教学事件关系的视角分析，认为地理教学方法是指在地理教学过程中，师生为完成一定的地理教学事件所采用的具体方式和手段。教学方法可以实现单个教学事件，也可以用于实现多个教学事件。为了实现隶属于共同地理教学目标的多个地理教学事件而采用的教学方法组合，构成了地理教学模式。

六、研究地理教学方案的设计

教师对地理教学进程的引领作用、对学生地理学习的引导作用，主要是通过课堂中教师的行为体现出来的，而地理教学方案则是教师对自身行为的预设，对教师进行课堂教学具有非常重要的作用。地理教师能够设计一份完整实用的教学方案是做教师的基础，在这样的基础上，教师还需要对地理教学方案进行进一步的研究。

地理教学方案准备形式的研究。在信息化时代的背景下，地理教学方案的准备形式有更多的方式和类型。由于网络科技的日益发达，地理教师的备课可以突破时间和地域的限制，教师之间可以加强思想的交流，促进各自的教学工作。

新理念与地理教学方案的融合研究。基础教育改革的深入进行带来了一批新的教学理念，也给地理教育改革带来了新的发展动力。以学生为主体的地理课堂催生了教学设计的产生；以学生自学为主，教师辅助教学理念的出现使得导学案式的教学方案模式非常流行；新课标倡导学习对生活有用的地理的基本理念，也使得案例式教学方案的设计受到重视。在新的背景下，地理教育还将进行更加深入的变革，能否出现更多形式的地理教学方案服务于地理教学，需要我们更加关注。

地理教学方案的评价研究。地理教学的评价是比较复杂的研究系统，评价标准不统一，评价客体也不统一，但我们可以肯定的是，教学方案作为教师地理教学的重要组成部分，也需要进行评价。教学方案的评价应该有自己的原则与标准，从教学方案本身的设计和应用效果两方面看其科学性。

七、研究地理学习评价方法设计

学习评价是教育评价中的重要组成部分，新一轮基础教育课程改革非常重视学生的学习评价，《基础教育课程改革纲要（试行）》对学习评价做了专门的规定："要求建立学生全面发展的评价体系。评价不仅关注学生的学业成绩，而且要发现和发展学生多方面的潜能，了解学生发展中的需求，帮助学生认识自我，建立自信。发挥评价的教育功能，促进学生在原有水平上的发展。"在地理教育过程中，学习评价也是地理教师日常工作中的一项非常重要的内容，教师们需要掌握正确的地理学习评价的相关知识以及方法，需要进行专门的实践。

首先，地理学习评价的主要依据是地理课程目标，评价不仅关注学生地理知识与技能目标的达成，而且也重视过程与方法以及情感、态度与价值观目标的达成。其次，地理学习评价要遵循新课程改革的评价理念与方法，要遵循教育评价与测量的基本理论与方法，突出地理学习评价的科学性和客观性。最后，地理学习评价要借助一定的评价手段和评价工具来获取学生的学习状态信息，并依据这种信息对学生的学习能力、学习态度、学习过程和学习效果进行科学、公正的分析和判断，为学生学习方法的改进、学习能力的提升以及学习效果的判断提供切实可行的依据。

地理学习评价包括地理学习形成性评价、地理学习终结性评价和地理学科大规模公开考试三大类，不同类型的评价，其评价的内容、评价方法以及评价工具和手段都会有一定的差异，其结果的使用也会存在差异。

八、研究地理教师专业发展的途径与方法

教师专业发展是指教师为了适应教师职业专业化水平不断提高的要求，在教师职业各个方面所实现的发展。地理教师是一种专业化的职业。随着社会对教育要求的不断提高，教师专业水平必然要不断地发展。发展性是教师职业的重要特性。地理教师专业发展包括精神的发展、专业知识的发展和专业能力的发展。地理教师专业发展是以地理教师专业标准为依据的。地理教师专业标准既规定了教师专业发展的方向，又规定了专业发展的内容。地理教师专业发展具有一定的规律性。我们要遵循这种规律。只有在遵循这些规律的前提下，才能通过有效的发展途径实现自身专业发展。

第三节 地理教学论的研究方法

研究是指利用有计划、系统地资料搜集、分析和解释问题的方法，获得解决问题的过程。实际上，研究是运用科学方法探求问题答案的一种过程。任何一门学科，都需要有自己的研究方法和手段。借助科学的研究方法，可以有效地解决地理教学及研究中的问题。了解并且掌握地理教学活动中的主要研究方法和步骤，对发展我国地理教学理论、提升我国地理

教学质量、拓展中学地理教师专业发展的途径、促进我国中学地理教学改革和提升地理教师专业素养等，都有非常重要的影响。

虽然不同的研究，采用的方法会有不同，经历的过程也有差异。但一套完整的科学研究方法，会涉及一系列的内容：①课题研究的理论基础；②课题的正确选择；③有关资料文献的搜集和查阅；④研究计划的制订；⑤研究材料的编制和指标的确定；⑥研究方法和研究对象的选择；⑦具体研究步骤或程序的实施；⑧研究结果的整理与分析；⑨对研究结果的检验等（胡中锋，2006）。地理教育问题的研究，也需要经过这些程序。

根据地理教学论的研究对象以及特点，其主要的研究方法有文献研究法、观察研究法、调查研究法、实验研究法和行动研究法等，现分别论述如下。

一、文献研究法

任何的研究在开始之前，首先必须查阅文献。文献研究法既是一种研究方法，也是教育研究的基础。文献研究法是通过广泛阅读和研究地理教育教学有关的书籍、期刊、资料等，从中了解地理教育现象的本质属性、获得地理教育问题的解决方法的研究方法。

（一）文献查阅的目的

在进行地理教学论的研究时，必须先从了解有关文献资料开始，并且在批判性地继承前人已有的研究成果的基础上，拓宽自己的研究思路，找准研究问题，并且有所创新。文献研究在不同的研究阶段，所起的作用不同，现分别进行论述。

界定研究问题。研究者在地理教学论问题研究之初，只是对研究的问题有一个大概的方向，还没有非常具体地研究问题，这就需要查阅大量的文献，充分界定研究问题的范畴。选择一个界定清晰的问题进行深入的研究，其研究的效果远远好于对一个广义的问题进行泛泛地研究，研究问题的准确界定会严重地影响到后续的研究进程和研究结果的获取。

寻找研究思路。在阅读文献的过程中，地理教学论的研究者应该能够敏锐地认识到自己感兴趣的研究领域中，哪些研究已经完成，哪些研究还可以深入地进行。研究者独特的经验、教育背景以及工作背景，很有可能看到其他研究者不曾看到的问题，这些问题也许就是一些独一无二的独创性的问题，为研究者寻找到新的研究思路和研究问题。

获得研究方法。在文献查阅的过程中，地理教学论的研究者务必需要注意那些已经运用过的研究方法，这些信息有助于地理教育研究者选择适合自己的研究方法，避免无效的研究方法，使得研究更加有效，提高研究结果的信度与效度。

查阅研究建议。一些研究者经常在报告的结尾处附上由他们的研究所引出的需要讨论的问题和其他可以进行研究的建议。这些问题和建议应加以仔细考虑，因为它们代表着研究者对一个特定问题进行大量研究后才获得的洞察力（梅雷迪斯等，2002）。

寻求理论支持。地理教学论的研究是在教育学研究、心理学研究以及地理学研究等基础上进行的，在研究和解决地理教学论中的相关问题时，需要寻求理论的支持。合适的理论是解决地理教学论问题的基础，但是理论必须要适切和有用。

（二）文献查阅的基本步骤

在地理教学论研究过程中，文献的查找可以遵循一些基本的步骤。

第一，明确文献检索的目的。研究者在查找文献的过程中，首先要明确自己查找文献的目的和要求。认真分析研究问题后，确定所需文献的主题内容、问题类型、时间跨度以及相应载体。研究者的目的越明确，要求越具体，则对查找的文献越有利。

第二，确定检索工具。检索工具通常比较完备地汇集某一方面的资料，按照特定的方法加以编排，以供人们查找数据、事实和文献线索的专门性工具（胡中锋，2006）。地理教学论研究者需要熟悉一些基本的检索工具，如目录、题录、文摘、索引、参考工具书和国内外期刊等。

第三，确定检索途径。地理教学论研究者可以根据检索工具的具体情况来选择检索途径。一般包括分类检索、主题检索、引文检索、著者检索和代码检索等。

第四，获得原始文献。地理教学论研究者经过判断符合检索需要的文献后，可以记录题名、作者和出处，利用各种馆藏目录查找并且获得原始文献，或者通过相关的网络数据库获得全文链接。研究者一定要在研究的过程中获得并且查看原始文献，切忌以讹传讹。

二、观察研究法

观察研究法是地理教学研究活动中最基本的方法，就是人们有目的、有计划地通过自己的感官去反映自然状态下的事物和现象的一种经验方法。观察有两个基本特征：第一，观察是一种感官认识的活动。因其是感性认识活动，它很大程度上处于地理教学现象发现和信息收集的范围。第二，观察是对自然状态下的事物、现象进行观察。也就是说，观察者必须在使研究对象不受任何干扰的情况下进行观察（陈澄，1999）。

在地理教学科学研究中，观察研究法有地理教学过程观察和地理学习过程观察两种。

（一）地理教学过程观察

地理教学过程观察是指研究者根据研究主题或问题，通过观察对地理课堂教学的运行状况进行记录、分析和研究，获得原始的研究信息，并在此基础上谋求教师教学行为和教学效果的改善，促进教师发展的专业活动。

地理教学过程观察根据目的和作用的不同，可以分为以下三种。

诊断性观察。帮助主讲教师发现问题，对课堂上出现的一些现象和问题进行分析判断，得出结论，并给出建议。

提炼性观察。帮助主讲教师形成风格，通过观察提炼出被观察者课堂教学的风格和特色。

专题性观察。是指从某个专题展开观察，为了研究某一或某些课堂而进行的观察，也可成为主题式观察。

（二）地理学习过程观察

地理学习过程观察是指研究者根据学习目标，观察学生在地理课堂学习过程中的学习行为和学习效果，从而为教师的教学设计和课堂教学行为的改善提供依据。

地理学习过程观察主要包括以下几个方面的内容。

学生地理学习态度的观察。学生的地理学习态度是学生学习地理学科的基本点和出发点，学生学习地理的态度是否端正，是否积极，将影响到学生地理学科的学习兴趣以及学习效果。在研究中，通常从以下角度来观察学生的地理学习态度：观察学生地理学科的预习情况；观察学生地理学习材料的准确情况；观察学生地理学科学习的复习情况等。

学生地理学习过程的观察。学生在地理学习过程中的表现，会严重地影响到学生的地理学习效果。地理学习过程观察需要观察学生在地理课堂上听讲、积极思考、主动回答问题、主动完成学案、参与课堂讨论等情况；观察学生完成教师布置的任务情况等。

学生地理学习效果的观察。学生地理学习效果的观察，主要观察学生在地理课堂上回答问题时的知识掌握情况，地理思维的形成情况，地理问题的认知情况，地理方法的运用情况，地理过程的感知情况，地理专业术语的表达和运用情况，地理技能和地理情感、态度与价值观的形成情况等。学生地理学习效果的观察一般需要经过比较长的时间，不能够以一两次的观察结果就主观臆断学生的地理学习效果，这是观察者需要遵循和注意的。

三、调查研究法

调查研究法在地理教育研究中是应用最为广泛的一种研究方法，它具有设计简便、适用范围广、易操作等特点，与其他研究方法相结合，可以为地理教育研究获得第一手的研究资料。

（一）调查研究法的含义与特点

1. 调查研究法的含义

调查研究是地理教育研究者运用各种方法，有计划地、系统地了解被调查对象某一方面的状况，并从大量的调查事实和资料中分析地理教育对象的现状、相互关系和发展规律的一种方法。调查是收集资料，研究是分析资料并且做出价值判断。

在一般情况下，地理教育调查研究按照内容可以分为现状调查、发展研究和区别研究三类。现状调查是调查研究对象的目前状况和与之相关的各种因素。例如，调查高一学生的地理学习障碍、学习心理，调查高中地理教师的课堂教学行为特点，或者调查影响学生地理学习兴趣的因素等。发展研究是调查研究对象随时间的推移如何发生变化，如研究学生的地理思维能力如何随着年级的升高而发生变化。区别研究是研究各种教育现象之间是否有关系及关系的程度，以及教育现象之间有无可能构成因果关系等问题。例如，研究教师的地理课堂教学方法与学生的地理思维能力的关系、地理课堂教学目标的呈现方式与学生学习效率的关系、教师的地理课堂教学行为与学生的地理学习兴趣的关系等。

2. 调查研究法的特点

在一般的地理教育调查研究中，一般具有如下特点。第一，地理教育调查研究一般都是在自然的条件下进行的，对于研究的对象如地理教师、学生等不作任何干涉和控制，能够有效地还原事实真相。第二，地理教育调查研究是一种间接的研究，可以对不能直接观察的研究对象或者地理教育教学现象进行事后的追踪研究，如通过访谈、调查问卷了解教师对某种地理教学模式的看法，收集资料后分析资料并且得出结论。第三，地理调查研究可以提供地理教育现象之间可能存在因果关系的线索，但并不能直接确定因果关系的存在。因为地理教育调查研究的结果受多种因素影响，而且多种因素会同时对研究结果产生影响，研究者不可能对所有的因素都进行研究或者对所有的无关变量进行排除，所以只能分析地理教育事件发生的可能原因。

（二）调查研究法的基本操作程序

地理教育调查研究，需要遵循基本的操作程序，一般步骤如下。

确定课题。在中学地理教育教学过程中，教师会遇到非常多的实际问题，但是这些问题并不等于课题。只有当研究问题具体化并且具有一定的普遍性，才能成为研究课题。即使对于同一个问题，由于我们的研究角度不同，形成的课题也不相同。例如，地理教师课堂教学行为的问题，如果你想研究实施新的地理课程标准和地理教材后，地理教师的课堂教学行为发生了哪些变化，则可研究地理新课程标准下教师课堂教学行为的变化；如果你想研究新课程地理课堂教师教学行为具有哪些特征，则可研究地理新课程标准下教师课堂教学行为的特征；如果你想研究新课程标准下教师的哪些课堂教学行为是有效的，则可研究地理新课程标准教师有效的课堂教学行为等。

拟订计划。拟订计划是地理教育课题研究中的中心环节。拟订调查计划的目的是事先对如何实施研究通盘考虑，明确研究的目标，确定研究的方向、研究的基本方法以及操作的程序等。制订地理教育调查计划大概包括如下内容。①课题名称；②研究目标和关键概念界定；③研究对象及选择方法；④研究的方法和主要内容；⑤研究进程和实施步骤；⑥各个阶段的注意事项；⑦资料的整理和结果的处理方法；⑧附录（研究时所用的有关调查表格、谈话提纲、资料统计表等）（张民生和金宝成，2002）。

选择对象。在地理教育科研过程中，选择调查对象是教育调查过程中的一个关键环节。中学地理教育调查研究一般是抽样调查，在全体研究对象中抽取一部分有代表性的对象组成样本，然后对样本进行调查，再根据样本的调查结果对全体情况做出适当的推测。如果选取的样本没有代表性，就不能从样本的数据对总体情况进行推测或者推测不准确。

确定调查内容。确定调查内容是地理教育调查研究中的重要环节。一般来说，确定调查内容时需要选择调查项目、明确调查指标以及提出分类标准。

实施调查。实施调查时需要严格按照调查计划的要求来进行，如果调查的实施过程不规范或者出现了偏差，会给调查结果带来误差，甚至会影响调查结果的科学性。在实施调查的时候需要注意：要严格按照调查计划选择调查对象，要严格执行指导语中提出的要求，不同的调查对象最好处于大致相同的环境中，调查过程中切忌使用一些引导性的语言，根据调查目的详细记录调查的结果，被调查者与调查者密切配合等。

整理资料。地理调查过程中收集到的是最原始的资料，必须经过研究者归类整理后才能够进行分析，得出研究结论。整理时，先将资料进行评定，对于定性资料完成个案分析和整理，对于定量资料完成数据的统计与处理。

（三）调查的基本形式

教育调查的形式是多种多样的，地理教育调查研究最常用的形式有问卷、访谈、测验和评价四类。这四类调查研究的方法可以在地理教育调查研究中单独使用，也可以组合起来综合地运用于某一项调查研究中，每一种调查方法都有其独特的功能和实用的范围（张民生和金宝成，2002）。

1. 问卷

问卷法是研究者把调查的课题分成若干个项目（变量），拟成具体易答的一系列问题，编成标准化问卷，然后发给调查对象，根据回收的答案进行统计分析，得出结论的方法。问卷调查是一种向被调查对象进行书面提问，要求书面回答的形式。问卷法能够在同一时间内收集大量的资料，定量分析客观可信，但也存在被调查者任意作答等缺点。研究者需要根据研究问题设计调查问卷、发放问卷、回收统计并且做出分析研究，得出相关研究问题的结论或者解决措施等。

2. 访谈

访谈有时被称为谈话法。它是通过调查人员与被调查对象面对面交谈来收集资料的方式。访谈可以采用“一问一答式”，即预先准备好一定顺序的题目，逐个提出问题请对象回答。也可以采用“自由提问式”，研究人员同对象在自然亲切的日常接触中进行交谈，从选择话题入手收集资料。在地理教育调查研究中，访谈一般分四步进行，即准备访谈计划、试谈、准备记录和进行谈话。

3. 测验

测验法就是通过各种测验来研究对象心理和教育活动规律的一种方法。也就是用一套标准化的题目，按规定程序，通过测量的方式来收集数据资料。与问卷法相比，测验法是一种更加标准化的问卷形式。测验可以得到调查对象的知识、能力、智力以及性格等方面的大量资料，有助于发现地理教育中存在的问题，分析其原因并且找到解决的措施。在使用测验时需要注意：要正确对待和解释测验的结果，测验前需要做好充分的准备，测验过程要标准化，消除被测人员的顾虑，对测试要进行控制等。

4. 评价

评价是在描述特定时间对象状况的基础上，根据认可的目标或价值对结果、过程作出判断的方法。评价法没有测验那么可靠准确，但是与定性描述研究相比，仍有其一定的科学性和实用性。地理教育研究中常用的评价法有两类，一类以判断事物的出现频次为主，称为检核表法；另一类以判断事物在某一特性方面的程度为主，称为评定量表法。

四、实验研究法

在地理教育改革和研究过程中，地理教育试验是地理教育改革和研究的基础，任何一项大的教育改革都伴随着著名的教育试验。例如，新一轮义务教育的地理课程改革，首先在全国选取 38 个国家级实验区进行试验，然后再慢慢推广。高中地理新课程改革，也是先选取广东、山东、海南、宁夏这四个省（自治区）进行试验，发现问题并且提出改进的方法。

（一）实验研究法的含义

所谓教育试验研究，就是研究者根据一定的目的和计划，在控制条件下，对被试（教育对象）施加可操纵的教育影响，然后观测被试的变化及教育效果，以此推断所施加的教育影响同教育效果之间是否存在因果联系的一种研究。在地理教育研究中，为了检验或了解某一项教育改革措施实施以后是否能提高教育效果，就可以采用实验研究法。因为地理教育实验可以对被试施加一定的影响，然后通过观测其变化来揭示其中的教育规律，这些是教育科学研究的其他方法难以做到的，具有较好的独特性。

（二）地理实验研究法中的变量

在地理教育实验研究过程中，会涉及许多可以变化的“因素”，如地理教材、地理教学方法、地理教学手段、地理教学目标的呈现方式等。在地理教育实验研究过程中，把这些可以“变化”的因素统称为“变量”。变量按其在实验研究过程中的作用可以分为“自变量”、“因变量”和“无关变量”三种，一项成功的教育实验应当准确把握这三要素，即操纵自变量、观测因变量、控制无关变量。

1. 自变量及其操纵

自变量又叫实验变量，它是实验前假定存在的因果联系中的原因变量，也就是研究者施加于被试的可以操纵的教育影响。例如，需要研究“遥感图像在中学地理教学中应用的实验研究”这一课题，研究中使用的遥感图像就是自变量。研究者是否能够成功地操纵自变量，使之真正有效地作用于被试，这是地理教育实验研究是否成功的关键。操纵自变量时，需要从以下两个方面加以注意：一是要使自变量发生合乎实验要求的变化；二是要使自变量真正有效地作用于被试，以期引起被试的变化。

2. 因变量及其观测

因变量又叫效果变量，它是实验前假定存在的因果联系中的结果变量。例如，遥感图像在中学地理教学中应用后的学生学习效果，即为因变量。科学地观测地理实验研究中的因变量，是地理教育实验研究成功的保证。在地理教育实验研究中，除了要操纵自变量，使之发生变化，还要观测因变量是否也随之发生了变化。在观测因变量时，一般要考虑如下问题。

首先，观测哪些因变量。例如，遥感图像在中学地理教学中应用后，被试可能在很多方面都发生了变化，如学生阅读遥感图像的能力提高了，学生学习地理的兴趣提高了，学生使用遥感图像的技能提升了等。究竟应该从哪些方面来观测效果，在实验前就必须明确。

其次，如何对因变量进行测定。地理教育实验研究测定的项目确定好了以后，则要考虑用什么方法把这些项目的效果测定出来。是书面测定还是口头测定，是个别测定还是集体测定。在测定的过程中，特别要注意被试变化过程的观察和记录，掌握被试受到自变量作用以后的变化过程。

最后，如何进行成绩评定。项目和测定方法确定以后，还需要确定如何评定成绩，是采用等级制还是百分制，等级的评定标准以及试卷的评分标准等均需一一说明。

3. 无关变量及其控制

无关变量是指地理教育实验中除了自变量与因变量以外的其他一切变量。例如，“遥感图像在中学地理教学中应用的实验研究”中学生的地理学习基础、学生的地理学习能力、学生对地理学科的正确认识等，都是无关变量。很显然，无关变量也作用于被试，使被试发生相应的变化并且影响地理教育的效果。在地理教育实验研究过程中，如果不对无关变量加以控制，我们就无法确定，地理教育效果的提升是因为我们施加了自变量的原因还是无关变量的作用所致，也就是说，自变量与因变量之间是否存在因果联系，我们很难推测。

（三）地理实验研究法中的假设与验证

1. 科学假设

假设是指假定性的理论解释，它是以已知的科学资料和科学原理为依据，对未认识的现象和规律作出符合逻辑的假定性的解释或推测。一些地理教育原理或者规律，在没有被验证以前都是假设，而假设一旦经过实验证实，就可以成为科学的理论或规律。地理教育实验研究过程通常是从科学的假设开始的，假设同样起到了非常重要的作用。

2. 实验验证

地理教育实验研究就是要对实验前提出的自变量与因变量之间存在因果联系的科学假设进行验证。那么，如何来验证呢？就是通过地理教育实验研究，提供自变量与因变量之间是否存在因果联系的三个必要条件的事实依据。只有通过实验所提供的事实依据，证明这三个必要条件成立，我们才能够判断自变量和因变量之间是否存在因果联系，否则就不能验证其存在因果联系。

必要条件之一——共变关系。共变关系就是用实验事实证明自变量与因变量是共同变化的，因变量随着自变量的变化而发生相应的变化。

必要条件之二——时间顺序。所谓时间顺序，就是自变量的变化必须发生在因变量的变化之前。如果自变量与因变量之间存在因果关系，而且前者是原因，后者是结果的话，那么在时间顺序上，因变量的变化必定发生在自变量的变化之后。

必要条件之三——控制无关变量。在地理教育实验研究中，很多的无关变量也会影响被试，进而影响因变量。如果不对无关变量进行控制，我们就很难判断，自变量的变化是由于因变量的变化而产生的，还是由于其他变量的变化产生的。

五、行动研究法

行动研究法是中学地理教育研究中应用比较广泛的一种研究方法，“行动”是指实践者、实际工作者的实践活动和实际工作；“研究”是指受过专门训练的专业工作者、专家学者对社会与自然的探索。20 世纪三四十年代，才把这两个词结合起来组成“行动研究”（action research）。

（一）行动研究的定义

对于行动研究的定义，学术界的说法不完全统一。有的学者认为“行动研究是行动者用科学方法对自己行动所进行的研究”，侧重于研究的科学性；有的学者则认为“行动研究是行动者为解决自己实践中的问题而进行的研究”，侧重于对教育实践的改进。也有人认为“行动研究是行动者对自己的实践进行批判性思考”，是实际工作者所进行的一种反思行为。学者们从不同的角度理解就有各种说法，概括其共同特点，可以这样认为：行动研究法是在教育情境中，研究人员和实际工作者结合起来解决某一实际问题的一种方法。在地理教育研究过程中，对于这一定义可以这样理解：第一，行动研究是由研究人员和实际工作者一起组成研究团队；第二，研究对象是中学地理教学过程中的实际问题；第三，行动研究是在地理教育情境中进行的一种自我反思的研究方式，其目的是解决中学地理教学过程中的实际问题以及提高中学地理教学的效率。

（二）行动研究的步骤

关于行动研究的步骤，其中比较有影响力的是 20 世纪 80 年代凯米斯提出的螺旋发展圈，他认为行动研究的过程是：“计划—行动—考察—反思—再计划……”（胡中锋，2006）。

这一运作程序举例如下。

1. 第一个循环

设想——学生认为中学地理很难学，地理在中学里属于文科课程，需要依赖大量的记忆来进行学习。怎样才能让学生正确认识中学地理学科的学习，改变学生的地理学习方法呢？看来首先应该改变教师的教学方法，只有这样才能改变学生的学习方法。

计划——改变教师地理教学方法，着重使用以问题为导向的教学方法（problem-based learning，PBL），避免学生对地理知识的机械记忆，而不是掌握正确的地理学习方法。

行动——试验以问题为地理学习的起点，学生的地理学习内容以问题为主轴进行架构，教师的教学方法以问题为导向。

考察——用摄像机录制几节地理课，观察并且记录教师地理课堂上教学方法的使用情况。

反思——为了使学生能够适应教师的教学方法，起初以为改变教师的教学方法就能够改变学生的学习方法，但是在研究的过程中发现，学生相应的学习方法也需要教师专门设计。

2. 第二个循环

修正后的计划——继续贯彻基本的设想与计划，但是注重对学生的以问题为导向的学习方法的设计和使用。

行动——以问题为导向的教师教学方法的设计和以问题为导向的学生学习方法的设计。

考察——用摄像机录制几节地理课，观察并且记录教师在地理课堂上教学方法的使用情况，以及学生在地理课堂上学习方法的使用情况。

反思——教师的教学方法与学生的学习方法都得到了改善，而且都围绕相应的地理问题来进行，可是，地理问题该如何选择和设计？

……

在行动研究的步骤中，设想即“提出问题”，接下来就是制订计划、采取行动、实施考察和反思改进等环节。从某种程度上来说，行动研究在实施步骤上与其他研究方法相似，但在这其中，有两个显著的特点是不同于其他研究方法的。第一，行动研究的问题是产生于实际的工作情境之中的，并且其计划的内容并非在决定之后就一成不变地直到研究完成，而是从实际出发，根据实际情境的需要，随时检讨，不断修正。第二，行动研究时，教师对自身实践要进行有意识的、系统的、持续不断的探究反思，在突出教师实践的“研究”特征的同时，也突出了教师作为研究者的角色（胡中锋，2006）。在地理教育研究中，行动研究是非常普遍的研究方法。

（三）行动研究的实施原则

地理教育行动研究在实施的时候，需要遵循一定的原则（宋虎平，2003）。

1）行动原则。实施行动研究法，必须要在行动中进行。地理教育行动研究过程中，强调教师行动起来，“我研究我的教学”，地理教师对自己的教育教学实践做出多层次、多视角的分析和反省，从而在行动中获得对实践情境新的理解和改进。即教师在自己的行动中发现问题，在自己的行动中研究问题，又通过自己的行动来解决问题。

2）合作原则。地理行动研究要求相关人员共同参与研究，鼓励通过多方合作来解决问题。教师在开展行动研究的过程中，需要教育科研人员、教育理论工作者、地理教师的共同参与和合作。多方合作使得合作者都受益，而且会产生单个研究者无法达成的效果。

3）弹性原则。地理教师可以在自己的教学生活中，随时随地依据实际情况，发现问题，制订计划，研究问题，解决问题。并且也根据实际情况，适时地调整研究计划。随着行动场景的变化，地理教师的研究也应随之灵活变化，地理教师的行动研究应该有较充分的灵活性、开放性。

4）继续考核原则。需要对地理行动研究不断地进行考核和检讨，利用各种方法及工具来汇集证据，作为再修改、再设计的参考。使行动研究在螺旋式发展及不断上升中改进教育、教学实践质量，提升中学地理教师的专业发展水平和能力。

思考与练习

1. 请简述地理教学论的学科发展历程，以及各发展阶段的特点。
2. 请简要论述地理教学论的研究内容。
3. 请论述地理教学论的主要研究方法。

参 考 文 献

陈澄. 1999. 地理教学论. 上海：上海教育出版社，1，2，4-6，351.
褚亚平等. 1992. 地理教育学. 上海：上海教育出版社，3.
胡中锋. 2006. 中小学教师教育科研导论. 广州：广东高等教育出版社，6，43，188，200.
黄京鸿. 2011. 新课程地理教学论. 重庆：西南师范大学出版社，2.
李家清. 2009. 新理念地理教学论. 北京：北京大学出版社，3.
梅雷迪斯·高尔，沃尔特·博格，乔伊斯·高尔. 2002. 教育研究方法导论（第六版）. 许庆豫等译. 南京：江苏教育出版社，100.
宋虎平. 2003. 行动研究. 北京：教育科学出版社，136.
杨新. 2010. 新编地理教学论. 北京：科学出版社，1，2.
张民生，金宝成. 2002. 现代教师：走近教育科研. 北京：教育科学出版社，69，77-93.
《中国大百科全书》编委会. 1992. 中国大百科全书. 北京：中国大百科全书出版社，64.

第二章 国内外地理课程的改革与发展

本章的学习目标：
1. 理解地理课程编制的基本原理；
2. 说明中国大陆地理课程发展的历史沿革；
3. 说明香港、澳门、台湾等地区的地理课程特点；
4. 说明世界主要国家的地理课程特点；
5. 通过比较并且预测地理课程改革与发展的趋势。

第一节 地理课程概论

一、地理课程的含义

什么是课程？什么是地理课程？这是我们研究和学习地理课程时首先要探讨的问题，不同的学者对此有不同的理解和看法。

（一）课程的定义

1. 课程的词源分析

在我国，较早地使用与课程论中的“课程”意义相近的课程这一词的是宋朝的朱熹。他在《朱子全书·论学》中多次提到“课程”，如“宽着期限，紧着课程”，“小立课程，大作功夫”等。朱熹对“课程”一词的用法在中国很有代表性，虽然他只提及课程，没有进行明确的界定，但是意思非常清楚，这里“课程”的基本含义即为课业及其进程。值得注意的是，从“课业及其进程”去理解“课程”时，课程显然具有“学程”的意味，也就是说，课程主要是从“学”的角度来说的，而不是从“教”的角度来说的。

在英语中，与汉语中的“课程”相对应的词是 curriculum，该词来源于拉丁文 currere（currere to run），currere 的动词形式意为“奔跑”，名词形式意为“跑道”，即“the course to be run”，根据词源来分析，curriculum 意指提供给学生“奔跑”并对学生有益的教育性“跑道”，它将激励、引起和促进学生的发展。所以，curriculum 可以理解为“学习的进程”（course of study）。尽管不同的学者对课程的定义不同，但不管是从中文的词源上来看，还是从英文的词源上来看，课程都是从学的角度来定义的，而不是从教的角度来定义的。

我国学者丁念金认为，从中文和英文的词源上看都可以认为，“课程”包括的基本含义为：课业及其进程。或者说，课程的含义是指从甲点至乙点之间的种种活动过程，亦即从当前至未来的某个时间之间学生所需要从事的种种课业及其从事这种课业的进程安排（丁念金，2007）。

2. 课程的定义

对于课程的定义，国外不同教育理论流派持不同的观点，总的来说可以分为以下几类。

课程即教学科目。持这一种观点的人把课程的基本内涵界定为教学科目（简称学科）。最早采用英文“课程”一词的斯宾塞，就是从指导人类活动的各门学科的角度来定义课程的。我国1980年版的《辞海》（教育、心理分册）中界定的课程定义为“教学的科目，可以指一个教学科目，也可以指学校的一个专业的全部教学科目，或指一组教学科目”。《中国大百科全书·教育》中认为课程即学科，广义的课程是指学生学习的全部学科，狭义的课程是某一门学科。这种定义的实质是强调学校仅仅向学生传授学科的知识体系，是一种典型的“教程”。

课程即有计划的教学活动。这一定义把教学的范围、序列和进程，甚至把教学方法和教学设计，即把所有有计划的教学活动都组合在一起，试图对课程有一个较全面的看法（施良方，1996）。例如，我国学者吴杰认为：“课程是指一定学科有目的的、有计划的教学进程。这个进程有量、质方面的要求，它也泛指各级各类学校某级学生所应学习的学科总和及其进程和安排”（吴杰，1986）。

课程即学习经验。1991年出版的《国际课程百科全书》对课程的第一种定义认为课程是“为训练群体中的儿童和青年的思维与行动方式而在学校中建立起来的一系列潜在的经验”；第二种定义认为课程是“学校指导下的学生的全部经验”（丁念金，2007）。经验是学生在从事学习活动过程中通过实践或通过思考而获得的，把课程定义为学习经验，是试图了解学生实际学到了什么。

课程即预期的学习结果。北美的一些课程论专家认为，课程不应该指向活动，而应该直接关注学生的预期学习结果或学习目标。这就要求课程事先制订一套有结构、有序列的学习目标，所有的学习活动或教学活动都是为了达成这些学习目标而进行的，如在西方的课程目标设计过程中的行为目标设计，就是其中一个非常典型的例子。

课程即教学内容。我国教育家顾明远主编的《教育大辞典》（增订合编本）对课程下的定义是“为实现学校教育目标而选择的教育内容的称谓”（顾明远，1998）。许多教育学的教科书也都持有类似的观点。与这类观点相应的是大教学小课程观，即认为教学是大概念，而课程是小概念，只是其中的教育或教学内容。

我国课程理论专家施良方教授认为，“每一种有代表性的课程定义都有一定的指向性，即都指向当时特定社会历史条件下课程所出现的问题，所以都有某种合理性，但同时也存在着某些局限性。而且，每一种课程定义都隐含着作者的一些哲学假设和价值取向。对教育工作者来说，重要的不是选择这种或那种课程定义，而是要意识到各种课程定义所要解决的问题，以及伴而随之的新问题，以便根据课程实践的要求，作出明智的决策”（施良方，1996）。

（二）地理课程的定义及作用

地理课程的定义与课程的定义一样，也是随着社会的发展变化而不断发展变化的，就地理课程的定义而言，我国学者比较认同陈澄先生1999年的定义“地理课程就是地理课业及其进程。通常来说，它具体包括地理课程标准（或地理教学大纲）和地理教材（包括地理教科书、地图册、音像教材）等”（陈澄，1999）。

地理课程一直是我国基础教育课程体系中不可或缺的课程之一，正如《地理教育国际宪章》中所提到的，地理教育为今日和未来世界培养活跃而又负责任的公民所必需。要解决我们世界面对的主要问题和困难，需要全人类世世代代全心投入。下列问题都有很强的地理成分：人口动态、食物和饥荒、城市化、社会差异、文盲、贫困、失业、难民和无国籍者、违反人权、疾病、罪恶、性别歧视、人口迁移、动植物的灭绝、伐林、土壤侵蚀、荒漠化、自然灾害、毒废料和核废料、气候变化、空气污染、臭氧洞、资源限制、增长限制、土地利用、种族冲突、战争、地方主义、民族主义、“地球太空船”全球化等。地理既是促进个人教育的重要媒介，也可以对国际教育及环境和发展教育作出重大贡献。

随着社会的不断发展，人口、资源、环境、社会相互协调发展等方面的问题不断凸现，地理科学的迅速发展和地理信息技术的广泛应用，对基础教育地理课程改革提出了新的挑战。现代社会要求公民能够科学、充分地认识人口、资源、环境和社会等相互协调发展的重要性，树立可持续发展观念，不断探索和遵循科学、文明的生产方式和生活方式。义务教育地理课程有助于学生感受不同区域的自然地理、人文地理特征，从地理的视角认识和欣赏我们所生存的这个世界，从而提升生活品位和精神体验层次，增进学生对地理环境的理解力和适应能力；有助于学生形成正确的情感、态度与价值观和良好的行为习惯，培养学生应对人口、资源、环境与发展问题的初步能力。这将有利于为国家乃至全球的环境保护和可持续发展培养活跃的、有责任感的公民（中华人民共和国教育部，2011）。全面推进素质教育，要求从学生的全面发展和终身学习出发，构建体现现代教育理念、反映地理科学发展、适应社会生产生活需要的高中地理课程。引导学生关注全球问题以及我国改革开放和现代化建设中的重大地理问题，弘扬科学精神和人文精神，培养创新意识和实践能力，增强社会责任感，强化人口、资源、环境、社会相互协调的可持续发展观念，这是时代赋予高中地理教育的使命（中华人民共和国教育部，2003）。基础教育地理课程的这些课程功能，是其他课程无法取代的，所以，它是我国基础教育课程体系中必不可少的课程之一。

二、地理课程编制的基本原理

课程编制是课程领域中常用的术语之一，在课程研究领域，对课程编制含义的理解各不相同。为了方便和明确起见，我们把课程编制定义为完成一项课程计划的整体过程，它包括确定课程目标、选择和组织课程内容、实施课程和评价课程等阶段（施良方，1996）。这种模式主要来源于泰勒的《课程与教学的基本原理》，是目前在课程理论与实践中占主导地位的一种课程编制模式，又称为课程目标模式，所有研究均围绕课程目标而展开。作为新课程改革背景下的中学地理教师，对地理课程应该有一个整体而全面的认识，不仅需要从课程整体的角度去理解整个中学地理课程的教学，而且需要从地理课程评价的角度去设计地理课程教学，根据学校的情况和学生的情况，选择和组织地理教学内容，从而实现地理课程目标。

（一）地理课程目标

在地理新课程体系中，课程目标是对地理课程的一个基本要求，也是地理课程的最低要求，这是每一个学生都必须达到的，否则将会影响学校的教育质量。学生的个性发展以这个最低标准为基础展开，但这个最低标准不宜过高，而应该是绝大多数该年龄阶段的学生都比较容易达到的。

在地理新课程改革中，地理课程标准文本的第二部分是“课程目标”。该标题下有两段没有小标题的文字，第一自然段是各阶段地理课程的总目标，第二自然段是对总目标的说明。地理课程目标从知识与技能，过程与方法，情感、态度与价值观三个维度来表述，这三个维度在地理课程实施的过程中是一个有机的整体。在地理课程编制的过程中，课程目标是指导整个课程编制过程最为关键的过程，课程目标的确定制约着地理课程内容、地理课程实施和地理课程评价等环节。

（二）地理课程内容

课程内容是指各门学科中特定的事实、观点、原理和问题，以及处理它们的方式（施良方，1996）。在地理课程编制的过程中，一旦地理课程目标有了明确的规定，就在一定程度上决定了地理课程内容的选择和组织。而地理课程内容的选择和组织是地理课程编制过程中的一项基本工作，与地理课程中的其他问题有着密切的联系。地理课程内容是实现地理课程目标的手段，主要解决地理课程中“应该教什么”的问题。在我国基础教育地理课程设计系统中，初中与高中阶段的地理课程是一个整体，两者之间既有分工又有密切的联系。

1. 义务教育地理课程内容

初中阶段的地理课程设计是“以区域地理学习为主，原则上不涉及较深层次的成因问题”，地理课程内容主要分为四大部分：地球与地图、世界地理、中国地理和乡土地理，其中“地球与地图”是学习区域地理的基础。乡土地理既可作为独立学习的内容，也可作为综合性学习的载体。学生可以通过收集身边的资料，运用掌握的地理知识和技能，开展以环境与发展问题为中心的探究式实践活动。

我国颁布的《义务教育地理课程标准（2011年版）》中，地理课程内容的基本结构如图2-1所示。

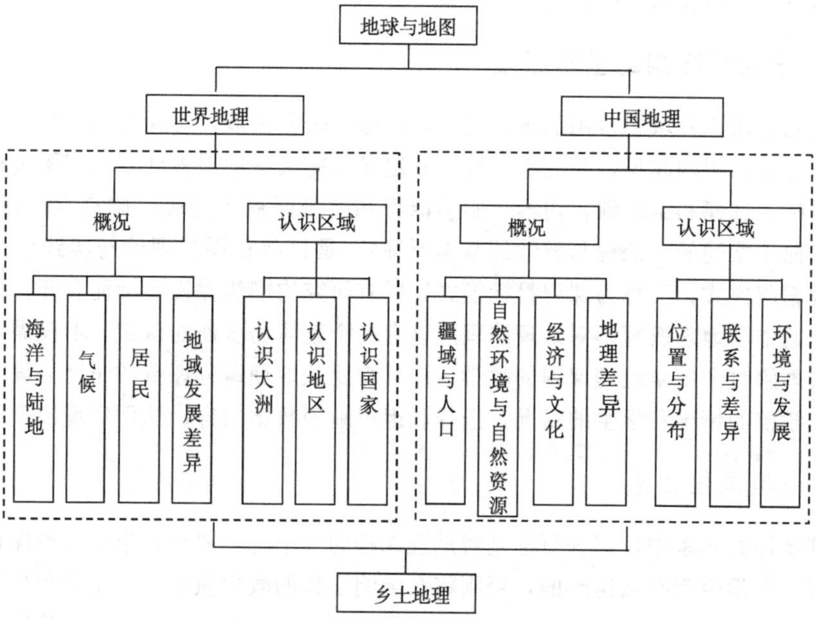

图2-1 义务教育地理课程内容基本结构图

初中地理课程的选择注重对学生的生活有用以及对学生的终身发展有用，引导学生在生活中发现地理问题，理解其形成的地理背景，提升学生的生活品位，增强学生的生活能力。引导学生从地理学的视角思考问题，关注自然与社会，使学生逐步形成人地协调与可持续发展的观念，为培养具有地理素养的公民打下基础。着眼于构建开放的地理课程，培养学生的创新意识和实践能力，充分重视校内外课程资源的开展利用，着力拓宽学习空间，倡导多样的地理学习方式，鼓励学生自主学习、合作交流和积极探究。

在世界地理部分，学生在初中阶段需要掌握全球的地理概况，各大洲、地区的自然地理和人文地理特征，世界主要国家的地理概况。例如，通过选学部分大洲、地区、国家，旨在使学生通过认识所学区域自然地理和人文地理的主要特征，初步掌握学习和探究区域地理的基本方法。其中南、北极地区是必学区域。此外，还可以从世界范围内选择至少一个大洲、四个地区和五个国家来编写教材和组织教学。在中国地理的学习中，需要学习我国的疆域与规划、人口与民族，自然资源的学习中，主要是以水资源、土地资源等为案例，引导学生分析我国自然资源的特点，从而认清我国的国情，并进行保护与节约资源的教育。选学我国的部分区域，进一步掌握区域地理学习的一般方法。重视乡土地理的学习，乡土地理教材的编写应纳入地方课程开发计划。并且提出，在乡土地理教学中，至少应安排一次野外（校外）考察或社会调查。初中地理的课程学习为高中阶段进一步学习地理课程创造了条件。

2. 普通高中地理课程内容

现今的普通高中课程由学习领域、科目和模块三个层次构成，在高中所有的学科中，地理学科是唯一一个跨人文与社会和科学两个学习领域的科目。高中地理课程由共同必修课程与选修课程组成，不再全面地学习区域地理的内容。共同必修课程由“地理 1”、“地理 2”、“地理 3”三个模块组成，涵盖了现代地理学的基本内容，体现了自然地理、人文地理和区域地理的联系与融合，大体上以系统地理的学习为主。高中地理选修课程由七个模块组成，内容主要涉及地理学的理论、应用和技术各个层面，关注人们生产生活与地理密切相关的领域，突出地理学的学科特点和应用价值。普通高中地理课程内容的基本结构如图 2-2 所示。

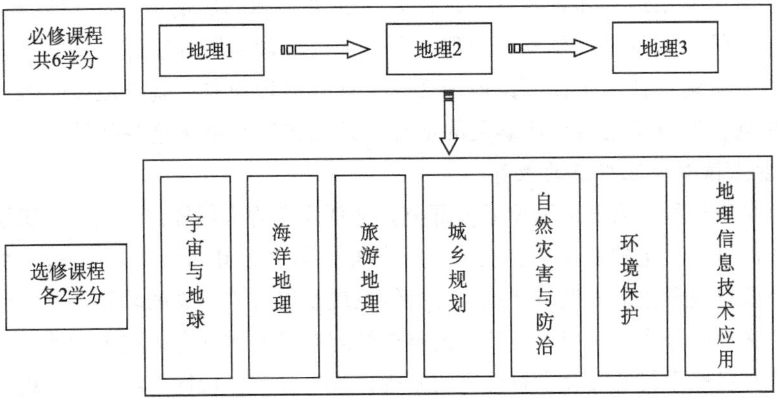

图 2-2　普通高中地理课程内容基本结构图

普通高中地理课程“注重与实际相结合，要求学生在梳理、分析地理事实的基础上，逐步学会运用基本的地理原理探究地理过程、地理成因以及地理规律等”。从学生的全面发展和终身学习出发，构建了体现现代教育理念、反映地理科学发展、适应社会生产生活需要的高中地理课程。在地理课程的学习过程中，引导学生关注全球问题以及我国改革开放和现代化建设中的重大地理问题，弘扬科学精神和人文精神，培养创新意识和实践能力，增强社会责任感，强化人口、资源、环境、社会相互协调的可持续发展观念。

（三）地理课程实施

课程实施是指把课程计划付诸实践的过程，它是达到预期的课程目标的基本途径（施良方，1996）。地理课程目标已经制订，内容已经选择，采用何种手段实现课程目标呢？这就涉及地理课程的实施研究了。学生的地理学习效果与地理课程实施的程度有着密切的联系，在地理课程实施过程中，教师扮演着一个非常重要的角色。从某种意义上，地理课程目标最终都是通过教师的教学过程而得到实施的，地理课程标准再完备，地理课程内容再精彩，如果没有教师的有效实施和学生的积极学习，地理课程目标将无法实现。

1. 提倡自主学习与合作交流，鼓励积极参与

在地理课程实施的过程中，教师是学生地理学习的合作者、引导者和参与者，教师要由居高临下的权威转向“平等中的首席”，鼓励学生向教师质疑，鼓励学生之间的相互讨论交流，积极探究。倡导体验式和参与式的学习，引导学生积极参与各种讨论、探究、操作、实践、调查、考察等活动，将自己置身于自然，重视学生在地理课程学习过程中的直接体验。

2. 重视学生地理学科核心能力的培养

在地理课程的学习过程中，使学生在观察确定地球表层各种事物的空间位置关系、空间展开范围和空间排列状态等的学习过程中致力于使学生形成对地理空间格局的敏锐觉察力。发展学生对地理过程的分析、想象与简单预测能力。

发展学生的地理信息加工能力。重视培养学生掌握查阅地理图表、访谈、实地调查与观测等多种方式搜集地理信息的能力；将搜集到的地理信息进行归类整理、写成小论文、绘制成图表或简单地图的能力；运用统计方法分析地理信息资料，从各种信息源中选择地理信息，并且进行分析、综合、评价和预测等的能力。

重视培养学生运用地理知识、方法、技能等解决实际问题的能力。在地理教学过程中，要注意培养学生的问题意识以及发现地理问题和提出地理问题的能力，将学生置于探索者的位置，鼓励学生质疑。让学生在阅读地理文献、观察地理现象、调查地理问题的过程中发现地理问题，并且尝试着运用自己所学到的地理知识和方法来解决这些问题。

3. 重视学生核心地理观点的教育

地理观点是地理科学素养的重要组成部分，地理观点为人们提出、回答、识别和解决地理问题，以及评价可能产生的后果，提供了一个参考框架（陈澄和樊杰，2003）。在中学地理教学过程中，应该重视学生的人地协调观、可持续发展观以及空间观的教育，让学生掌握地理事物的空间区位和空间分布，形成地理环境的整体性与差异性的观点。在中学地理教育中，地理学科是一门兼有自然学科与社会学科性质的基础课程，具有区域性、综合性、思想性、生活性和实践性等特点。学生核心地理观点的教育也需要围绕地理学科的这些特点进行。

（四）地理课程评价

评价可以被简单地定义为决定某一事物的价值。课程评价是指研究课程价值的过程，由判断课程在改进学生学习方面价值的那些活动构成。虽说评价只是一个基本目的——评价某一事

物的价值，但它可以起很多的作用。评价在课程中的作用包括：诊断课程；修正课程；比较各种课程的相对价值；预测教育的需求；确定课程目标达到的程度等（施良方，1996）。

1. 地理课程评价的目的

在进行课程评价时，科隆巴赫（L. Cronbach）区分了在评价时要作出的三类决定：一是关于改进课程计划的决定；二是关于有关人员尤其是教师和学生情况的决定；三是关于课程计划管理情况的决定。不同的决定会导致不同的课程评价方案。

在进行地理课程评价的过程中，当评价的目的是为了改进地理课程计划，在评价时就要确定该课程计划有什么效果，这些效果与预期的课程目标是否一致，采用什么方法和手段达成目标的。这类评价有助于地理教育者尤其是地理教育管理者了解地理课程方案正在产生哪些效应，以及哪些因素影响其产生效应，从而对课程方案进行相应的修订。另外，通过地理课程评价，还可以了解教师和学生的情况，教师对地理课程的了解程度、实施方式是否影响到学生对地理课程的学习结果，会产生多大程度的影响。不同学习能力和学习特征的学生，不同层级的学校，他们习得地理课程的方式和实施地理课程的方式有何不同，如何根据这些特征来选择地理课程内容。通过地理课程评价，地理课程专家和地理教育主管部门还可以了解地理课程计划管理和实施程序上还有哪些需要改进的地方，为地理课程的实施和地理课程的后续改革提供有力的证据。

2. 地理课程评价的过程

为了有效地从事地理课程评价，并将评价的结果用于地理课程决策，在地理评价中需要运用有助于交流合作的共同语言，处理各种评价问题的一般规则，指导地理课程评价过程中各种研究的工作性定义，地理课程评价过程中的一些基本问题，可以参考我国著名学者施良方教授的研究成果（施良方，1996）。

一是关于评价概念是否合适的准则。主要关注概念的清晰性和适切性、评价的范围、评价的适切性、评价的变通性以及评价的可行性。二是关于搜集和加工信息是否合适的准则。主要关注的是搜集资料的可靠性、客观性、代表性、概括性等。三是关于报告评价结果的信息是否合适的准则。主要关注的是评价结果信息的及时性和渗透性。四是一般的准则，主要是从伦理的角度进行考虑。

在地理课程评价过程中，针对要评价的地理课程现象，经过搜集相关的信息，组织材料，分析材料，报告评价结果这几个阶段，对地理课程进行科学的、公正的评价。

第二节　中国地理课程发展沿革

地理学的发展经过了漫长的历史时期，可以分为古代地理学、近代地理学和现代地理学三个阶段。古代地理学具有以地理知识记载为主体，采用自然语言工具，哲学基础不定型，学科内外分化不明显的特点。近代地理学是一种对地球表面各种现象进行条理化的描述，并对它们之间的关系进行一般性解释的多分支知识体系。近代地理学的奠基人为德国的亚历山大·冯·洪堡和卡尔·李特尔，他们分别以其权威著作《宇宙：物质世界概要》和《地理学通论：它同自然和人类历史的关系》标志着地理学初创时期的完成（郑昭佩，2008）。现代地理学是地理学发展的最新阶段，它是从20世纪后半叶至今这一段时期，可以看做是地理学的发展时期，而且目前还处于地理学发展的开创时期。

一、中国大陆地理课程发展的历史沿革

在中国古代，就有了地理知识的萌芽。春秋时期的《诗经》已有自然地理知识、土地利用知识的记载，《禹贡》是我国第一部区域地理专著，《山海经》是我国第一部山岳地理专著，《水经注》是我国古代较完整的一部以记载河道水系为主的综合性地理著作，《汉书·地理志》是最早以"地理"命名的全国性区域地理志。古代学校中没有专门设置的地理课程，地理知识的传授多分散在一些与地理学相关的著作中。19 世纪我国沿海城市的一些新式学校开始有了地理课程，但中小学各年级正式设置地理课程是始于 1904 年清政府颁布《奏定学堂章程》之后（陈澄，1999）。我国学校地理教育经过了一个多世纪的发展，可以分为以下几个主要的阶段。

（一）新中国成立以前的地理课程

1. 清末时期的地理课程

1904 年，清政府颁布《奏定学堂章程》，这是我国制订的在全国普遍实施的第一个课程设置方案，规定在我国中小学正式设立地理课程。1909 年，《学部奏变通中学堂课程分为文科实科折》，规定中学堂分为文科实科，课程均为 12 门，分主课和通习两类。文科的地理为主课，中学一、二年级讲授中国地理，每周 3 课时，中学的三、四、五年级讲授外国地理，每周 2 课时。实科的地理为通习，中学一、二、三年级讲授中国地理，每周 1 课时，中学的四、五年级讲授外国地理，每周 1 课时。

《奏定学堂章程》规定我国中小学学制为 14 年，其中初等小学 5 年，高等小学 4 年，中学 5 年。《章程》指出："凡教地理者，在使知大地与人类之关系，其讲外国地理尤须详于与中国有重要关系之地理，且务须发明中国与列国相较之分析，养成其爱国心性志气。其讲地文，须就中国之事实教之"（课程教材研究所，2001）。

这一时期既是我国首次在中小学开设地理课程，也是我国地理教育史上地理课程学习年限最长、学习课时最多的时期。"在内容上，以区域地理为主，普通地理（包括地理总论和地文学）次之；而在中外区域地理中，人文地理比重远大于自然地理比重"（杨尧，1991）。地理教材主要以地方志的形式编排，比较呆板且繁琐。

2. 民国时期的地理课程

1911～1948 年是民国时期，这一时期的学校地理教育有了一定的发展，是地理课程变化比较频繁的时期。以新学制的颁布（1922 年）为界，分为前后两个阶段。

1922 年前，中小学学制为 11 年，初小四年未单独开设地理课。1911 年辛亥革命后，民国政府改革清末学制，1912 年颁布《中学校令施行规则》，中学学制由五年改为四年。中学一至四年级均开设地理，每周 2 课时。"地理要旨在使知地球之形状运动，并地球表面及人类生活之状态，本国外国之国势。地理宜授以世界地理之概要，本国地理及有重要关系之外国地理，并地文要略"（课程教材研究所，2001）。

1913 年颁布《中学校课程标准》，中学一至四年级均开设地理，每周 2 课时。第一学年学习地理概要、中国地理；第二学年学习中国地理、外国地理；第三学年学习外国地理；第四学年学习自然地理概论和人文地理概论。

1916 年颁布《高等小学校令施行细则》，高等小学的一至三年级均开设地理，第一学年

每周1课时，主要讲授中国地理之要略；第二学年每周2课时，主要讲授中国地理之要略；第三学年每周2课时，主要讲授外国地理之要略。课程内容主要是讲授本国之地势、气候、区划、都会、物产、交通，以及地球之形状、运动等，讲授各洲地志之梗概，并重要各国之都会、物产等，兼授本国政治经济上之状态及对于外国所处之地位。

1922年后效仿美国，实行了新的学制，中小学学制12年。小学阶段，初小四年，高小两年，中学阶段，初中和高中各三年。中学学科分为必修和选修两类，实行学分制。1923年，颁布了《新学制课程纲要小学地理课程纲要》和《新学制课程纲要初级中学地理课程纲要》。《纲要》规定，初小四年设社会科，包括公民、卫生、历史、地理；高小两年地理单独设科，授课时间为每周2课时；初中地理必修课每周2课时，只开2学年，占8学分；高中未开设地理必修课。初中地理必修课是混合地理，即“同时合中国与外国之天文地理、人文地理，参互错杂而讲之”（杨新，2010）。

1932年，高中地理课程由选修改为必修，并且制订了《高级中学地理课程标准》，该标准规定，高中地理课程教学分三学年教授，每周均2课时，第一、二、三学期授本国地理，第四、五学期授外国地理，第六学期授自然地理。

（二）新中国成立以后的地理课程

1949年新中国成立，地理教育的改革随着社会的发展与变革，以及国家教育政策的变革，不同的阶段具有不同的特点。

1. 新中国成立初期至“文化大革命”时期的中学地理课程

1949年新中国成立，我国的中学地理教育进入了崭新的历史时期。当时学习苏联的教育体制，1956年教育部颁布了《中学地理教学大纲（草案）》，这是新中国成立后制订的第一部完整的教学大纲，根据中学教学计划的规定，中学各年级地理教材的分配如下：初级中学一、二、三年级分别学习自然地理、世界地理和中国地理，初中一年级总课时数为102课时，初中二年级总课时数为85课时，初中三年级总课时数为86课时。高级中学一、二年级分别学习外国经济地理和中国经济地理，高中一年级总课时数为68课时，高中二年级总课时数为68课时。

1957年，国家颁布了《关于中学历史、地理、物理、生物等科教科书的精简办法》，初中地理和高中地理的开课年限和教学课时数都进行了相应的精简。1963年，国家教育部颁布了《全日制中学地理教学大纲（草案）》，该草案规定，初中一年级学习中国地理，总课时数为105课时，高中一年级学习世界地理，总课时数为105课时。受“文化大革命”的影响，1966～1976年，我国中学地理课程实际上处于停滞状态。

中国地理课程的设置与国家的发展和社会的需求密切联系，建国初期重视经济地理的学习，地理课程内容的选取以区域地理为主，但是，“文化大革命”对中学地理教育发展产生了很大的影响。

2. “文化大革命”后的中学地理课程

“文化大革命”于1976年结束，1977年恢复全国统一高考。1978年教育部颁布《全日制十年制学校中学地理教学大纲（试行草案）》，1980年教育部对该草案进行了修订。在初中一年级开设中国地理，总课时数为96课时。初中二年级开设世界地理，总课时数为64课时。安排教学内容时，总论和分论有计划地安排，中国地理先讲全国地理，再讲分区地理；世界地理是先讲全球的一些概括，然后再讲大洲、大洋，洲内各部分、各主要国家地理等。区域地理的顺序基本上按照地理方位排列，地理学的一些基本原理适当分散在区域地理之中。

20 世纪 80 年代初，我国中小学学制恢复为 12 年制，恢复在高中开设地理课程。1986 年，教育部颁布了《全日制中学地理教学大纲》，该大纲规定，初中以区域地理知识为基本内容，乡土地理作为中国教学内容的重要组成部分；高中以系统地理知识为基本内容，以人地关系为主线，按照地理环境结构、人类在利用环境中存在的主要问题及解决途径的顺序安排。高中地理中先学习地球的宇宙环境，然后学习构成地理环境的大气、水、地壳、生物圈和自然带，再学习与当前环境问题关系密切的资源、能源、农业、工业、人口和城市，而以人类和环境作为最后教学的总结。这样，有利于学生形成系统的、综合的人地关系的概念（课程教材研究所，2001）。初中一年级开设中国地理，总课时数为 96 课时，初中二年级开设世界地理，总课时数为 64 课时。高中地理的总课时数为 64 课时。

1990 年，国家教委印发的《现行普通高中教学计划的调整意见》，将普通高中的课程分为必修课和选修课两部分，并且颁布了《全日制中学地理教学大纲（修订本）》，地理科教学大纲修订后分为必修课和选修课两部分，初中和高三选修课以区域地理知识为基本内容，高一必修课以系统地理知识为基本内容。初中一年级开设中国地理，总课时数为 96 课时，初中二年级开设世界地理，总课时数为 64 课时。高中一年级为必修课，总课时数为 96 课时。高中三年级为选修课，总课时数为 100 课时，主要是高考选考文科的学生学习。

1991 年，国家教育委员会提出《中小学加强中国近现代史及国情教育的总体纲要》，8 月，国家教育委员会制订了《中小学地理学科国情教育纲要（试用）》，是对中小学地理教学大纲的补充。

1996 年，《全日制普通高级中学地理教学大纲（供试验用）》颁布，并按照国家教委部署于 1997 年秋季开始在天津、江西和山西两省一市进行试验。按照高中课程计划，高中一年级开设地理必修课，每周 3 课时，课程内容为地理环境的基础知识和人地关系；高中二年级和三年级开设限定性选修课，高二每周 1 课时，高三每周 2 课时，课程内容为人文地理基础知识和中国地理区域研究。这一时期的地理课程设置见表 2-1。

表 2-1 "文化大革命"后的中学地理课程设置（1976～2000 年）

时间	初一	初二	初三	高一	高二	高三	合计
1977～1986 年	中国地理（3）	世界地理（2）					5
1986～1990 年	中国地理（3）	世界地理（2）			地理（2）		7
1990～1993 年	中国地理（3）	世界地理（2）		地理（3）		地理（文科班）（3）	7（不包括选修）
1993～1997 年	地理（3）	地理（2）		地理（3）		地理（选修 4～6）	8（不包括选修）
1997～2000 年	地理（2）	地理（2）		地理（3）	人文地理基础（限定性选修）	中国地理区域研究（限定性选修）	7（不包括选修）

注：括号内为周课时数

（三）21世纪初的中学地理课程

1.2002年起实行的高中地理课程

2000年，《九年义务教育全日制初级中学地理教学大纲（试用修订版）》和《全日制普通高级中学地理教学大纲（试验修订版）》出台，初中地理基础知识由地球与地图、世界地理、中国地理（包括乡土地理）几部分组成。高中地理由必修课、选修课以及高中地理研究性课题组成，并且推广到全国10个省市继续试用。2002年，教育部正式颁布了《全日制普通高级中学地理教学大纲》（简称《大纲》）。《大纲》设置了高中地理必修课程和选修课程，按照高中课程计划，规定必修课在高一年级开设，每周3课时，课程内容为地理环境的基础知识和人地关系。高中地理选修课累计每周4课时，课程内容为人文地理基础知识及中国国土整治和区域发展。该大纲还提出了高中地理研究性学习课题，共有研究性学习课题26个。

2.21世纪初的地理新课程改革

1999年召开的第三次全国教育工作会议和国务院批转的教育部《面向21世纪教育振兴行动计划》，都提出了改革现行基础教育课程体系，研制和构建面向21世纪的基础教育课程教材体系的任务，新一轮基础教育课程改革开始启动。《中共中央国务院关于深化教育改革全面推进素质教育的决定》指出："大力推进基础教育课程改革，调整和改革课程体系、结构、内容，建构符合素质教育要求的新的基础教育课程体系"。新课程体系涵盖了幼儿教育、义务教育和普通高中教育。2001年6月，教育部颁发了《基础教育课程改革纲要（试行）》，对新课程改革目标、课程结构、课程标准、教学过程、教材的开发与管理、课程评价、课程管理、教师的培养和培训、课程改革的组织与实施等问题做出了非常明确的规定。

在中国，小学阶段的地理知识主要分布在《品德与社会》和《科学（3～6年级）》等学科中。初中阶段单独设置两年的地理课程，每周2课时。2001年《全日制义务教育地理课程标准（实验稿）》颁布，并且于2011年进行了修订，颁布了《义务教育地理课程标准（2011年版）》。初中阶段实行两种课程模式，一种是综合课程模式，地理知识主要分布在《历史与社会》、《科学（7～9年级）》等学科中；另一种是分科课程模式，开设地理科。高中阶段主要是分科课程，开设地理科。高中地理课程由必修课程和选修课程组成，其中必修课程分为"地理1"、"地理2"、"地理3"三个模块，共108课时，选修课程共有7个模块，每个模块36学时。具体的内容见表2-2。

表2-2　中国基础教育阶段地理课程标准的内容标准

学段	课程	内容标准
1～6年级（小学）	品德与社会	我的家乡（社区）、我是中国人、走近世界（地理知识分布其中）
3～6年级（小学）	科学	地球的概貌与地球的物质、地球运动与所引起的变化、天空中的星体
7～9年级（初中）	地理	地球与地图、世界地理、中国地理、乡土地理
10～12年级（高中）	地理	必修模块：地理1（自然地理）、地理2（人文地理）、地理3（区域地理与地理信息技术应用） 选修模块：宇宙与地球、海洋地理、自然灾害与防治、城乡规划、旅游地理、环境保护、地理信息技术应用（涉及地理学的理论、应用和技术各个层面）

二、台湾地理课程

（一）台湾地理课程标准

自台湾实行九年一贯课程以来，初中地理不再强制推行地理课程标准，而改为发布社会领域教学大纲（崔萍，2006）。《国民中小学九年一贯课程纲要社会学习领域》中指出其文件性质为：课程设计与实施教学、教科书出版公司编辑教材、教材审定机关审查、学校拟定课程计划的依据。

2008 年，台湾修正《普通高级中学课程暂行纲要》，并将名称修成为《普通高级中学课程纲要》，替代原本的高中课程标准，并颁布各个科目的必修和选修课程纲要。其对课程的课程目标、核心能力、时间分配、教材纲要、实施要点进行了详细讲述。

（二）台湾地理课程设置现状

2000 年 9 月，台湾公布《国民中学九年一贯课程暂行纲要》，将“国小”和“国中”两个不同的教育阶段，统筹在九年国民基本教育体系下，初中地理融入社会学习领域，改变分科教学模式，实行合科教育（崔萍，2006）。七年级至九年级的基本内容之范畴和主要内涵，采取生活空间的扩充与螺旋累进课程的精神来安排。七年级时以“台湾岛及其周边”环境作为探讨的区域范畴，首先铺陈南岛语系少数民族在台湾及其周边舞台的演出作为序曲，随着时序变迁，探讨不同时期各民族在台湾及其周边的出入和耕耘；八年级以“中国及其周边”作为探讨的区域范畴，探讨中国的地理；九年级以《世界》作为探讨的区域范畴，探讨世界的主要文明和主要国家的地理特色。周学时数均为每周 2 学时，必修课程。

相对于初中地理课程变革，台湾高中地理课程改革比较稳定，改革方向主要集中在地理课程目标和教材内容方面。高中的地理科被划分进入社会领域，包括通论地理、区域地理和应用地理。高一为通论地理部分，着重地理实察，加强地理实察能力培养与增加参观访问经验，上学期为自然地理，下学期为人文地理。高二为区域地理，授课内容主要是以代表性的区域为主，多以本土实例为论述主题加以阐述。高一与高二地理的周学时数为 2 学时，必修课程，4 学分。高三学习的应用地理部分，着重于动手找资料以及分析能力的培养。周学时数为 3 学时，选修课程，6 学分。2005 年公布的地理课程标准，一改传统高中必修教材以及区域地理为主题内容（其比例占 3/4）的做法，将高中地理教材内容中区域地理的比例减少为 1/2，通论地理分量增多，区域地理分量较少。同时，以现代经济发展为重点编写区域地理教材特点（李家清，2010）。

三、香港地区地理课程

香港地理课程的宗旨在于帮助学生从空间角度理解人类所居住的地球，建立地理技能和基本能力，体会各地理要素之间的相互依存关系，明白推动可持续发展的重要性，以此来培养学生的公民精神和全球视野。香港的地理课程隶属于个人、社会及人文教育学习领域，属于其中的一个选修科目，分为中一至中三和中四至中六，即大陆所讲的初中和高中地理课程。近 10 年，因香港高中新学制的改革和由此产生的新高中课程改革，香港地理课程也进行了一番改革。高中新学制的改革主要是将原先“2 年高中及 2 年预科”改为“3 年高中”，在 2009 年 9 月开始实施。期间，为了配合实施高中新学制，香港高中课程也同时进行了相应改革。2007 年 3 月，香港公布了课程发展议会与香港考试及评核局联合编订的高中课程 4 个核心科目及 20 个选修科目的课程及评估指引，建议学校采用，其中就有《地理课程及评估指引（中四至中六）》。而初中地理课程也随之做出调整，新的《地理课程指引（中一至中三）》在 2012 年开始实施。

1. 香港地区初中地理课程设置

香港地区的初中地理课程即中一至中三的地理课程，共有 12 个单元，每 4 个单元构成一大部分，甲部是“从香港到世界——空间、人、地的变化”，乙部是“从中国到世界——探究由人与环境互动所产生的区域问题”，丙部是“现今世界面对的挑战——以可持续方式处理全球性议题”。每部包括两个必修单元和两个选修单元，甲部的必修内容为“明智地运用城市空间——我们能否维持一个可持续的城市环境?”和“与自然灾害共处——我们是否比其他地方装备得更好?”选修内容为“游客——敌友难分?”和“变化中的气候、变化中的环境（任选其一）”；乙部的必修内容为“粮食问题——我们能养活自己吗?”和“水的烦劳——太多与太少”，选修内容为“人口问题——纯粹是数字问题?”和“控制沙尘——对抗荒漠化和沙尘暴的持久战（任选其一）”；丙部的必修内容为“制造业的全球转移——机遇与威胁”和“争夺能源”；选修内容为“从地理角度看疾病——面对一个正在蔓延的危机”和“海洋有难（任选其一）”。学生需要在三年内学习完 9 个单元，包括 6 个必修单元和 3 个修选单元（甲、乙、丙各一个）。在课时分配方面，总课时至少为 100 小时，每个单元的课时不少于 11 小时，大约等同采用 6 天循环周的 16.5 堂 40 分钟课节，其中必修课程大约占 67 小时，选修课程大约占 33 小时；且单元课时已包括进行实地考察和空间数据探究活动的时间。

2. 香港地区高中地理课程设置

中四到中六地理课程共有 11 个单元，必修部分由 7 个地理议题及问题组成，即“机会与风险——居住在灾害频生的地区是明智之举吗”、“持续的挑战：管理河流和海岸环境”、“工业区位的转变——工业区位在空间和时间上有什么转变，为什么有这样的转变”、“建设可持续发展的城市——环境保育与城市发展是否不能并存”、“对抗饥荒——科技是否是解决粮食短缺的灵丹妙药”、“消失中的绿色树冠——谁应为大规模砍伐林木负责”和“全球增温——人类有责任吗”。选修部分由“动态的地球：香港地质与地貌的形成”、“天气与气候”、“运输发展、规划与管理”和“珠江三角洲区域研习”4 个选修单元中任意 2 个组成。其中 7 个地理议题及问题可组构成 3 个主题，分别是第一册的“与我们的自然环境共存”、第二册的“面对人文环境的转变”和第三册的“正视全球性挑战”。在课时分配方面，总课时为 270 小时，必修部分占总课时的 60%，选修部分为 20%，另有 20%的课时，用作实地考察和空间数据探究。

四、澳门地区地理课程

澳门的教育如其历史一样拥有与众不同的特色，除兼具东西方教育特点外，学制多元以及学校课程百花齐放，使澳门有别于其他华人地区以及世界各国教育的特点。而澳门的地理教育及其发展，亦由此而形成价值多元的特点（黄逸恒，2009）。

依据澳门《正规教育课程框架》（修订稿），为了达到学生全面发展的目标，小学至高中阶段设立六大学习领域，其中澳门地理课程隶属于个人、社会与人文学习领域；为了更好实现初中阶段课程综合化的目标，初中阶段历史与地理两科目的《基本学力要求》，拟以统整课程的形式呈现，即社会及人文科。

1999年澳门回归祖国后，为了加强澳门学生对内地的了解，提高地理教育质量，澳门教育暨青年司为地理科设立课程大纲，各校依据大纲设立校本课程，以确保学生得到相同的教学内容。其中，初中的内容组织形式采取由近及远原则，由澳门—中国—世界，并强调掌握基本的地理知识，学习宏观的地理。把澳门地理、自然科学与中国地理三者密切结合到一起，但以澳门地理为主线。初中地理学习的主题分别为地图的基本知识及澳门地理，中国地理总概述和区域地理分述，世界自然地理和人文地理概况通述、世界区域和主要国家地理。而高中教育的课程内容因顾及升学和就业两个导向，会给予学生选择空间。主要的内容包括自然地理、人文及经济地理和综合地理。

由于澳门地域狭小，以往澳门政府不留意或不介入教材的编写和教材的使用，澳门便主要依赖进口教材，主要来源于中国内地、香港、台湾、葡萄牙、英国等。不同类型（教学语言）学校间所采用的教材差别很大，同类学校也有很大变化。而其中地理使用的教材多数来源于香港和台湾或其他国家。

第三节　国外中学地理课程改革现状

20世纪90年代，国际地理联合会地理教育委员会颁布了《地理教育国际宪章》，标志着国际地理教育的改革与发展进入了一个崭新的阶段，地理课程的地位得到了极大提高，而且大部分的国家都非常重视学校地理课程的教育，如美国将地理课程列为国家核心课程。进入21世纪，世界上许多国家都开始进行课程改革，地理课程也不例外。现对世界主要国家地理课程的改革现状进行论述。

一、美国国家地理课程改革现状

1991年，时任美国总统的乔治·布什签署的“美国2000年教育纲要”将地理、英语、数学、科学、历史一起列为学校的5门核心课程，要求学生到2000年时能在5门挑战性科目上显示出竞争力。地理必须教会学生参与全球经济竞争，确保全球经济质量，理解其他领域文化所需的公民世界知识。2012年，美国出版了《生活化的地理学：国家地理课程标准，2012》(*Geography for Life*：*National Geography Standards*，2012)（以下简称美国地理课标），该课标对地理课程的设置与内容进行了详细的规定。

在美国的基础教育过程中，共划分为K～4年级、5～8年级和9～12年级这3个学段，在这3个学段中，学生都需要学习地理课程，在不同的学段，地理课程的内容会有一定的差别。

美国地理课标最大的特色就是突破了传统的以地理学科逻辑为课程框架的模式，以空间术语中的世界、地方和区域、自然系统、人文系统、环境与社会、地理学的用途六大要素为主题来组织地理课程，在每一要素后面都说明了这一要素设置的意义。每个要素又包含了一系列的地理标准，共18条标准。其中六大要素是一级标准，18条标准是二级标准，在每个二级标准下，又根据不同学段设置具体的课程目标，每一条课程目标下面又包含针对目标的具体观点和方法。美国国家地理标准的内容标准见表 2-3。在每一项课程标准下面，又都有非常明确的阐释，标明学生应该形成的观点和掌握的方法。

表 2-3　美国 2012 年版美国地理课标的内容框架

六大要素	十八项标准
空间术语中的世界（the world in spatial terms）	1. 如何利用地图、地理空间技术和其他地理方法，以空间思维来理解和交流地理信息
	2. 在空间环境下，如何使用心理地图组织有关人、地和环境的信息
	3. 如何分析地球表面人、地和环境的空间结构
地区和区域（places and regions）	4. 某地区的自然和人文特征
	5. 人类建构区域来解释地球的复杂性
	6. 文化和经历如何影响人们对区域的认知
自然系统（physical systems）	7. 塑造地球表面形态的自然营力
	8. 地表各生态系统和生物群系的特征和空间分布
人文系统（human systems）	9. 人口的特点、人口的分布和人口的迁移
	10. 多样文化的特征、分布与复杂性
	11. 经济相互联系的模式和网络
	12. 人类聚落的形成、模式和功能
	13. 人类的合作与冲突如何影响地表的划分和控制
环境与社会（environment and society）	14. 人类活动如何塑造自然环境
	15. 自然系统如何影响人文系统
	16. 资源的意义、消耗、分布和重要性发生的变化
地理的用途（the uses of geography）	17. 如何应用地理解释过去
	18. 如何应用地理解释现在和规划未来

二、英国国家地理课程改革现状

英国把 5～16 岁的义务教育阶段划分为四个关键阶段（key stage）（简称 KS），分别是 KS1：5～7 岁（1～2 年级）；KS2：7～11 岁（3～6 年级）；KS3：11～14 岁（7～9 年级）；KS4：14～16 岁（10～11 年级）。在 KS1、KS2 和 KS3 阶段，地理科属于基础课程，是必修课，所有的学生都必须学习。学生通过这几阶段的地理学习，主要获得地理学科的知识、技能和理解力。国家课程标准没有对地理科的周课时数作出明确的规定。

英国历来比较重视学校地理教育，中小学地理课程单独设置，并于 1991 年颁布了全国统一的《国家地理课程》，把地理列为十门必修的基础课程之一。分别于 1991 年、1995 年、1999 年和 2007 年出台了四个地理科国家课程标准。2007 年，英国对其 KS3 和 KS4 阶段的课程标准进行了修订，地理科也不例外。2008 年 9 月，新的地理科课程标准开始在 7 年级实施，达成目标从 2011 年开始评价。

在 KS4 阶段，没有单独的地理科，地理科的学习内容包含在人文学习领域中。在人文学习领域，国家课程规定：在探索地域、政治、经济、社会、环境等各个方面来体会人类的生存与发展；促进学生对人类的过去、现在与未来有所认识、有所感悟；必须与历史科和地理科的国家课程标准中的要求相协调；学习的主题，必须促进历史与地理的整合；学习的主题，还应该促进历史、地理与艺术、科学和现代外国语的交融；学习的主题，包含历史、地理和职业领域的相关方面，如家属企业、艺术馆、市区与郊区的工厂、休闲旅游等。总之，KS4 阶段学生学习那些对今后的继续深造和职业生涯富有价值的课程，有利于学生发展自身的竞争能力，如分析能力、推理能力、问题解决能力和交往能力（李稚勇，2008）。

英国国家新地理课程标准主要由两部分组成：一部分是学习计划，另一部分是达成目标。学习计划即地理科的内容体系，规定该阶段地理学科里将学习的主要知识、技能、内容范围和课程机会，提供地理科该阶段基本的计划方案。在地理课程中学习和开展活动有助于实现课程目标，使所有的年轻人成为乐于学习、取得进步和成就的成功的学习者；安全、健康、充实地生活的自信的个人；为社会作出积极贡献的负责任的公民（曾玮，2009）。

三、澳大利亚地理课程改革现状

为了保证国家对基础教育的整体把握，澳大利亚联邦政府在 1993 年制订的全国课程大纲规定，全国基础教育必须保证 8 个核心学习领域，即英语、数学、外语、科学、技术、社会与环境、健康与体育、艺术。基于这 8 个核心领域，每个州自行制订课程标准，全国没有统一的课程标准和教材。

各州和地区中学阶段采用核心课程和选修制，州内实行统一的教学大纲，但教材由学校教师根据需要选用。澳大利亚地理课程在各州以及地区的设置情况均不相同，地理是“科学”和“社会与环境”两大核心学习领域的其中一个分支，通常在 K～6 年级（约 5～11 岁）地理属于“科学”学习领域的分支之一，在 7～12 年级（约 12～17 岁）属于“社会与环境”学习领域的分支之一。以新南威尔士州（NSW）为例，学生进入学习阶段 4（7～8 年级），开始正式学习地理科目，必修课为 100 学时；进入学习阶段 5（9～10 年级），地理必修课时为 100 学时；在学习阶段 4 和 5，还有地理选修课（规定至少选择两个专题学习）；学生进入学习阶段 6（11～12 年级），需进行预备课程和高级证书课程学习，课时分别为 120 学时。新南威尔士州的地理课程的主要内容如下。

学习阶段 1～3：学生以整合的方式学习地理。通过学习数学，发展空间理解能力；在科学和技术科中了解自然和人文环境；通过学习人类社会及其环境科学，了解人与他人、社会、文化和自然环境的相互作用；

学习阶段 4：学生学习全球地理，学习时数为 100 学时。参加学校组织的校内考试；

学习阶段 5：学生学习澳大利亚地理，学习时数为 100 学时。参加校内考试（参照课程成绩指标）和外部考试（学校证书考试）。学校证书考试在每年的 11 月份举行，时间为 2 小时，内容以 10 年级的学习内容为主。学校证书等级分为 5 级（A、B、C、D、E），A 为最佳，E 为初级；

学习阶段 4 或 5：学生还必须选学地理选修课程中的两个专题。选修课程的学习仅仅涉及学校组织的内部考试；

学习阶段 6：学生学习地理预备课程和高级中学证书地理课程，学习时数各为 120 学时。两门课程各包括 3 个专题，这些专题的学习顺序不是指令性的，而是依学生需求、兴趣和资源而定。

特别是进入初中学习后，学习阶段 4～5 的地理是一种“文化的地理”或“社会的地理”，课程目标更多地侧重于从学生自身的生活体验出发，理解人和环境的关系，获得探究地理问题的基本技能，培养对地理的兴趣；而学习阶段 6 的地理是一种“科学的地理”，强调从地理科学的角度去理解地理环境的特征、过程，用地理的方式去研究地理问题。

四、日本地理课程改革现状

日本的地理课程在小学和初中阶段均安排在社会科内，其中，小学三年级开始有社会课程，地理教育融合于生活教育中进行。初中阶段，日本把初中地理、历史和公民共同组成社会科，其中初一年级和初二年级有独立的地理教科书，每周 2 课时，初三地理涵盖在公民领域，不单独编制地理教科书。日本地理课程在高中阶段单独设科，高中地理教材又分为两类：A 类教材和 B 类教材。A 类教材（又称地理 A），每周 2 课时；B 类教材（又称地理 B），每周 4 课时。A 类教材着眼于对世界的整体认识，以人类面临的全球性问题为核心；B 类教材则侧重世界区域的地理问题，并选取具有代表性的国家为实例展开。

自 2003 年 4 月 1 日开始的新学年，日本各地的初中和高中均按照新课程标准的要求，全面使用新的地理教材。日本在教材上实行“一纲多本”的模式，其在 2003 年开始使用的初高中地理教材共有 20 多个版本，这些教材经由日本各大书局组织大学教授、中学教师以及地理教育研究者编写，并经过日本文部省审定。

日本《学习指导要领》中对中学地理教学知识目标的规定为：初中提出培养学生灵活运用地图、计算机、互联网等工具对地理事物进行全方位考察和绘制简单国家及世界政区图的技能，培养总结、分析地理调查结果的能力和基本的地理思维方式的要求。高中则侧重收集、整理和图形化处理地理资料的技能，培养学生从区域出发分析世界各地地理现象和地理问题的能力，形成基本的地理观点，掌握基本的地理思维方式，造就成为国际社会主体的日本国民的基本国民意识和素质。

日本地理教材具有突出时间与空间概念，强调地理事物的发展过程；重视学生的自身体验，强调学生的调查、考察及分析与综合能力；突出区域性与区域联系；加强“近邻国家”的学习，表达形式丰富、鲜活；由近及远，结合身边事物学习世界地理知识；压缩经济地理篇幅，扩充文化、社会环境地理的内容；重视地理思维和地理技能的培养等特点（段玉山，2005）。

五、法国地理课程改革现状

法国是一个中央集权制度的国家，因此法国的基础教育也是高度中央集权的。在中央设有国民教育部，负责全国的各级各类教育。以《课程宪章》为纲领性文件制订了中学各年级的新地理教学标准，规定在中学，每年安排约 60 小时的时间对学生进行地理教育。

法国从小学第三年开始到高中毕业班，差不多每个年级都设有史地课。中学时期包括初中阶段（4 年）和高中阶段（3 年），地理科始终是法国中学阶段的必修课。在高中阶段的教育中，包括普通教育、技术教育和职业教育三类，其中普通教育和技术教育属于长期中学，职业教育属于短期中学。长期中学的出路是升大学，考学士学位，其按学士学位分为 5 组，即 A 组（哲学和文学）、B 组（经济和社会）、C 组（数学和物理）、D 组（数学和自然科学）、T 组（农业科学和技术）；短期中学分为工、农、商等科目。不论是长期中学还是短期中学，也不论是哪一组、哪一科，地理都是必修课程，仅长期中学 T 组最后一年不设地理课。但在形式上却与历史（或者历史、公民）合并成为一门课程。法国除了给一般学生设置地理课程外，高中阶段还分别为旅游方向、音乐舞蹈方向、科技方向的学生设置了专门的地理课程。

从课程顺序安排上看，法国地理课程采用“世界地理—非洲、亚洲、美洲地理—欧洲地理—法国地理—欧洲地理—世界地理”的结构，由远及近，又由近及远，不断地循环上升，随着年级的增长，深度也不断增加。在区域地理中，综合了自然地理和人文地理的内容，便于学生把握区域的地理环境，构建自己对区域认识的知识结构。

在课程内容的选择上，法国中学地理内容中区域地理占相当大的比重，并且突出重点区域，初中四年基本上都在学习区域地理，高中三年除了二年级学习自然地理和人文地理外，其他两年又重新回归到区域地理的学习中。在具体内容上，由区域地理知识延伸到系统地理知识，由自然地理和人文地理引入到区域地理知识，自然和人文相结合。

六、德国地理课程改革现状

德国对地理教育比较重视，其地理教育也别具一格，赋予了地理教育重大的时代意义。德国是一个联邦制的国家，教育是地方分权的，各个州根据州宪法、学校法和教育部令，根据各个州不同的州情制订教育目标和教学大纲。教学大纲规定了学校教育的原则，各科的课时分配、目标和内容等，因此每个州的地理课程设置情况并不相同。

德国的每个州主要有三类中学，分别是普通中学、实科中学和完全中学。在德国，不论是以升大学为主旨的九年制完全中学（文理中学），还是以培养中级管理人员和技术人员为主的六年制实科中学，或是完全中学和实科中学的五年制普通中学（基础学校）都设置地理课程。5～9 年级或 5～10 年级，地理课作为必修课程，完全中学的 11～13 年级设置地理选修课。德国的中学初级、中级阶段的地理课程以区域地理为主，穿插专题地理，这有利于培养学生的基本地理能力。中学高年级阶段则以专题讲述人文地理为主，并结合区域地理实例，有利于培养学生综合分析问题的能力。在区域编排中，由近及远，在中学初级、中级阶段，先介绍本国地理，再介绍欧洲地理，最后介绍世界地理。在区域地理中，外国地理的比重大于本国，各洲地理中欧洲的比例最大，在国家地理中只着重介绍几个在国际上有重大影响的国家，如美国、日本、加拿大、俄罗斯、法国、意大利、挪威等。

七、俄罗斯地理课程改革现状

在世纪之交，俄罗斯在世界地理教育改革的大潮中也对该国的地理基础教育进行改革。俄罗斯中学阶段地理必修课程共跨 5 个年级，总的周学时达到 11 学时，总课时达到 374 学时（不包括选修课），总的课时数是比较多的。从 6 年级开始开设与初中相衔接的地理课，7 年级开设世界地理和海洋地理，8 年级和 9 年级开设的是俄罗斯地理和乡土地理，10 年级开设世界经济和社会地理。在俄罗斯联邦的 11 年制学校中，还开设了一门新的地理课程——人类生态地理学，小学阶段每周 3 课时；初中和高中阶段每周 2 课时，另外，每年夏季还安排野外实习，时间为两个星期。

俄罗斯的地理课程设置从自然地理到经济地理、社会地理，从世界地理（自然）到俄罗斯地理再到世界地理（经济、社会），体系结构比较完整，也循序渐进，前一年级学习的内容为后一年级的学习提供了基础，有较强的逻辑性和系统性。区域地理在课程中占有相当大的比重，除了六年级是学习地理学基础即系统地理外，其他年级都在学习区域地理，把系统地理的学习建立在区域的基础之上，增强系统地理在实际区域当中的应用培养。

俄罗斯的初中地理课程目标是在知识发展方面要求学生掌握基本的地理概念，大自然的地理特征，不同地区的居民和经验，文化知识的掌握，俄罗斯具有地理上的多样性和完整性，关于周围环境的保护和合理利用等知识。从地球表层的地壳、岩石圈、水圈、生物圈、大气圈等自然地理的内容，到世界范围的现代地貌、地壳、人口和各个国家，再到俄罗斯的大自然、人口、经济以及现代世界中的俄罗斯进行编排，系统性强，范围由大到小，层次分明，有利于学生产生系统科学的地理思维模式，培养学生用系统的观念来认识地理事物、现象和问题。而在地理技能方面，则要求学生掌握读图，勘察地图的技术，应用地理知识来解释和确定各种现象和过程等技能；在情感和态度方面，要求学生在日常生活中要保护周围的环境，要有社会责任感，要热爱家乡、祖国，留意周围环境，发展智力和创造力，解读地理问题等。这些课程目标在课程的具体内容和评价建议中得到了充分的体现。

第四节　地理课程改革与发展的趋势

随着社会的发展，尤其是随着信息技术的发展，社会对人才的要求更高，进入 21 世纪，世界各地都在进行着新的地理课程的改革，地理课程改革与发展的趋势应如何呢？这是一个非常值得探讨的问题。

一、设置不同层次的地理课程

从世界各个国家地理课程的设置情况来看，每个国家基本上都会根据国家对未来人才培养的要求来设置地理课程的内容以及实施的阶段。例如，美国、英国等国家，都非常重视地理课程的教育，从幼儿园或者小学阶段就开始开设地理课。而且在美国，地理学科是核心课程，在英国，地理学科也是必修课程。

地理学科性质及其研究对象与人们的生活息息相关，非常重要。而且地理科学的发展也与国家及社会的发展紧密相关，尤其是随着地理信息技术的不断发展，关系着国家的经济、科技以及军事等方面的发展与壮大，学校地理学科的教育更应该得到重视。

中国从初中阶段才开始开设地理课程，小学阶段不单独设课，相关内容仅散落在《科学》以及《品德与社会》等课程中。随着社会与教育的不断发展，中国也应该更加重视学校地理学科的教育，从小学阶段开始开设地理学科，在大学教育中，也可以将与地理学科密切联系的环境可持续发展等课程纳为学生的必修课程。

二、设置不同类型的地理课程

从上述各个国家的地理课程设置情况来看，大多数国家都会根据地区、学校、专业而设置不同的地理课程。

例如，日本的地理教材分为两类，A 类教材（又称地理 A)，每周 2 课时；B 类教材（又称地理 B)，每周 4 课时。A 类教材着眼于对世界的整体认识，以人类面临的全球性问题为核心，B 类教材则侧重世界区域地理问题。

法国会根据学生所在的学校性质，如普通教育、技术教育和职业教育等开设相应的地理课程。另外，法国除了为文理专业的学生设置地理课程外，还分别为高中的旅游方向、音乐舞蹈方向、科技方向等学生设置了专门的地理课程（陈澄，2007）。

德国会根据完全中学和实科中学学生的不同需求开设不同的地理课程。

我国地理课程的设置也应该考虑为不同类型的学校和不同需求的学生设置不同的地理课程，如地理学科专业学生、文科类学生、理科类学生、艺术类学生、体育类学生等，不同类型的学生，对地理学科知识的需求及认知的需求等都是不同的，可以根据学生的需求进行有针对性的设计。

三、必修课程与选修课程兼顾

从国际地理课程的开设情况看，大部分的国家都基本上既开设必修课程又开设选修课程。我国此次新课程改革中，在高中阶段也是既开设必修课程又开设选修课程。而且明确规定，在整个高中学习阶段，学生在必修模块中必须获得 116 学分，在选修Ⅰ（即由各科课程标准分类别、分层次设置若干选修模块，供学生选择，因而属于国家课程的范畴，与必修学分的刚性特征相比具有弹性和限制性的特征）中至少获得 22 学分，在选修Ⅱ（即由学校根据当地社会、经济、科技、文化发展的需要和学生兴趣，开设若干选修模块，供学生选择，因而原则上属于校本课程的范畴，具有学校自主特征）中至少获得 6 学分。从高中地理课程实施的情况来看，地理必修课程的实施是比较成功的，但选修课程的实施却不太理想。

在中学地理教育的现实条件下，地理选修模块的实施，大部分的省市都变成了围绕高考可能考的、教育主管部门规定的科目进行。这样的实施模式操作简单，便于管理，强调共性，但失去了学生的个性发展。许多的学校都是将选修课当必修课来上，高考考什么内容学校就教什么，高考不考的内容学校一律不教，选修课程的校本特征以及学生的个性发展，已经在高考指挥棒的指挥下与目标之间产生了严重的错位（曾玮和夏志芳，2009）。

四、重视地理技能培养

地理技能是指在地理认知过程中形成并得到运用的专门的认知活动方式，为学生提供地理学习和地理思维必要的工具和技术，是地理课程标准中一项非常重要的内容。通过对世界各国地理课程目标进行比较发现，世界上大部分的国家都非常重视学生地理技能的培养。英国国家课程希望能教给学生个人、学习和思考等在教育、生活和工作中必备的技能。英国地理课程标准也非常重视对学生地理技能的培养，在“关键过程”中重点阐述地理基本技能，包括地理询问的技能、进行地理野外调查的技能、运用地理图表的技能和进行地理交流的技能等。在地理询问中，又重视学生提出地理问题、收集地理信息、调查地理问题、分析和评价地理问题、解决地理问题等技能的培养。这些技能都是学生学会学习地理和进一步学习地理所必备的，具有鲜明的学科特点，是学生学习地理的独特技能。

美国也非常重视学生地理技能的培养，在 2012 年制订的《生活化的地理学：国家地理课程标准，2012》（*Geography for Life*：*National Geography Standards*，2012）中，将地理技能划分为五项核心技能，分别是：提出地理问题的技能、获取地理信息的技能、组织地理信息的技能、分析地理信息的技能、回答地理问题的技能。在不同学段，对学生的地理技能又有不同层次的要求。我们国家也应该重视学生地理技能的培养。

五、课程内容连贯一致

地理学科的课程内容是一个连贯一致的整体，在进行地理学科课程内容的选择和设计的时候，需要注意课程内容的连贯一致。例如，英国 KS3 阶段地理学科的主要内容包括了三个方面：相关地理和地理技能对年轻人以及作为公民的地理基础；地理作为一个不断变化的学科（突出理解的新机会和有关背景的新知识）；理解环境、地方、社会、过程以及他们在一系列范围内的多样性和相互作用。三者之间通过地理交流、野外调查、地理询问等关键过程联系起来，三者之间也都涉及环境相互作用、自然过程和人文过程、多样性、范围、空间、地方等关键概念。除此之外，KS3 阶段的地理学科课程标准的内容，也非常重视那些与整个国家课程目标有联系的主题的学习，如人口与迁移，全球化，气候变化，可持续发展；冲突与解决，世界公民、文化与身份等。

六、减少教学内容主题，增加单元教学时间

中学生不像地理科学家一样，要学习系统全面的地理知识。所以，中学地理课程的设置并非一定要从地理学科的体系考虑，追求大而全的知识设置和模块构成，而应该从学生的地理素养培养和终身发展出发来进行有效的选择。

国外地理课程的特点之一是主题少，但每个主题安排的教学时间相对较多。例如，英国中学地理教材中，区域地理的学习选择了“法国”、“印度”和“南非”三个国家。教材将“法国”安排在第一册；而把亚洲的印度和远在南半球的南非分别安排在第二册和第三册。教材中的三个国家都是一个相对独立的单元，每个单元包括 8 节或 9 节内容，分为背景介绍（1 节）、基本框架（3 节或 4 节）、知识构建（3 节）和深入挖掘（1 节）四大板块（陈红，2005）。

我国新课程改革以来，虽然教材规定学习的区域减少了，但每个区域的教学时间与国外比较而言，相对还是很少的。而且，中国的地理课程仍然以学习地理概念、规律和原理为主，对地理实验、地理调查、地理观测和地理野外考察等实践活动进行得非常少，使得学生无法将自己学到的知识与现实生活中的地理现象紧密结合起来，也无法真正地运用所学知识解释地理现象和解决地理问题。

思考与练习

1. 利用地理课程编制的基本原理，分析义务教育地理课程实施的基本特点。
2. 利用地理课程编制的基本原理，分析高中地理课程内容间的相互关系。
3. 说明中国大陆地理课程发展的历史沿革。
4. 说明香港、澳门、台湾等地区的地理课程特点。
5. 英国和美国的地理课程特点给了我们什么启示？
6. 通过比较预测地理课程改革与发展的趋势。

参考文献

陈澄. 1999. 地理教学论. 上海：上海教育出版社，51.
陈澄. 2007. 新编地理教学论. 上海：华东师范大学出版社，44.

陈澄，樊杰. 2003. 地理课程标准（实验）解读. 南京：江苏教育出版社，287.
陈红. 2005. 英国中学地理教材中的“区域地理”特色. 外国中小学教育，11：36-39.
崔萍. 2006. 台湾教育改革纵论. 北京：首都师范大学出版社，43.
丁念金. 2007. 课程论. 福州：福建教育出版社，14-15，21.
段玉山. 2005. 日本新编中学地理教材特点浅析国外中. 外国中小学教育，3：3.
顾明远. 1998. 教育大辞典（增订合编本）. 上海：上海教育出版社，892.
黄逸恒. 2009. 澳门地理教育回顾、现状与展望. 中学地理教学参考，(1)：120.
课程教材研究所. 2001. 20 世纪中国中小学课程标准·教学大纲汇编（地理卷）. 北京：人民教育出版社，48，50，250.
李家清. 2010. 地理课程与教学论. 武汉：华中师范大学出版社，59.
李稚勇. 2008. 论英国历史科国家课程标准之发展——兼评 2007 年版历史科国家课程标准. 外国中小学教育，(4)：11.
施良方. 1996. 课程理论——课程的基础、原理与问题. 北京：教育科学出版社，4，9-10，81，106，128，149，164-166.
吴杰. 1986. 教学论. 长春：吉林教育出版社，5-6.
杨新. 2010. 新编地理教学论. 北京：科学出版社，14.
杨尧. 1991. 中国近现代中小学地理教育史. 西安：陕西人民教育出版社，52.
曾玮. 2009. 英国 KS3 国家新地理课程标准探析. 全球教育展望，(11)：92-96.
曾玮，夏志芳. 2009. 高中地理选修模块的有效实施. 教育理论与实践，9：13-14.
郑昭佩. 2008. 地理学思想史. 北京：科学出版社，51-55.
中华人民共和国教育部. 2003. 普通高中地理课程标准（实验）. 北京：人民教育出版社，1.
中华人民共和国教育部. 2011. 义务教育地理课程标准（2011 年版）. 北京：北京师范大学出版社，1.

第三章　地理教学思想

本章的学习目标：
1. 理解教学思想的含义，说明地理教学思想的基本内涵；
2. 说明地理教学思想对于地理教学行为的意义；
3. 列出当前主要中学地理教学思想（观点）；
4. 学会总结自己（或他人）的地理教学思想。

第一节　地理教学思想概述

地理教学思想是指导地理教学实践的理论武器，它决定着地理教学的方向与质量。因此，研究地理教学，必须先研究地理教学思想。

一、思想

思想的内涵是丰富的。一般认为，思想是人们的理性认识，是思维的产物。人们的理性认识都是对客观现实的反映，是人们对事物发展规律的认识。事物是客观存在的，具有其内在的存在与发展规律。因此，思想具有内在的逻辑与体系。但是，不同的人，又有不同的价值取向，因而他们看待事物的角度也不相同。同时，由于不同的人对同一事物认识的深刻程度也不相同，所以，不同的人就会形成不同的思想。

思想是一个复杂的综合体，它具有一定的层次性。关于事物某一方面的认识，我们称为观念（或想法）；关于事物的全面认识，则形成思想体系（理论体系）。

思想源于实践，反过来，又指导实践。

二、教学思想

教学思想是关于教学的思想，是对教育教学活动的理性认识。它既是人们关于教学活动的思考，又是人们教学实践活动经验的总结。

（一）教学思想是对教学规律的真实反映

教学思想的价值与意义在于对教学实践的指导作用。有指导意义的教学思想必定是对教学规律的真实反映。教学规律是客观存在的。因此，要形成正确的教学思想，就必须把握地理教学规律。教学规律存在于教学实践之中，我们要善于发现和揭示教学规律，以进一步丰富我们的教学思想。

（二）教学思想是多样的

人们对教学规律的认识是多样性的，因而，人的教学思想也是多样性的。这使得教学思想丰富多彩。例如，把教学视为训练的人，在教学实践中则可能多采用“讲练结合”法，以使学生牢固掌握教师传递的知识；把教学视为促进学生发展的人，则会更多地采用“情境教学”、“基于问题的教学”等教学方法，旨在促进学生各个方面的协调发展。

教学思想的多样性具体表现在教学理论的诸多流派。每一流派都有其哲学基础、理论体系、教学模式等。

不同的教学思想源于不同的教学认识。在诸多的教学思想中，有的源于人的抽象思维，有的则是源于教学实践。他们的价值取向与教学目的各不相同。

（三）正确的教学思想必定来自于教学实践

教学思想的意义在于指导教学实践。目前，存在着两类教学思想，一是学术性的教学思想，二是实践性的教学思想。学术性教学思想源于思辨，实践性教学思想源于实践。学术性教学思想是学者基于理想的教学假设，从学术的视角建构理想教学模型。学术性教学思想中的学生是抽象的一般存在者，其教学情境也是预设性的。实践性教学思想是以教师教学经验（针对实践中特定问题的解决方法、策略等）为起点，通过叙述式研究，将教学经验概括、提炼成为准理论，然后，再在实践中运用、检验，并反思，最后提炼、整理成知识体系。

教学是复杂的，教学问题具有显著的情境在场性特点。因此，学术性教学思想对于解决实际教学问题缺少直接效力，实践性教学思想对于解决教学实际问题则具有较高思想方法的参考价值。

目前，教学理论研究成果中，多数为学术性教学思想成果。学术性教学思想中抽象的教学活动与具体的、复杂的实际教学活动是根本不同的两回事。因此，学术性教学思想对于指导生动、具体的教学实际活动就显得乏力。这就是一线教师对学术性教学思想不感兴趣的原因。

学术性教学思想经过实践检验与修正，就会转化为实践性教学思想；相应地，实践性教学思想经过学术性思想的加工与锤炼，就增强了学术性，并转化为学术性教学思想。

三、地理教学思想

地理教学思想是指开展地理教学工作的指导思想。

每一个地理教育工作者都有自己的地理教育教学思想。但是，不同的人，其地理教学思想的价值取向、体系的完整性、内容的深刻性却大不相同。

地理教学思想决定着教师的地理教学行为。我们每一个地理教育教学与研究工作者都必须建立健全现今时代的地理教育教学思想。

现今时代的主要地理教育教学思想观点如下所示。

（一）进一步提高地理教育在提高未来公民素质中的作用

地理教育不仅在培养学生的地理科学素养方面具有重要作用，而且在培养学生全球意识、环境意识、合作意识、责任感、文化多样性的国际理解、人文情怀与素养等观念与素养方面具有重要作用。

地理学科是学校教育中唯一包含丰富综合性人口、资源、环境、生态教育的学科。地理教学要始终把这些思想贯穿到教学中去。

通过人口观教育，使学生认识到人既是生产者，又是消费者，人口的数量和质量都会对社会经济的发展产生巨大的作用，认识控制人口数量、提高人口素质对我国社会经济发展的重要意义。通过资源观教育，让学生正确了解资源在人类生产、生活中的重要作用，懂得珍惜资源，保护和合理利用资源。例如，在生活中懂得节约，懂得爱惜粮食，懂得合理利用生活用品。

通过环境和生态教育，建立健全生态价值观。生态价值即自然的自在价值。从价值本体论的层面看，生态价值的载体就是自然事物，其价值表现为对人类自身生存与人类生存环境的支撑作用。没有良好的生态环境，就没有人类良好的生存环境。

从人类文明发展轨迹看，生态文明是对工业文明生存范式的变革，即人们对生态环境的追求已经超越对物质生产的追求。

生态具有特定的价值。生态价值（ecological value）包括生态的经济价值、生态的伦理价值和生态的功能价值三个方面。

同时，通过生态和环境教育，还可以帮助学生强化生态文明意识，树立生态道德。生态文明是继工业文明之后，人类应对生态危机的唯一正确选择。生态文明是人类文明发展的一种新的范式。生态文明要求区域公民具有较高的生态知识、生态认识、生态观念，并具有良好的生态行为。

生态道德是关于人的生态行为的规范，是对人类生存的社会性和对自然依赖性的双重体现。人类依赖于自然，一旦自然被破坏，人类就会失去生存依赖。凡破坏自然的行为，都是不道德的。

加强生态价值观念教育，还具有重要的现实意义。一个具有良好生态道德的公民不会随意去折花踩草，更不会为了眼前的利益而过度放牧，或者过度捕捞，更不会随意破坏生态环境。

（二）促进学生最优发展

教学的意义在于促进学生发展。学生发展的内涵是丰富的，包括全体发展、全面发展、均衡发展、目标性发展、群体发展、自觉发展、最快发展、最大发展、持续发展。

在哲学意义上，学生是未完成的、有待不断完善的社会存在物。教育的功能就是要使学生的潜能得到不断的、最大限度的开发，从而不断发展。潜能发展不是盲目的，当潜能发展与适应性发展相协调时，才能不断增强人的创新意识，实现人的价值。持续发展的过程就是人的价值不断增值的过程。因此，学生发展是一项持续性、长久性的工作。

学生的最优发展，即全体学生各项发展的协调进行。

（三）让学生在参与教学中学会思考

1. *在活动中发展*

学生发展是在情境（活动）中实现的，是在参与教学（活动）中实现的。任何研究都是以问题为起点的。没有问题，就没有研究。问题存在于情境之中。因此，教学准备的基本任务之一是创设情境。“在情境中建构起来的知识不仅形象而且可提取性强”（托尔普等，2004），任何一个教学情境都能与我们的日常生活联系起来。

同样，只有亲自参与到问题解决中去，才能让自己学会解决问题。学生参与是高质量教学的基本保障（Davis，2008）。情境教学的最大制约性因素是时间紧张。有限的教学时间不允许过多展示情境，甚至简化的情境也得不到开展。只有参与了教学，学生才能更有效地实现发展。因此，创设问题情境与学生活动条件是中学地理教学的重要教学思想。

2. *在群体中发展*

教学环境影响着教学氛围。学生相互间的影响是学生发展的重要动因。教师要创造、引导形成一个积极向上的群体氛围，以使学生相互间形成一种既合作，又竞争的学习氛围，变传统的个体学习为现在的群体学习，使个体在群体讨论、辩论、合作中不断得到新的启发，产生新的思想。在群体中，通过合作与竞争实现最大发展。

（四）阶段性与整体性有机结合

学生的学习具有阶段性规律，同时，教学内容又具有整体性特点。

教学过程是一个复杂过程，有人认为它是一个特殊的认识过程，有人认为它是一种交往（沟通与对话）过程，有人认为它是学生的社会化过程……不论教学活动过程具有怎样的性质，教学活动过程具有阶段性，即教学活动是分阶段开展的。阶段性表现在学段、学年、学期、周、日、节等。教学阶段性是由教学活动的客观性决定的。从人的发展方面来说，学生的身心发展具有阶段性规律。从认知方面来说，人的认知活动也具有阶段性规律。

同时，学习内容与学生发展又是一个整体。学生发展的各阶段，以及各部分教学内容又联系在一起，构成一个完整的整体。因此，在教学过程中，我们既要为了教学的方便，遵循教学规律，分阶段进行，或者分部分进行，同时，要充分认识各个阶段和部分之间的联系。

（五）图文结合与转换

地图是地理语言之一。将地图语言与文字语言相结合，并实现相互转换是地理学习的重要内容与技能。地图是一个很抽象的东西，狭义的地图（普通地图）指按一定的数学法则，运用规定的符号和文字（注记）把地球表面客观存在的事物缩绘在平面图形（模型）上。由于地图能客观、简明地反映自然、社会经济、人文现象的分布特征及其相互关系，所以，关于地理分布问题，地图的功能要比文字的功能强大得多。在地图上一目了然的分布现象有时难以用文字语言准确表达。

地图不仅能简明地表述地理现象的分布，而且通过这种现象，我们能认识地理过程与地理现象的实质，分析现象的形成原因与变化趋势，诠释地理问题。因此，掌握基本地理事实的分布，学会运用地图是学好地理的基本要求。

在大脑中构建“活”的地图是实现图文转换的基本条件。这种“活”的地图，我们称为心理地图。心理地图（mental maps）又称认知地图（cognitive maps）。现在，一般认为，心理地图是指由一系列的心理转换构成的心理过程（认知）类型，通过这些转换，个体可以对关于客观现象的区位与分布以及隐喻的空间环境信息进行接受、编码、储存、再现或者解读。事实上，这种心理过程就是人们认识、情境化、简化或了解其他复杂问题的心理模型。更简练地说，心理地图是一种用来建构和储存空间知识，让记忆形象化，以减轻认识负担的方法。

1. 心理地图的建立

建立心理地理图表是一项长期的工作，通常要经历三个阶段。

第一阶段：混沌模糊期。表象知识的有意或者无意的识记时期往往是呈混沌状态的。在教学实践中，特别是在讲授新课时，我们要让学生了解和掌握教学内容中的基础知识，并尝试绘制最简单的地图或者知识结构图，以培养和发展学生的地图意识和基本的“大脑制图”能力。这一时期，要靠反复的识图、用图，积累一定数量和质量的地图形象感知。因此在教学中以地图作为主要教学媒体。例如，在分析某区域地理特征时，首先，从“根”开始，即先从地理位置开始，包括纬度位置、海陆位置等。前者关系到积温，后者关系到降水、大气环流等情况。从确定该地区在全球的位置、地形特征、气候特征等，推导出该地的自然景观特征，以此分析出农业、工业、商业的发展与交通、城市的分布及特征等。把每一节课，甚至每一小分节，都落实到地图上，使学生做到：读图——以图释文；忆图——以图索文，畅通进行图文的互相转换。

第二阶段：层次明朗期。把课时教学内容或节的教学内容整理形成知识结构图或填绘在特定的底图上，形成知识层次。例如，高中地理“大气的热力作用”，可让学生通过分析写出知识纲要（图 3-1）。

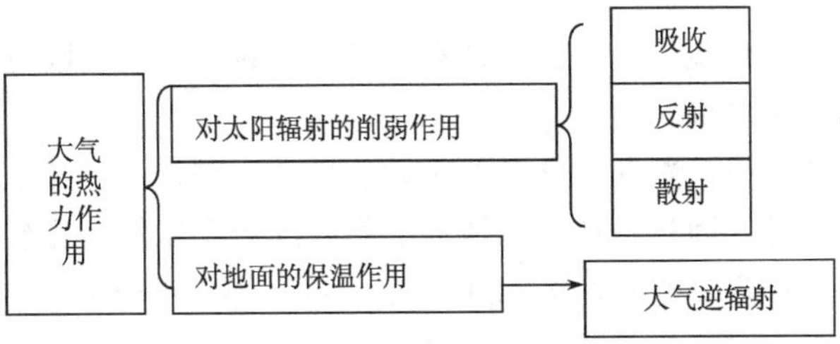

图 3-1　大气热力作用示意图

这一时期应该着重训练学生从两个方面准确地思考。

1）区域识别。地理学的区域性特征，要求地理教学必须使学生能准确地进行区位判读，区域识别。利用经纬线来判读某地的区域位置是最经济的方法；运用特殊的地理事物，如山脉、河流等识别区域是地理教学常用的方法。例如，在学习中国地理 3 个自然区时，可先让学生准备中国政区和中国地形区的背景图，在其上画出三大自然区的界线及其内部差异的大致分界，东部季风区内因积温的不同，自南向北分为 4 个较小区域，即东北温带湿润半湿润地区、华北暖温带湿润半湿润地区、华中亚热带湿润地区、华南热带湿润地区；西北干旱半干旱区按水分条件的差异，以贺兰山为界分为东西 2 个较小区域，即内蒙古温带草原地区、西北温带及暖温带荒漠地区。

2）交错式体验。以某一要素作为参照，在纵横交错的变化中体会地理区域特征的区别与联系。例如，我们可以以地形为参照，在大脑中释放出上述 6 个较小区域的地形特征；再以气候、植被为参照。在交错的比较与景观描述中构建心理地图明朗的层次，加深对地理知识的理解。交错式体验还有一种就是逆向思维的应用体验。

第三阶段：完善清晰期。当学生头脑中对章节图表有了层次明朗的知识结构时，就应该训练学生自己动脑动手，绘图、疑图——以图索文，索理于图。学生亲手描绘、默写，对准确记忆表达心理地理图表大有裨益。这个过程的形成，不是放任自流，经过实践总结，我们认为应该做好以下两个方面的工作：一是边讲边画，使每一知识点的出现，都能落实在图上，关键是引导学生跟着在心里默读，且能够自己复述下来。图文融合，清晰、鲜明，重点突出，通过“图导、图解、图变、图练”，图文转化会变得比较顺利，会大大促进学生心理地理图表的贯通。二是每学习一个章节，都要引导学生自主研究，合作探究，明确本章中本让学生心里清楚每幅心理地理图表的形成由来，图与图、图与表、图与文字之间的因果关系、并列关系或递进关系。与图、图与表、图与文字之间的因果关系或者并列或者递进的层次完善。这对于整个地理知识结构的完善是非常关键的，直接关系着心理地理图表思维框架的稳固，是心理地理图表思想的价值体现。

2. 建立心理地理图表的教学建议

1）做好区域识别教学工作。区域识别就是指能在地图上识别不同的区域。区域识别是一项基本地理能力，也是地理应试的“瓶颈”。为此，做好区域识别教学工作是地理教学的一项关键性工作。区域识别的基本方法有 3 个。

第一，通过经纬网识别区域。要指导学生记住特殊经纬线穿过的地方。例如，赤道、回归线、极圈、30°纬线、40°纬线、子午线、180°经线，以及穿过各大洲、各主要国家的主要经线等重要经纬线都需要记住。

第二，通过轮廓识别区域。每个区域都有一定的轮廓。每个区域的轮廓各不相同。通过识别区域轮廓，判断图示区域。

第三，通过特殊地理事物判断。著名的山脉、山峰、湖泊、城市、矿产地、宗教圣地、旅游胜地都是需要记住的。通过这些特殊地理事物的位置及其相互关系，判断图示区域。例如，赤道附近某地区，如果见有标注为 5895m 的山峰，那么就可判断该地区位于东非高原，因为赤道地区，只有乞力马扎罗山才有那么高。

2）教学小结结构化。每结束一个学习单元，都要以结构化的小结整理学习内容，以形成完整的知识结构。

3）教学内容图像化。地理教学内容具有较强的逻辑性，但更多的时候需要以形象思维作支撑。教学内容图像化有助于学生建立空间概念。第一，老师在上课时，要尽可能把所有具有分布特征的地理事物落实在地图上。同时，要引导学生多绘图，多用图。第二，要逐步训练学生在大脑中建立立体概念，促进学生想象力的发展。没有想象，就没有心理地图。

（六）整合科学精神与人文精神

科学技术的发展与进步进一步增强了人类的认识能力和实践能力，并为人类创造出巨大的物质财富和精神财富，然而也造成科技文化与人文文化的分化与对立，甚至带来了人性的压抑与扭曲。因此，整合科学精神与人文精神成为 21 世纪学校教育的重要课题。中学地理教学在整合科学精神与人文精神教育中具有得天独厚的条件。

科学精神是指怀疑的、批判的、理性的和证实的精神，是一种去伪存真的精神。它体现着人类对客观性、真理性和合理性的创造与追求。人文精神是指“人之为人的一种理性意识、情感体验、生命追求、理论阐述、评价体系、价值观念和实践规范，是人类以文明之道大化于天下的生命大智慧。”人文精神的核心是人文关怀。人文关怀的主题是以人为本，并强调人个体的发展性与人类利益整体性、长远性的整合。

科学精神求“真”，人文精神求“善”。整合科学精神与人文精神，就是求得真与善的统一。离开了善的科学，就是无视人的科学，也就成为危险的科学，甚至是邪恶的科学。离开了真的人文精神，就是无视物的人文，也就成为虚茫的人文，自然也是唯心主义的。

（七）通过位置、空间和尺度来认识世界

中学地理教学的基本任务之一是对中学生进行地理学教育。因此，开展地理教学教育是地理教学思想的核心内容。“通过位置、空间和尺度来认识世界”又是地理教育教学的基础内容。

地理学历史渊源，根深叶茂。在洪堡时代，地理学甚至还可与博物学相媲美。然而，随着科学技术的发展，地理学的一些分支学科纷纷自立门户。时间在流逝，阵地在缩小，地理学中没变的是什么呢？是区位。

区位分为绝对区位和相对区位。绝对区位是指人类行为活动选择的场所或指事物占据的场所，其基本要素有位置、空间与尺度；相对区位是指某一地理事物与其他事物之间的空间关系。地球表面的任何事物，包括物质的与文化的，无一例外地都具有特定的区位。所以，“地理学的基本思想是根据其空间的差别性，划分为大陆、地区、地方和地点来理解地表”（赫特纳）。

“空间只是一种观念形式；只有通过它的内容它才能获得实在的意义”（赫特纳）。因此，引导学生认识和掌握基本地理规律和原理是中学地理课程与教学的基本任务。因为地理规律与原理不仅是“空间”的内容，而且是地理观念的载体，是建立现代地理理念的材料。目前，在中学地理课程中存在一个误区，认为删除一些地理规律与原理就能降低地理教学难度，减轻学生学习负担。皮之不存，毛将焉附？把“理”删掉了，“地”势必就会成为一个空壳。那时，中学地理真的就是“背一背，记一记”的学科了！

地理学的显著特征之一是应用性。让学生将来在不同的工作岗位上都能正确使用所学的地理知识应该成为中学地理课程与教学的基本目标。为此，第一，地理教育应该牢牢把握“通过空间、位置和尺度来认识世界”这一地理学的基本理念，寻找地理学服务于社会的切入口，进一步提高地理学的社会效益与社会地位。GPS 系统（或 BDS 系统）和 GIS 系统都是地理学服务于社会的良好见证。第二，制订以“三个面向”为指导的、全方位的中学地理教育课程目标。不仅包含认知领域、情感领域，还要包含意志领域和个性发展。就认知领域而言，不仅要重视地理知识的传递与地理技能的训练，而且更要重视地理观念的培养。所谓地理观念，就是人脑对地理事物、现象和规律的反映。它是由一系列的地理观点组合而成的，这些观点主要包括科学的人口观、环境观、资源观、发展观、区域观以及与之相应的价值观和人生观等。地理观念是人们正确认识、分析地理事物，解决地理问题的指南，是保护环境、善待生命、热爱地球，最终实现全球可持续发展的思想基础。

在全球一体化大潮中，地理教育还必须担负起国情教育、爱国主义教育、民族主义教育和国际理解教育的重任。

第二节　当代地理教育专家教学思想简介

著名地理教育学家、著名地理教师都有丰富的地理教育教学思想。他们的教育教学思

想，或是来自于对地理教育教学的深刻思考，或是来自于长期的教学实践，对我们的教学研究与教学工作都有重要的指导价值。本节我们主要介绍褚绍唐、陈尔寿、褚亚平、王树声等著名地理教育工作者的地理教学思想。

一、褚绍唐的地理教学思想

褚绍唐，1912年，生于江苏省宜兴市。1933年毕业于暨南大学，并留校作为专职的地理教员，讲授中国地理和世界地理。自此，褚绍唐开始了他长达60年的地理教育实践活动和理论研究工作。其间，由于历史的原因，他曾多次变换工作单位，但始终都没有离开地理教育教学。在长期的地理教学与研究工作中，褚先生积累了丰富的地理教学经验，形成了丰厚的地理教育教学思想，并在教学实践中践行了这些思想。

（一）教师的专业发展影响着学生的地理学习

褚绍唐先生虽然没有论述地理教师的专业发展直接影响学生的地理学习，但是，他的教学实践却给了我们一个清晰的答案，即教师的专业发展直接影响学生的地理学习。

褚先生的专业发展主要表现在下列三个方面，一是教学技能的不断发展，二是教学理论研究的不断发展，三是教学魅力的不断增强。

褚先生教学技能不断发展的典型事例是他在从事中学地理教学过程中对板图的研究。1939～1948年，褚先生一直在暨南大学附中、扬州中学和晓光中学讲授地理课程。这期间，褚先生练就了一手绘画地理黑板略图的本领，他能勾勒出中国各省区以及世界上任一地区或国家的轮廓。褚先生的这一技能不仅提高了学生的学习效能，更重要的是提高了学生学习的兴趣。

褚先生教学理论的专业发展给了我们很多的启示，并成为我们学习的榜样。1932年，他在大学读书期间，发表了第一篇研究论文《初中地理教学的两大原则》。自此，开始了他地理教育教学理论研究生涯。之后，他不断地总结地理教学经验，探索地理教学规律，相继在《地学季刊》等地理教育研究杂志上，发表了《中学地理教学法述要》等数十篇学术论文。

褚先生教学魅力吸引学生的教学实践形成了他重要的教学思想。凡被学生拥戴的老师，都是具有很强教学魅力的老师。

（二）地图既是地理教学的内容，又是地理教学的手段

1939～1948年的近十年的中学地理教学实践活动中，褚先生特别重视地图在地理教学中的作用，形成了地图教学思想。

褚先生在长期地理教学中，一方面，重视板图绘制。褚先生认为，地图是中学地理的一部分，地理教学“必须使学生牢固掌握地图知识”。这是褚先生最重要的地理教学理念之一。另一方面，他重视地图理论的研究。例如，早在20世纪40年代，他就翻译完成了英文《地图投影法》一书。由此可见，在褚先生的教学生涯中，地图既是教学内容，又是教学手段，从而使得他的教学更具魅力。

（三）地理教学理论决定地理教学实践

在地理教学的实践中，褚先生明确地认识到了理论的重要性。他提出，“地理教学活动是有规律的”，而且“教学法的研究，不仅就学科的任务来看是必要的，就教学过程的特点来说也是必要的”。

褚先生的教学实践也进一步证明，如果没有充分的理论研究作基础，企图获得地理教育实践的蓬勃发展是不可能的，地理教育理论和发展与实践活动历来是相辅相成的。

褚先生撰写了大量的教学研究论文，并出版了许多教学理论方面的著作。1982 年，由华东师范大学出版社出版发行的《地理教学法》是我国改革开放以后最早的一部地理教学理论著作。该书体系完整，结构合理，内容翔实，系统地论述了地理教育和教学大部分基本问题，包括地理教育的课程设置研究，地理教育目的研究，地理教学的原则、方法、教学过程、地理教学手段和设备的研究等。该书系统地总结了褚先生地理教育教学思想。其主要理念（还）有：从生动的直观到抽象的思维是形成学生正确地理概念的主要方法；掌握地理学科的特点，运用适当的教学方法，使学生认识地理事象的规律性；多实践是培养学生地理技能和技巧的主要手段。

褚先生在地理教学实践中重视地理教学理论的研究与总结，给我们另一个重要的启示是：没有高水平的教学研究，就不可能有高水平的地理教学。地理教学研究与地理教学实践相辅相成。这也提示我们，专家型教师必须具有一定的教学研究水平。

（四）教师要不断开发利用课程资源

褚先生的教学实践体现了教学要不断开发利用课程资源的教学思想。

褚先生广泛收集地理资料，编著了大量的教材。在他编著的教材中，有的是为了教学的方便而编写的，有的则是根据国家或地方教育部门的要求编写的。

在褚先生编著的教材中，最有影响的是《新中国地理》。该书完成于 1950 年，并于 1951 年、1952 年、1954 年先后三次再版。1953 年在苏联出版了俄文版，1957 年在日本出版了日文版。

编写教材的过程，就是实现个人专业发展的过程。褚先生不断地实践着他的这一思想，为我们作出了光辉的榜样。

在长期的教学实践中，褚先生还根据自己丰富的中学地理教学经验，大胆地重组教学内容，形成了其独特的教学风格。例如，在《中国地理》的教学中，他改变了当时过于烦琐枯燥的分省教学，采用了突出地理特征的分区教学。褚先生处理中国分区地理时，首次将中国地理分成黄河下流（游）区、长江下流（游）区、长江中流（游）区、东南丘陵区、两广丘陵区、云贵高原区、秦岭四川区、黄土高原区、东北地区、北部高原区、新疆地区、青藏高原区 12 个区。他的这一分区方法和思想一直影响至今。在世界地理的教学中往往结合当时的时事，联系地理知识有次序地进行讲授。

二、陈尔寿地理教学思想

陈尔寿 1916 年出生，1941 年毕业于内迁重庆的中央大学（现为南京大学）地理系。曾任新中国成立后上海市格致中学首任校长，人民教育出版社地理编辑室主任；曾合著或主编中国地理概论、新世界地理、小学地理、初中地理、高中地理等教科书；曾在各类刊物发表文章 40 余篇。通过学习研究陈先生的著作（包括陈先生主编和参与编写的教科书、教师用书）、文章和会议讲话材料，陈先生的地理教学思想可概括如下。

（一）重视地理课程的价值与学科建设

地理教育是通过地理课程开设与地理教学实现的。在学校教育中，没有地理课程，就没有地理教育。为此，陈先生十分重视地理课程的建设。他说，“地理教育是人类生存和社会发展的需要”。“在中小学教学计划中，有无地理课程的设置，是地理学科在基础教育中是否存在价值的前提”。在 1980 年，陈先生在与吴履平合作发表的《从国内外经验中，探索改革我国中小学地理教育的途径》一文中，明确指出“地理是对青少年进行文化科学知识教育的基础课程之一，它跟语文、数学、物理、化学、生物、历史一样，是中小学教育方面不可缺少的内容。”他认为，地理学科具有独特的教育价值，这些价值是别的学科所不能替代的。也正是由于陈先生十分重视地理学科的建设工作，才使得先生曾为此付出了很重的代价。早在 1957 年，当中国的地理教育因国家教育决策失误，受到重大挫折时，陈先生不计个人得失，把各地师生和地理学界专家们的意见如实向上级反映，结果被错划成“有言论有行动”的右派并下放到内蒙古，直至 1978 年平反昭雪。

同样，在 1994 年国家取消高考地理、生物学科以后，陈先生与吴传钧学部委员（院士）、褚亚平教授等老一辈地理学家积极呼吁恢复地理、生物在高考学科中的位置，并在中学地理教学参考上发表《高考取消地理、生物科目不符合国家意志，不利于中学教学》的文章，为恢复中学地理学科高考的地位起到了关键性的作用。

（二）注重课程引导教学改革和发展

教科书（教材）对教学具有引导作用，特别是在“一纲一本”条件下。陈先生在新中国基础教育地理课程与教科书建设以及对地理教学的引导与推动方面做出了很大贡献。陈先生曾先后参与 1956 年《小学地理教学大纲（草案）》、《中学地理教学大纲（草案）》、1986 年《全日制中学地理教学大纲》、1992 年《九年义务教育全日制初级中学地理教学大纲（试用）》的制订工作。陈先生还先后在 1954～1956 年主持编写新中国第一套小学地理教科书；1982 年，主持研究和设计高中地理教科书（教材）；1990 年，与吴履平合作主编九年义务教育初中地理教科书（教材）。

陈先生在领导或参与地理课程建设与教科书（教材）编写中的基本思想有以下 4 点。

1）加强地理基础知识教学，重视基本概念、原理和规律性知识的传授，便于学生举一反三，触类旁通，促进知识迁移。陈先生强调，如果没有坚实的基础知识，要求学生具有“实践能力”和“探究意识”，将成为“无源之水，无本之木”的空论和幻想。

2）注意发展学生智力和培养学生能力，特别是运用地图、各种图像和统计图表研究地理事物、分析地理问题的能力，以及进行实地观察、调查和探究问题的能力。地理教学不再是简单的知识传授。

3）“人地关系”是地理教学内容的核心。陈先生指出，“我们既要教育学生懂得‘为什么’会在地球上出现这些问题，还要指导学生不断去探索这些问题，研究‘怎么办’的对策，在人们生活和生产活动的实践中，如何保护环境、合理利用资源、控制人口增长、参与社会进步决策，协调好人类活动与自然环境的关系，使社会进步与良好的生态环境能够伴生与共存”。陈先生还指出，“将‘人地关系’作为地理学科中心，既符合地理课程设置的目的，也体现了当代我国社会主义建设的意识”。

4）注重知识呈现顺序。产生逻辑：区分知识产生的逻辑顺序与表述逻辑。人一般是从感知复杂的、具体的事物和现象出发，然后介入分析与综合的思维，最后获得简单的、基本的和抽象的知识。知识的表述逻辑是指对结果性的、现成的知识体系进行表达和陈述所依循的逻辑，即从简单的、基本的和抽象的知识出发，然后经过分析与综合的思维，最后建构起关于复杂的、具体的事物和现象的知识体系。

陈先生强调，改变过去课文从概念出发，单一的、说明文式的表达方式，而注意从感性到理性用多种表达形式，来启发学生的学习兴趣。具体做法是：从分析课本上的彩色照片图像，或是阅读《中国地图册》的各种地理要素分布图入手，再引入课文。从阅读选自报纸、杂志上的新闻报道入手增强学生的感性认识，以便更好地理解比较抽象的概念。适当采用一些地理性强又为学生所熟悉的歌词，引起学生学习的兴趣。

（三）自然地理与人文地理并重的思想

早在20世纪80年代，陈先生提出并强调自然地理与人文地理统一的中学地理体系，其结构如图3-2所示。

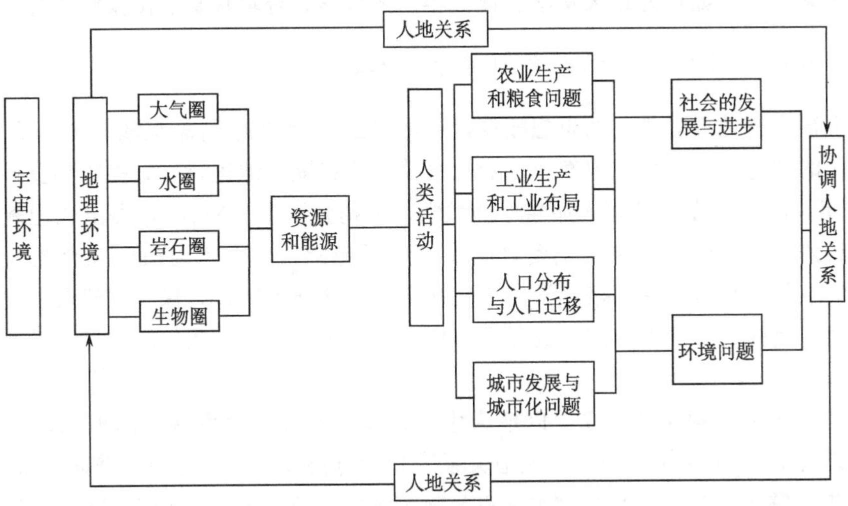

图3-2　人地关系结构图

陈先生说，“认识地球所处的宇宙环境，是认识地理环境的开端。地理环境是人类活动的场所，它为人类社会的存在和发展提供了必要条件，了解地理环境的结构，各圈层的性质、特点、分布、相互联系和相互制约，是人类认识自然界的基础，资源和能源也是地理环境的组成部分，但它存在于各圈层之中。人类活动与地理环境的关系，主要是通过人类对资源和能源的利用而产生的。所以，资源和能源是人类活动与地理环境之间的纽带。”

“人类利用资源和能源从事各种活动的结果，一方面使社会生产不断发展，促进了社会的进步，创造了现代社会文明；另一方面由于对自然规律认识不足和对环境保护不力，出现了人口膨胀、环境污染、生态环境恶化、资源缺乏等环境问题。解决这一问题的途径，就是要协调好人地关系。”

这样的知识结构，能使学生从整体上获得有关地理学科的基础知识和基本理论，并能应用于社会实际，有助于形成学生正确的环境观、资源观和人口观。

（四）教师要“目中有人”，尊重学生人格，尊重学生学习的选择权

陈先生认为，教育是一门神圣的职业。教师工作不仅直接影响青年学生身心的健康成长，而且紧密维系着祖国的社会主义建设。作为地理教师更应有一颗赤诚的爱心，热爱地理教育工作，热爱学生。

陈先生尊重学生、热爱学生的思想体现在各个方面。在陈先生主编的初中地理教科书中，既注意到了南方与北方地理环境差异以及由环境差异所形成的生活习俗的不同，也注意到了城市与农村、牧区生活环境的差异。这体现了编者平等对待各地学生的思想。

陈先生认为，从课程设置的视角看，“只有必修课，没有选修课，不利于因材施教，也不能适应学生分流的不同需要。”就选修课而言，选修课还可再分为两类：一类是有志文科的学生必选的“人文地理”，学习内容应包括人文地理概论（含经济地理）和区域地理；有志理科的学生必选的“地球科学”，学习内容以天文、气象、地质、海洋、环境科学的基础理沦和自然灾害实际，以及观察实验为主。另一类选修课，可由各地区和学校根据需要和条件，自定选修科目，如可开设天文学、地质学、人口学、环境保护、测量绘图等。

（五）寓思想教育于知识教育和能力培养之中

陈先生很重视地理教学中的思想教育，明确提出：“地理学科思想教育的内涵非常丰富。有关这方面的教育，应结合知识教育、能力培养，潜移默化地进行，方能收到良好效果。”

1982 年，陈先生专门撰写《加强地理教学，发扬爱国主义精神》，提出地理教学爱国主义教育的具体内容，即培养学生热爱自己乡土的思想感情，立志为祖国社会主义建设而献身；培养学生的民族自豪感；培养学生热爱社会主义的新中国，为保卫和建设祖国贡献自己的力量；培养爱国主义的人口观、资源观和环境观，为不断提高我们的环境质量和生活质量而奋斗。

1989 年，陈先生提出“树立‘以地为生，人地协调，持续发展’的理念，提高对地理教育意义的认识。”进一步阐明了“人地关系”和“可持续发展”之间的辩证关系。

1993 年，陈先生进一步指出“加强思想教育内容，反映时代精神”，提出地理课程与教学要从培养社会主义公民需要的角度出发，在进行爱国主义教育的基础上，要着重帮助学生用辩证唯物主义观点，树立全球生态意识和环境意识教育学生在注意发展经济的同时，还要注意保护生态环境，使人类社会与自然环境能协调发展，长期共存。陈先生说，如果人们对学习地理都有这种认识，重视地理教育，那么地理教学对于全面提高公民文化科学素质将会起到积极作用。

在爱国主义教育中，陈先生特别强调国情教育。只有了解国情，才能更深刻认识祖国，才能更好地理解基本国策。1990 年，陈先生发表《论地理教学中的国情教育》，详细地论述了我国的基本国情，即地大、物博、人口众多，人均资源少，地区差异大。1992 年，陈先生进一步把基本国情概括为：国土广大，山川壮丽；资源比较丰富，物产众多；人口众多，

人均资源不多；我国是统一的多民族国家；自然灾害频繁多发；地区差异大；我国社会主义建设成就巨大，但还是一个发展中国家。陈先生并提出了国情教育的基本原则，即对学生进行国情教育，要以正面教育为主，既要使学生对我国地理国情的优势和社会主义建设成就有足够的认识，树立民族自尊心、自信心和自豪感，又要实事求是地对不利因素和存在问题加以具体分析，同时要联系我国的基本国策、有关政策法令和建设规划，明确解决问题的途径和光明的前景，教育学生为社会主义现代化建设而奋斗，增强他们的责任感和紧迫感。

（六）教无定法，人各有法，引起兴趣，就是好法

中学地理学科兼跨自然科学和社会科学两个领域，一方面教学内容紧密联系生活，具有很强的可学性；另一方面，教学内容中包含着丰富的趣味性内容。

陈先生很重视教学“趣味性”在教学中的作用。培养学生地理学习兴趣是激发学生学习地理的积极性和自觉性的前提与关键。教学方法的核心问题就是引起学生学习的兴趣。任何教学方法如果离开趣味性，就不可能调动学生的学习积极性，不可能达到教学的预期目的。“地理教学只有在学生具有学习地理浓厚兴趣的前提下，才能水到渠成，圆满完成教学任务”。“兴趣”是学习的前提，是入门的钥匙，是成功的先导。“教无定法，人各有法，引起兴趣，就是好法”。

同时，陈先生也指出，兴趣是在学习中逐步得以强化的。兴趣引起学习，学习强化兴趣。前者是感性的，而后者则是理性的。理性的兴趣更持久，更有力量。如果说前者是直接兴趣，那么后者就是间接兴趣。直接兴趣与间接兴趣相互联系、相互促进，以充分发挥一个人的学习积极性和创造性，持续地进行学习。根据学生年龄特征，小学以感性兴趣为主，高中以理性兴趣为主。学生的学习总是在“兴趣—学习—兴趣—学习”的过程中不断进步。

（七）重视教学训练

教学不是训练，但是训练是教学的一个组成部分。

陈先生早在20世纪80年代末就撰文提出加强地理教学的基本训练要求。地理离不开地图。地理训练的主体内容是关于阅读和使用各种地图、示意图、统计图表的训练，以及填绘略图、制作简单统计图表的训练。此外，还有关于记忆、理解、观察、想象、思维以及解决实际问题能力的训练。关于读图和用图，陈先生提出了10个方面的基本训练要求：①对读图用图的基础知识和基本技能的训练；②对运用地图，形成地理事物的空间分布观念和探索其分布规律的训练；③对在地图上准确地标注重要地理名称的训练；④对运用图像（地图、示意图、模式等）说明地理事象的空间结构、空间分布和空间联系的训练。⑤对绘图能力的训练；⑥对统计图表的训练；⑦对观察、实习、实验的训练；⑧对理论联系实际的训练，如联系乡土地理，对家乡地理问题提出解决对策；⑨对自学能力的训练；⑩对计算能力的训练。

三、褚亚平地理教育思想简介

褚亚平先生，1923年生，1948年毕业于北平师范大学地理系。长期执教于首都师范大学，教授，曾兼任中国地理学会常务理事、中国教育学会地理教学研究会理事长、中国地名学研究会副理事长、国家教委中小学教材审定委员会学科审查委员。

在长期的地理教育教学与研究中，褚亚平先生形成了丰富的地理教学思想。现将先生主要地理教学思想简要介绍如下。

（一）地理教育学思想

褚先生认为，从地理教材教法到地理教育学是“地理教学法”发展的基本走向。

地理教学实践需要地理教学理论指导。中学地理教学理论主要体现在高师地理教学法（地理教学论）课程上。地理教学法的演变历史就是中学地理教学理论发展的历史。地理教学法大致经历了三个发展阶段。在这过程中，褚先生亲身引领了地理教学法第二、三发展阶段的形成与发展。

第一阶段：“地理教材教法”阶段。1904 年，清政府在《奏定优级师范学堂章程》中规定开设“各科教授法”课程。据此，当时的“师范学堂”开设了“地理教授法”课程。自此以后，一直到 20 世纪 70 年代，虽然中间曾几经更名，但总体上是以“地理教材教法”为主的。这一时期的总体特点是：①教材教法的主要研究对象是中学地理教材（教科书），并在此基础上，研究如何教授教材；②教材教法主要是以技术性研究为主，即以教学经验为基础研究教师教授地理的具体方法。

第二阶段：“地理教学法”阶段，以 1981 年褚亚平、曹琦、周靖馨编著的《中学地理教学法》（这是新中国第一部高等师范院校地理教学法教科书）为标志，地理教学法进入了第二阶段。这一阶段的主要特点是：①研究的主要对象是地理教学过程，研究地理教学的基本法则；②地理教学研究开始呈现活跃景象。这期间举办了多次高校地理教学法研究会，并陆续出版了若干版本的地理教学法著作。

第三阶段：“地理教学论”与“地理教育学”阶段。到 20 世纪 90 年代初，以华东师大陈澄先生出版的新中国第一部地理教学论为标志，地理教学法进入了另一个新阶段。

教学论，同教育原理、教育史、比较教育学等同属于教育学的二级学科。学科教学论是教学论的衍生产物。地理教学论是学科教学论的一种，同数学教学论、物理教学论处于同一级别。

与地理教学论同步发展的是地理教育学。以褚亚平先生为代表的一批学者致力于探讨学科教育学。褚先生认为，仅从宏观层次上研究一般教育规律，已经不能完全适应教育事业发展的需要，而需同时从微观层次上进行具体深入的探索研究。教育学本身发展需要由理论走向实践，由一般（普通）教育学走向学科教育学。因此，在普通教育学之下，形成学科教育学是教育学发展的必然，正如原中国教育学会会长张承先先生所说，学科教育学是适应社会发展的需要、教育事业发展的需要而出现的。在这样的背景下，褚先生挂帅于 1992 年出版了新中国第一部《地理教育学》，之后，又于 1998 年出版了第一部《地理学科教育学》。

不断地开创和促进地理教育学研究的新发展是褚先生在学术领域的最大贡献。20 世纪 80 年代，褚亚平先生在全国率先将地理教材教法引入地理教学法，在 90 年代又提出地理学科教育学，不断地把地理教学研究推向更高的阶段。

（二）提出建立“TME”一体化的地理课本系统

“TME”一体化是指课文系统（T）、图像系统（M）、作业系统（E）的一体化。褚先生指出，地理课本系统的大结构分析模式应当是“三维多层次”，如图 3-3 所示。图中，“TME”系统纵向结构 1 层表示“知识要素”，它是直接表现在课本上的图文，属明显可见和可读的内容，称“显性结构”。“TME”系统纵向结构第 2～4 层，分别表示“智能要素”、“德育要素”和“美育要素”，它们都寓于课本图文之中，属潜在教育要素，称“隐性结构”。在此项模式图中，其横向结构各层（T、M、E）和纵向结构各层（1、2、3、4），只表示各层次结构的组成，并不表示各层次的数量关系；除了“显性结构”和隐性结构的划分外，也不表示各层次实际的顺序关系。

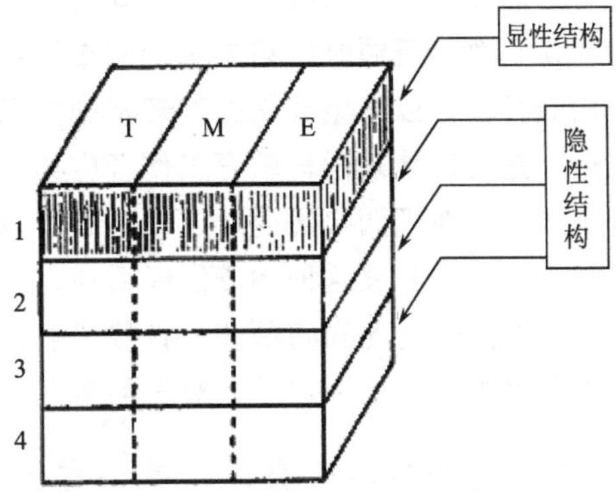

T—课文系统　M—图像系统　E—作业系统　1—知识要素
2—智能要素　3—德育要素　4—美育要素

图 3-3　TME 系统结构示意图

褚先生的这一思想是他多年编写中学地理教科书的经验总结。现在，或许人们已经对这种提法不再感到新鲜了，可是在改革开放初期，褚先生提出的中学地理课本（教科书）“TME”一体化结构模式不仅是一种理论创新，而且具有重要的现实意义。现在，“TME”一体化思想已经成为指导人们编写各种各类地理教科书的基本指导思想，并对我国中学地理教材理论建设产生了很大的影响。

（三）以学生为本，促进学生全面发展

褚先生关注地理教学应促进学生地理素养的全面发展。

1. 要有全面、完整的地理教育教学内容

就教学目标而言，褚先生先后谈到了两种分类体系，一是将地理教育教学内容分为知能教育、德育、美育三个方面，另一是将教育教学内容分为知识、观念和行动三个方面。早在 20 世纪 90 年代，褚先生就提出了地理教学要加强地理智能教育。地理智能要比地理能力或地理技能更科学、更全面。除此之外，褚先生还提出了地理美育与地理行动教育。虽然新课程对地理教育没有明确提出美育要求，但是存在于地理教学内容各个方面的美育是“情感、态度与价值观”所不能包含的。地理行动教育更有现实意义。褚先生认为，地理观念不仅要建立在头脑中，更重要的是要体现在行动中。

2. 开展有效的课堂教学，确保地理教学顺利达标

褚先生说，教学就是教会学生如何制造“钥匙”和使用“钥匙”。褚先生不仅认为教师不能简单地传递知识，而且认为不能简单地让学生通过模仿学会一个方法，即从教师那里取得“钥匙”，重要的是自己能够打造解决问题的“钥匙”。由于地理问题是复杂的，所以，学生要学会制造和使用“万能钥匙”（金钥匙）。

褚先生特别重视地理教学中的实践活动。他认为，地理观察、调查、实验、参观不仅是地理研究的重要方法，也是地理学习的重要方法。

在谈到当前教学方法时，褚先生认为，地理教学应该在传承中发展，而不是在否定中发展。地理教学必须发展。但是，传统中好的东西不能抛弃。新课程倡导自主学习、探究学习和合作学习三种学习方式，但这并不意味新课程就不要传统的接受式学习了。我们要整合好他们之间的关系。最适用的，是最有效的。传统的板书、板图、板画也是地理教学的一大特

色。有的老师抛弃“三板”也是不妥的。

在谈到教学资源时，褚先生特别重视乡土地理教学。他说，以人为本，以德智体全面发展为培养目标，以终生有用的地理基础知识为教育素材，以典型地域和乡土地域的实地考察为依据，是当代地理学科教育工作者应具有的基本思想和工作要求。褚先生认为，以县、市为范围的乡土地理调查研究，应成为高中地理教学开展课外学习活动的中心内容。有计划、因地制宜地组织开展这种调查研究活动，使学生对当地经济建设、土地利用、资源开发、人口动向等方面的情况和问题获得直接了解，对他们扩大知识面、增强爱国主义和投身建设本乡本土的思想感情很有效果，对贯彻德、智、体全面发展的教育方针也是一种很好的体现。

（四）搞好教学研究，培养一支优秀的队伍，确保高质量的地理教学

褚先生说，要实现高质量的地理教育，师资是最重要的前提条件。他说，地理师资的发展分两步，第一步为职前培养，由高等师范院校地理学院承担。这是基础性的工作，高校地理教学质量的高低直接关系中学地理师资的质量。谈到高校地理学院时，褚先生强烈呼吁高校相关的院系恢复地理科学学院的名称。第二步为职中培训，由各级教育教学研究与培训机构承担，主要任务是进一步促进地理教师专业发展。在谈到这个问题时，褚先生高瞻远瞩，指出教师的专业发展必须是团队式的发展。他呼吁教研人员，建立地理教学研究团队，通过团队的集体力量实现大家的共同发展。

四、王树声地理教学思想

王树声，1928年生，1949年毕业于北京师范大学地理系。长期在北京师范大学附属中学任教，北京市首批地理特级教师。曾兼职北京师范大学、首都师范大学及北京教育学院教授。著有《中学地理教材教法》、《特级教师导学丛书》、《特级教师谈学习策略》、《地理教学理论与实践研究》、《讲台三尺写春秋——全国著名特级教师教学思想录》、《教海求索五十年——我的地理教学实践与思考》等著作。

王树声先生在长期的中学地理教学实践中形成了丰富的地理教学思想。主要有以下4点。

（一）关于教学改革的思想

教学要发展，改革是必需的。每过一段时间，必然会进行一次课程与教学改革。课堂教学是教学的根本，一切改革都必然落实在课堂教学上。

在谈到怎样开展地理教学改革时，王先生谈到，教学改革首先要转变教育教学思想。教育思想包括教育指导思想、教育观念和教育理论，这是教育思想的表现形态和不同层次。经过长期的锤炼、积累、升华，王先生已经形成了完整的教育观、教学观、教师观、学生观、评价观等（详见王树声的著作《中学地理教学的理论与实践》，人民教育出版社，2007）。第二，教学改革的根本目的是引导和促进学生能力发展。学生能力是多方面的，就地理教学而言，要重点做好能理解、记忆并灵活运用地理知识；能进行有效的地理观察；有较高的地理想象与思维能力；有较高的动手操作能力；有较高的地理解释与阐明能力。第三，教学改革就是要不断创新课堂教学形式。王先生认为，要在课堂教学中适当地引入知识竞赛、学生演讲、讨论与探究、地理调查、地理实验等教学形式。第四，教学改革要强化教学情境创设，以情育思。第五，教学改革应包括教学评价改革。教学评价，特别是考试对教学具有很强的

导向作用。在教学评价中，要重视过程性评价，评价考试的内容要以考核学生灵活运用地理知识，创造性地分析、解决地理问题为重点。第六，借鉴国外经验，改革传统教学方法，博采众长，为我所用。改革不等于革命。传统的并不等于落后的。孔子的许多思想，在当代教学中仍有价值。同样，变化的东西也并不一定代表方向，引进的东西也不一定全是对的。王先生在谈到当前教学改革时，感慨地说，课堂教学形式不可能完全改变，个性化教学只是理想的模式。改革必须立足于现实，某些国家实验证明是可行的做法，不一定适合我国。即使适合我国部分地区，也不一定适宜全面推开。例如，选修分班就不是很现实。

关于新课堂教学的改革思路，王先生提出了 8 条基本教学策略，即在活动中渗透教学主题；在参与中领会知识内容；在体验中培养健康情感；在探究中形成科学态度；在思考中掌握学习方法；在应用中获取实践能力；在联系中构建思维线索；在交流中展示个性才能。

（二）关于教学艺术思想

王先生很重视教学艺术，他本人也表现出了很高的教学艺术。王先生认为，教学艺术的核心在于和谐完美的统一。它既包括教学与艺术性的统一，也包括教学活动中学生主体地位与教师主导作用的统一。王先生说，要把自己的兴趣爱好与特长服务于教学，要把自己的情感、态度、意志与教学紧密联系起来，处理好课内与课外、教材与教法、知识与能力、教育与教学、师与生、生与生、科学性与艺术性等关系，实现教学的和谐统一，并在实践、学习与思考中，在每堂课的教学过程中，使自己的教学水平日趋达到艺术境地，并形成自己的教学风格。教学风格不是刻意追求的，而是在实践中自然形成的。基于这样的认识，王先生打造了很高的教学艺术水平，形成了具有鲜明特色的教学风格。

（三）关于教师主导作用思想

在谈到教师主导作用时，王先生说，教师的主导作用在于使学生成为学习的主体。在教与学的矛盾中，教师是矛盾的主要方面。学生的学习过程是一个由不知到知，由混沌到感悟的过程。在这过程中，要靠教师的外因起作用，但是要学生学习成效如何，却需要学生积极主动地学，做学习的主人。教师的主导作用就在于激发学生的内在动力，启发学生的积极思维，提出问题，揭示矛盾，使学生成为学习的主体。

王先生认为，教师的主导作用主要表现在：第一，明确学习目的，发挥主动性，解决“要学”的问题；第二，激发学习兴趣，调动积极性，解决“爱学”的问题；第三，教会学习方法，培养独立性，解决“会学”的问题；第四，养成良好习惯，形成自学性，解决“想学”的问题。

（四）关于应试的思想

高考是高中教学不可回避的一个话题。谈到高考，王先生说，高考并不仅仅是高三的事，也是高一和高二的事；不是一个学科的事，而是各个学科的事。

高考并不是简单的知识竞争，而是学生学习潜能的较量。现在，要想在高考中取胜，就要做好下列 6 个方面的工作。

1）要养成良好的学习习惯。习惯是养成的，习惯的养成需要外界力量的介入。教师是学生良好学习习惯养成的最重要的外界力量。从这个角度上看，学生能否坚持养成良好的学习习惯关键在于教师能否坚持给予学生持续的力量支撑。

2）运用科学的思维方式与解决问题的思路。解决地理问题，首先要解决地理思维方式问题。要训练学生能灵活地运用分析与综合、抽象与概括、比较与分类、系统化与具体化等思维方式。要认真发现有用的地理信息，及时调动所掌握的地理知识，运用科学的思维方式，找到问题的切入口，顺利解决问题。

3）形成牢固的空间概念。空间概念是各个学科都必须具备的，只是各个学科的侧重点不同。物理学中的场，数学中的立体几何也属于空间概念范畴。各个学科的空间概念具有相辅相成的作用。地理是高中各学科中最早涉及空间概念的学科。因此，高一地理教学难度较大。空间概念的建立是以地图为依托的。通过识图、用图形成地理空间概念。

4）具有严谨的时间观念。要有计划地安排答题顺序与时间，书写快捷。

5）养成敏锐的信息意识。要能从众多的信息中识别有用信息，并能运用这些信息，解决问题。

6）清晰的表达能力。地理表达要具有准确性、简洁性、条理性、生动性和深刻性。

以上简要介绍了褚绍唐、陈尔寿、褚亚平和王树声老师的地理教学思想。由于笔者的资料与能力所限，对四位前辈的地理教学思想的认识还不够全面、深刻。同时，还有许多地理教育专家的教学思想有待于我们去总结与整理。

思考与练习

1. 什么是教学思想、地理教学思想？
2. 地理教学思想对于地理教学行为有何意义？
3. 你有没有地理教学思想？如果有，请把你的观点列出来。
4. 选一位地理教师或地理教育工作者，总结一下他（她）的地理教学思想。

参考文献

常华锋. 2010. 褚亚平地理教学思想简介. 地理教育，(03)：6.

常华锋. 2011a. 陈尔寿地理教学思想简介. 地理教学，(06)：4-6.

常华锋. 2011b. 王树声地理教学思想简介. 地理教育，(01)：10.

托尔普等. 2004. 基于问题的学习：让学习变得轻松而有趣. 刘孝群，李小平译. 北京：中国轻工业出版社，19.

严书宇. 2000. 褚绍唐地理教育思想研究. 华东师范大学硕士学位论文.

Davis George. 2008. Quality Education：Prospects and Challenges. New Delhi：APH Publishing Corporation，21.

第四章　地理教学情境

本章的学习目标：

1. 知道地理教学情境的分类，了解地理教学情境的特征；
2. 运用实例，阐述地理教学情境的功能；
3. 运用实例分析地理教学情境设计与优化的原则和理念；
4. 选择中学地理一节内容，运用现代地理信息技术，设计一个教学情境。

第一节　地理教学情境概述

人类社会活动都是在一定的情境中进行的。地理教学活动是教学活动的一部分，也是人类活动的一部分，是在地理教学情境中进行的。地理教学情境与学生、地理教学目的、地理课程、地理教师、地理教学方法、教学反馈等要素融合在一起，共同构成了地理教育教学活动，如图 4-1 所示。

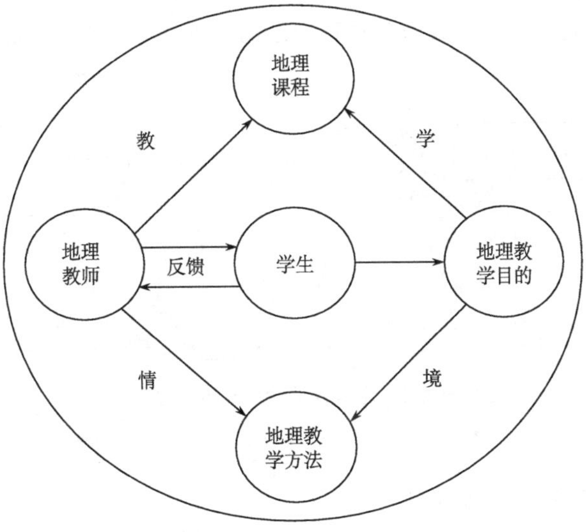

图 4-1　地理教学活动各要素及关系示意图

一、地理教学情境的概念与分类

（一）地理教学情境的概念

1. 情境探源

在夏征农主编的《辞海》中，“情境”是指一个人在进行某种行动时所处的社会环境，是人们社会行为产生的具体条件。它包括了有机体本身和外界有关因素，并把情境分为三类：真实情境，指人们周围存在的他人和群体；想象情境，指意识中的他人和群体，并通过媒介物而相互影响；暗含情境，指他人和群体行为中包含的象征性意义。

随着地理信息技术的发展，“虚拟情境”也逐渐应用到了地理教学中。虚拟情境是指运用现代信息技术中的虚拟现实技术，在计算机上创建各种模拟真实的情境，并借助计算机技术应用到教学中去。因此，情境的内涵有了新的拓展，就像麦克莱伦（Mclellon）所说的，情境可以是真实的工作场所，或真实工作环境的“虚拟”的代用品；或一种可以停留的环境，如影像或多媒体程序（Mclellon，1994）。这样，情境就是一个多层面、多要素的概念了，可以是观念的、想象的、情意的、问题的、语言的情境；可以是真实的情境，也可以是虚拟的情境；可以是基于学校和课堂的条件性情境，也可以是基于社会、自然以及日常生活的开放性情境。

2. 地理教学情境

在地理教学范畴内，情境之“情”指积极参与地理学习活动的学习者（包括教师和学生）的诸心理要素，特别是师生情感交流形成的情意场；情境之“境”则是指教学中能激发学习者诸心理要素的外部环境形象（人、事、物）等刺激条件，常见的包括图像（各种地图、遥感图像、地理照片、地理标本、地理漫画等）、实验（教师的演示实验、学生的动手实验）、语言（地理故事、地理诗歌等）、游戏（角色扮演、地理扑克、地理跳棋、地名接龙等）以及发生在自然和社会生活中的地理事像等，类似于我们常说的“情景”。这样，地理教学情境中的情境是指学习者的心理要素与外界环境形象的有机融合，如图 4-2 所示。这样，地理教学情境就是指地理教育教学过程中影响教师教和学生学的心理、生理和物理因素的有机综合。

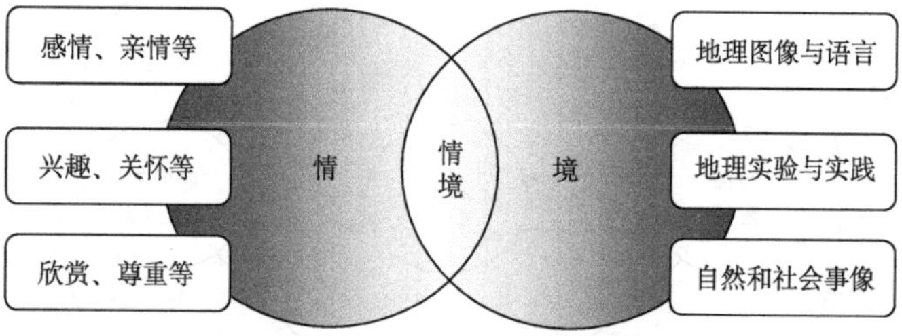

图 4-2　地理教学情境构成示意图

（二）地理教学情境的分类

任何地理教学活动都必须在一定的有形或无形的教学情境中进行。按照教学情境的性质和存在形态来分，地理教学情境可以分为地理教学物化环境、地理教学人化情境。

1. 地理教学物化环境

地理教学的物化环境也称为地理教学的“硬环境”，是由学校内外各种物质的、物理的要素所构成的一种有形的环境（陈澄，2007），是教学情境中有形的、相对静态的部分，包括地理教学场所、教学设施、班级规模、座位编排以及自然条件等。

(1) 地理教学场所

地理教学场所是地理教学发生的地方，这是地理教学顺利进行的前提条件。地理教学场所可分为校内和校外教学场所。校内教学场所即常说的学校教学情境。对于地理学科来说，校外教学场所及其选择具有更突出的意义，因为地理教学面对的客观事物是人类生活的地理环境，引导学生在自然环境中自行观察、自我发现和解决地理问题，是地理教学过程重要的组织形式，所以，重视校外地理教学场所的选择和建设是营造地理教学情境的主要任务。

(2) 地理教学设施

地理教学设施是构成有形地理教学情境的主要因素。从大的方面来讲，校园、地理教室、地理专用教室、地理园、图书馆、地理实验室等都属于学校地理教学实施；小的方面来看，课桌椅、地理实验仪器、地理图书资料、电化教学设施、地理教具等也属于地理教学设施。在地理教学活动中，地理教学设施以自身的完善程度制约和影响地理教学获得的内容和水平（陈澄，2007）。所以，地理教室的通风、照明、降噪等条件，地理图书资料的丰寡，地理实验设施的完备程度，基于现代技术多媒体地理专用教室、网络教室的营造等，都影响着地理教学的有效性。

(3) 地理教学班规模

地理教学班级规模是地理教学情境的一个组成要素，直接影响着教学活动的效果、教学过程中师生交往的频度和深度，对学生学业成绩、学习动机以及地理情感、态度与价值观的养成具有重要作用。从提高师生交往的频度和深度的视角来看，合理的师生比可以给予学生更多参与学习的机会和公平参与教学的权力，有利于学生全身心地投入到地理学习活动中去。

(4) 地理课堂座位

地理课堂座位编排是形成教学情境的又一因素，对引发学习动机、促进师生交往及学生之间的交流乃至学生学业成绩都有深刻影响。也正因为如此，许多班主任教师曾抱怨“排座位是最难的排列组合题”。传统的“秧田式”座位编排方法是按照身材高低排列，同时照顾个别学生（如视力缺陷）的需要。这种编排省事省力，不会造成视力阻挡，看似公平，但却不利于师生间、学生之间的交流与互动。基于现代教学理念，座位编排要突出学生的个性和活力，不能重秩序、轻生理，重独立、轻合作，重学习成绩、轻生命活力。所以，班级座位编排应建立在对班级资源的精心配置上，以使学生的潜在资源转化为教学资源。

(5) 地理教学自然条件

地理教学自然条件包括校园的花草树木、假山溪水、校园的小气候、周边噪声、教室采光、教室温度、色调，以及当下发生的与教学有关的各种自然现象等，都可以视为地理教学的自然条件。例如，有的学校为校园里的树木挂牌，写明树名、属类、生长所需要的环境条件等，这些都可以作为生动有趣的地理教学资源。

2. 地理教学的人化情境

地理教学的人化情境是指教学情境中无形的、动态的软环境部分，包括教学中的人际关系、地理社会信息、地理教学信息、课堂气氛以及师生个人特征等。

(1) 地理教学中的人际关系

地理教学中的人际关系主要指人与人之间的关系，主要包括教师与学生、学生与学生的关系。

师生关系是教学中基本的人—人关系。地理教学活动是师生间的一种双边、互动行为，是在一定的师生关系维系下进行的。在教学内容上，师生关系主要还是一种授受关系，教师处于教学的主导地位，同时突出教学中学生的主体性；在人格上，师生关系是一种基于严格要求的民主平等关系，是一种朋友式的友好互助关系；在社会道德上，师生关系是一种相携成长关系。因此，师生间的互助关系不仅体现在知识和智力的习得方面，还体现在思想、人格方面的成熟与完善。

和谐的生生关系对学生的成长意义巨大。生生关系主要体现在平等与尊重、帮助与鼓励、合作与竞争、理解与宽容、赞美与欣赏等方面。平等与尊重是人际交往的基础；帮助与鼓励可以有效培养学生的自信心；合作与竞争是人际交往的动力；理解与宽容是人际交往的保障；赞美与欣赏是人际交往的基石。如果同学之间能够互相尊重、互相帮助、互相鼓励、平等友爱、互相竞争、共同进步的话，就能形成良好的地理学习氛围。

(2) 地理教学信息

地理教学过程是地理信息相互传递和接收的过程。在地理教学活动中，教师和学生都是信息的输出源和接受源。依据建构主义学习理论，学习过程是学生建构信息与知识的过程，情境是学生意义建构的必要前提，教师和外界环境对学生的知识意义建构起到了帮助和促进作用。在传统的地理教学情境系统中，地理教学活动过程中地理信息流呈线性状态，信息交流呈单向性特点。在现代地理教学情境中，信息技术为地理教学情境创设提供了丰富多彩的地理教学信息流动的渠道和方式（陈澄，2007）。各种地理教学信息通过现代地理教学媒体作用于学生和教师，给地理教学活动带来了根本性的变革和影响。

(3) 地理课堂氛围

课堂氛围是课堂教学中形成的一种情绪、情感状态，是课堂教学中影响教学成果的隐形因子。课堂氛围由教师的教风（如教师的地理教学思想、地理教学态度、地理教学风格等）、学生的学风（如地理学习的态度、学习的方法、同学间的协作关系等）以及两者的相互作用形成的，而且一旦形成，又会促进教师教风与学生学风的发展。因此，课堂氛围的形成是一个动态、相互作用的反馈过程。

(4) 地理教师个人特征

地理教师个人特征包括地理教师个性与地理教学观念。地理教师个性也是教学情境的构成要素。个性是指一个人区别于他人的、在不同环境中显现出来的、相对稳定的影响人的外显或内隐性行为模式的心理特征的总和。地理教师的个性特征直接影响着教师的教学个性。教学个性是教师个人在多年的教育教学实践活动与探索中逐渐形成的具有个人特色的教育教学能力，是教师个人气质、性格、阅历、兴趣、知识结构等在教学活动中的综合反映和表现。它是一种特殊的教学能力，是教学过程中表现出来的具有一定倾向性的比较稳定和成熟的教学方式、方法、技巧的综合，具有教育性和创造性。地理教学观念是地理教学情境的构成要素之一。地理审美观、地理价值观、人地协调观、国际理解观等是否鲜明地附着于地理教师群体并影响着师生关系，直接影响着地理课堂教学效果。因此，地理教师的教学观也是地理教学情境重要的构成要素之一。

二、地理教学情境的特征

（一）地理教学情境的教育性

教育性是一种有系统的、运用策略性知识的、充满人文关怀的干预性。营造地理教学情境时应该突出教育性。地理教学情境是地理教学活动进行的物质依托和介质，其各个组成要素都具有教育意义，对整个教学过程起着关怀、干预作用。所以，教师在构建地理教学情境时，对教育功能的需要已经远远超越对物质功能的需要，这也是地理教育情境不同于地理自然环境的一个重要特征。

（二）地理教学情境的系统性

地理教学情境是由多要素、多部分构成的。如果这些要素是零散的，没有有机联系在一起，它们对教学的影响可能是随机的。因此，组成教学情境的自然地理条件、学校硬件设施、学校中的人际关系、校风班风以及师生关系等应该有机结合在一起，才能发挥最大效益。所以，依据系统论的观点，我们应该把组成地理教学情境的各个要素置入一个过程和系统之中。

地理教学情境的系统性是建立在计划性基础之上的。一旦有了计划，地理教学情境设计就不再是随机、偶然的事件，而成为有目的、有计划、有始有终的一项“工程”，从而使地理教学减弱了自在性，充实了自为性。

（三）地理教学情境的干预性

地理教学情境设置的终极目的是对学生产生影响。影响大致可以分为两种：一种是自然存在的，只要人感受到了，影响就自然发生；另一种是人为制造的，这样的影响，必然发生于人与人的关系中，因其故意的性质，可以称之为干预。所谓干预，也就是一个个体或群体对其他个体或群体主动的影响。干预的动力可以来自不同的方向，一般而言是情感和利益引起的。情感有积极的，也有消极的。积极情感促发的干预是善意的，消极情感促发的干预一般讲是恶意的。教育作为干预当然是善意的。可以说，正是干预使得教育情境设置具有价值，换言之，没有干预，就没有教育，也就谈不上教学情境。

（四）地理教学情境的区域性

区域性是地理学科的显著特点之一。区域地理教育对于学生了解区域发展差异和影响因素，接触区域研究方法，学习正确的思维方法，正确认识我国国情具有重要作用，是培养参与区域社会和经济发展合格公民不可缺少的内容。因此，营造地理教学情境时要突出地理教学情境的区域性。

地理教学情境的区域可以分为两种类型：一是具体的狭义的教育区域情境，如教室环境、学校环境等，这是直接影响教学的环境因素；二是广义的教学区域情境，可以拓展到宏观社会环境范围，覆盖范围广，涉及的社会层次高，可以从学生身边的社区环境，到地区、国家社会环境，以及整个国际社会环境。

（五）地理教学情境的发展性

《地理教育国际宪章》明确指出，“地理在各个不同级别的教育中都可以成为有活力、有作用和有兴趣的科目，并有助于终身欣赏和认识这个世界”。这句话道出了现代地理教育的价值。当代世界社会、经济、文化和科技发展日新月异，这也迫切要求地理教学与时俱进，立足学科前沿，改革教学内容，营造与时代同步的地理教学情境。

例如，在传统教学中，纸质地图是将各种空间特征绘制成一个平面供观察分析的表现形式。随着信息化的发展，地图逐步成为以空间数据库为中心的信息转换形式，接受多种数据输入，又提供多种信息成果，并展开多种形式的空间分析，从而使得地理教师借助电子化地图、地理信息系统等为地理教学创设更丰富、更真实的教学情境。

三、地理教学情境的功能

地理教学情境特有的要素结构和环境特征决定了其特有的功能，并通过这些功能显现出对地理教学活动及学生、教师个体发展的影响。就目前的研究成果而言，地理教学情境主要有以下几种相互联系的、共生互补的功能，如图 4-3 所示。

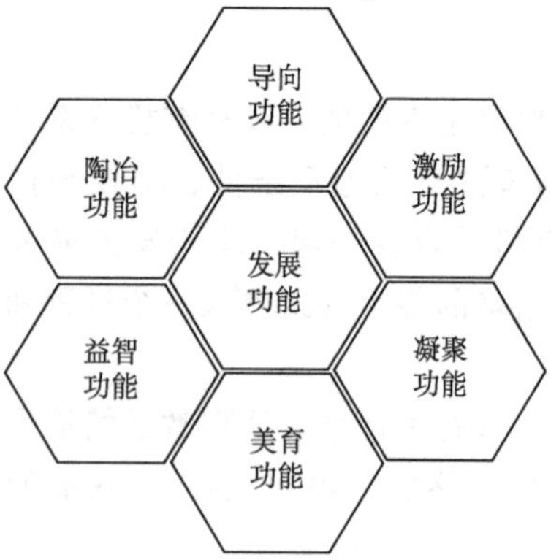

图 4-3　地理教学情境的功能

（一）地理教学情境的导向功能

地理教学情境的导向功能是指通过教学情境各要素的有机融合引导学生接受地理教育的价值观，掌握地理基础知识和技能，发展地理思维能力，掌握探究地理问题的基本方法和技术手段，增强爱国主义情感，树立科学的人口观、资源观、环境观和可持续发展观念，从而养成现代公民必备的地理素养，表现出良好地理行为习惯的功能。地理教学情境是进行地理教育的场所，地理教育目标和期望渗透在地理教学情境的各种要素之中，形成了一种地理教育氛围，引导着学生的思想，规范着学生的行为，塑造着学生的个性，促进学生的社会化。

（二）地理教学情境的激励功能

良好的地理教学情境可以激励地理教师的工作热情、动机，推动地理教育教学的顺利开展，提供地理教育教学的质量。在中学教育阶段，地理被视为“小”学科，如果在校园及教室情境建设中，能够因校制宜，结合本地实际，突出地理元素，设置一些诸如地理园、地理专用教室等设施，在学校绿化及美化方面，借助于地理教师的专业知识，发动教师带领学生参与校园美化，如在教室外墙绘制各种地图，校园绿化突出地理特点，既能提高校园美化的品味，又能使校园充满地理特色，从而激发学生地理学习的积极性。

（三）地理教学情境的凝聚功能

地理教学情境的凝聚功能是指教学情境通过自身的影响力，将来自不同家庭背景的学生聚合在一起，使他们产生一种对地理学习的认同感。良好的地理教学情境能够激发学生探究地理的兴趣和动机、养成求真求实的科学态度、提供地理审美情趣的环境。在这种情境中，学生对地理知识的兴趣和渴望能够得到最佳发展。特别是在师生共同营造的地理教学情境中，教室里的地图、展览柜里的化石标本、学生制作的地理模型、地理园建设中学生的劳动以及与学生有关的校园的一草一木，都倾注着学生的情感和智慧，浸透着学生的汗水。在这种情境中学习，能够给学生带来心理上的满足感和愉悦感，产生对学校情境的归属感。

（四）地理教学情境的美育功能

美育是培养学生健康的审美观，发展他们鉴赏美、创造美的能力，培养他们的高尚情操和文明素养的教育，是素质教育的主要组成部分。地理教学情境的美育功能是指良好的教学情境具有激发学生美感，培养学生正确的地理审美情趣，丰富审美想象，提高学生感受、鉴赏和创造地理美的能力。一个良好的地理教学情境是一部立体的、多彩的、富有魅力的、有声的“教科书”，它能潜移默化地对学生进行美的熏陶和塑造，具有极大的美育功能（陈澄，2007）。

（五）地理教学情境的益智功能

智力是指人认识、理解客观事物并运用知识、经验等解决问题的能力，是智慧活动中直接参与认知过程的心理因素，包括注意力、观察力、记忆力、想象力、思维力、创造力等。在地理学习方面主要体现在理解地理概念、原理，作出地理探究计划，解决地理问题，表达地理意念等方面的能力。认识活动中非智力因素是指不直接参与认知过程的心理因素，包括需要、兴趣、动机、情感、意志、性格等方面，是引导和促进孩子学习、成长的一种内驱力，它对孩子智力与能力的发展起着动力和定向作用。

地理教学情境，特别是动态的地理教学情境在引发学生探究地理事物的心理倾向，激发学生地理学习兴趣，培养学生地理学习意志，形成良好的地理学习性格方面具有重要作用。

（六）地理教学情境的陶冶功能

“人离开环境，便无行为可言”。学生的思想信念、道德情操和行为习惯总是在一定的环境中形成。地理教学情境是学生在地理学习中生活于其中的、可感可知的、具体生动的微型社会环境，良好的教学情境可以陶冶学生的情操，净化学生的心灵，养成他们高尚的道德品质和行为习惯。对于学生良好地理素养的形成具有重要的作用。地理教学情境的影响不是对学生强行灌入的“洗脑”式影响，而是通过有形或无形、物质或精神的环境因素的综合作用，在耳濡目染中熏陶、感化学生，从而产生“润物无声”般的教育作用。

（七）地理教学情境的发展功能

促进社会发展和学生个体发展是教育的重要功能，特别是学校教育环境中，尤其要以促进学生个体发展为教育之重任。地理在促进学生发展方面具有不可替代的作用，是促进个人教育的重要媒介，也可以对国际教育和发展教育作出重大贡献（国际地理联合会地理教育委员会，1993）。地理教学情境是地理教学的物理和精神场所，在促进学生身体发展、认知发展、情意发展以及自我教育能力发展等方面，都具有重要的作用。

第二节　地理教学情境的设计与优化

地理教学情境是多因素构成的系统，在教学实践中其功能的发挥绝不是随意的或自发的，而是取决于教师能否对其进行合理的设计和优化。因此，我们应根据一定的原则，应用现代教学设计理念，对地理教学情境进行合理安排和控制，并持续地加以优化，建构由教师、学生、内容和环境等因素有机整合的新型课程与教学系统，从而使教学情境发挥积极和正向的功能。

一、地理教学情境设计的意义

教学设计是指教育实践工作者以各种学习和教学理论为基础，依据教学对象的特点和自己的教学理念、风格，运用系统的观念和方法，遵循教学过程的基本规律，对教学活动进行的规划、安排和决策（钟启泉，2008）。地理教学情境设计是地理教学设计的有机组成部分，是为了创造或改善地理教学条件，对地理教学情境进行整体或局部的规划、组织、协调和安排。地理教学情境设计有以下意义。

（一）地理教学情境设计利于发挥其教育功能

地理教学情境具有多方面的功能，对学生的地理学习活动、地理审美情趣、身心健康、思想品德，对地理教学活动的顺利进行和地理教学质量的提高，都有深刻的影响。在地理教学实践中，地理教学情境设计直接影响着这些功能的发挥。由于地理教学情境是一个育人的场所，并具备地理学科的特殊性，地理教学情境设计不同于一般的环境设计，也与其他学科的教学情境设计有所不同。因此，地理教学情境设计除了遵循一般教学情境设计的基本规则之外，还应该体现地理学科教学的特点，将地理科学的价值渗透在地理教学情境设计中，从而发挥出地理教学情境育人的基本功能。

（二）地理教学情境设计利于教学活动的顺利进行

地理教学情境设计的过程实际上是为教学活动制订蓝图的过程。通过地理教学情境设计，教师可以对影响地理教学活动的各种环境要素进行统筹安排，创设良好的地理教学情境，进而整体把握整个教学过程，选择适当的教学方法或教学策略，采用有效的教学手段，保证地理教学活动的顺利进行。优化的地理教学情境可以为教学活动提供系统的教学指南，使教学工作事半功倍，取得良好的教学效果；忽视地理教学情境设计，则难以达到好的地理教学效果，且容易使地理教学走弯路，影响教学任务的完成。

（三）地理教学情境设计有利于教学目标的达成

地理教学情境与地理教学目标的达成密切相关。一个有利于学生身心健康、有利于教学活动顺利开展的教学情境，能够推进教学目标的达成；而一个拥挤零乱、昏暗嘈杂、没有秩序的教学情境则不仅不利于教学目标的达成，而且还会损害学生的身心健康。所以，地理教学情境设计对地理教学目标，乃至整个学校培养目标的达成都有一定影响。

地理教学情境设计还可以影响学校环境的整体面貌和审美风格。追求教学情境的美观、和谐，是学校环境建设的目标之一。学校的校园环境是否美观大方，在很大程度上取决于教学情境的设计工作，而其中地理教学情境设计则起着至关重要的作用。

总之，地理教学情境设计的过程是一个发现地理教学问题、解决地理教学问题的过程。这需要教师和学生加强教学设计原理和方法的学习和运用，培养师生地理科学思维习惯，从而提高师生分析问题、解决问题的能力。

二、地理教学情境设计与优化的原则

地理教学情境设计与优化原则是在地理教学情境设计时必须遵循的基本要求。一般来说，地理教学情境设计需要遵循如下原则。

（一）整体性原则

整体性原则要求在设计地理教学情境时，要从整体上对组成教学情境的各个要素进行规划和协调，把各种因素优化为一个整体，发挥教学情境各因素的整合功能。构成地理教学情境的因素复杂多样，如果仅考虑某一要素的功能，可能会弱化教学情境的整体效果。因此，在设计地理教学情境时，要充分关注地域文化因素、校园文化环境、良好的班风、学生的学习风格与个性、师生能够获得的教学材料、师生关系等因素，营造促进师生身心健康和提高教学质量的地理教学整体环境，使之产生大于各要素功能简单相加之和的整体功能。

（二）操作性原则

操作性原则要求在设计地理教学情境时，要围绕具体的教学目的，通过可操作性手段，突出地理教学情境的某些特征，形成特定的情境影响学生，帮助学生习得地理知识，形成地理概念，养成地理素养，产生地理行为，从而促进学生的身心发展。例如，在运用黑板略图进行“地域联系”教学时，可以通过突出交通线，弱化其他地理要素，帮助学生习得地域联系的相关知识；为了解“沙尘暴”的特征及危害，可以采用讨论课的组织形式，并把教室环境布局成一个适于小组讨论或辩论的环境，如将课桌摆成圆圈，增强讨论的气氛，提高讨论效果。

（三）转化性原则

转化在本质上是“阐释、作决定”的过程，是指某物在形式、性质、内涵等方面产生某种程度差异变化的历程。转化是一种动态的改变过程，是一种依据目标、标准，使“物化”材料“人化”的过程。简单说来，转化性原则是指在设计地理教学情境时，要对各种材料、经验和信息进行选择、转化，使之成为促进学生身心健康的积极信息。在具体操作过程中，表现出四种特性：转化者的意图性、目标的导向性、成果的变化性以及情境的依赖性。这也决定了转化是有目的、受情境影响、可增减修改的过程，是展现转化者思维能力的活动。

在设计地理教学情境时，教师要根据学生身心发展的特点，对涌入学校的各种信息和价值观进行选择、控制，并适当转化，将自发的信息和价值影响转化为学生可接受的有目的的信息和价值影响。

（四）主体性原则

主体性原则要求在设计教学情境的过程中，要充分重视教师、特别是学生主体的作用，培养学生自控自理能力，使学生学会设计、优化和管理地理教学情境。

教师和学生都是教学情境设计和优化的主体。教学情境设计和优化离不开学生的主体性参与、支持和合作。正因为如此，在设计教学情境的过程中，教师应充分调动学生的主动性和积极性，培养他们对教学情境的责任感，提高他们控制和管理环境的能力。例如，在“水资源的合理利用”一节中，教师鼓励学生走上田间地头，观察农民灌溉用水情境；走近城市的洗车房，了解洗车用水状况；走近穿越城市的河流，闻一闻水的气味，观察水中的生物和河两岸堆放的垃圾，并把上述状况以录像、照片的形式在课堂上展示，能达到良好的教学效果。只有调动了学生积极性，良好教学情境的创建才能得到广泛的支持，良好的教学情境才能得到持久的维持，地理教学情境才会在学生自觉自愿的不懈努力中更加和谐、美好。

三、地理教学情境设计与优化的理念

教学情境设计与优化的愿景是建构教学情境与人的学习、生命以及活动的亲和性。这就规定了教学情境优化的实质是将选自社会文化的内容转化到教学情境中，并成为教学情境中的“特殊条件”，同时将人的学习性、生命性和活动性“融化”到教学情境中，成为教学情境的“灵魂”（李朝辉，2010）。所以，地理教学情境的优化，应当确立“生活化”、“活动化”、“整合化”、“学习化”和“信息化”等新理念。

（一）生活化理念

地理学从每一方面来说是为了生活，它表现出终身的、持续不断的生活以及提高生活水准，“学习对生活有用的地理”成为地理课程的基本理念之一。所以在设计地理教学情境时，应该关注教学情境设计与优化的“生活化”。

（二）活动化理念

在教育文化意义上，活动是学习的本质所在；对学生的发展来讲，“学生主体活动是学生认知、情感、行为发展的基础，无论学生思维、智慧的发展，还是情感、态度、价值观的形成，都是通过主体与客体相互作用实现的，而主客体相互作用的中介正是学生参与的各种活动”（田慧生，1998）。学生学习的活动化，要求教学情境的活动化。在地理学科教学中，活动化可以理解为在教师的指导下，学生运用所学的知识和技能，通过回答问题、收集资料、积极思考、相互讨论和交流去主动获取知识，并不断提高自己分析问题和解决问题的能力，促进学生整体素质全面提高的学习方式和过程。

地理教学情境的活动化，从根本上说，就是要把教学情境建构成人的身体活动与内部心理活动的场景，建构成可以开展游戏、学习和劳动的活动场景。由于教学情境的组成要素主要是由人和物构成的，所以在某种意义上，活动就是“人—物”之间、“物—物”之间以及“人—人”之间三大互动关系的实现。

（三）整合化理念

地理教学情境的设计和优化需要超越学科之间的界限，加强相邻学科间的整合，建立大教育观与大课程观的理念。在大教育观层面，地理教学情境的优化要强调地理教育与学校教育、家庭教育以及社会教育之间的关系，并把它们的关系纳入到地理教学情境的设计、构建和应用中。在大课程观层面，地理教学情境的优化主要表现在：把大教育观思想落实到地理教学情境设计层面；把地理教学资源，特别是隐性资源显现出来；对学校环境、家庭环境和社区环境进行一体化，并整合入地理教学情境构建之中。

同时，地理教学情境设计要关注学科间的整合，帮助学生顺利理解和掌握地理知识，实现知识在学科间的横向迁移。例如，在学习“海水运动”一课相关内容时，教师用课件创造了这样一个问题情境：1492 年哥伦布第一次横渡大西洋去美洲共用了 37 天的时间，1493 年他第二次去美洲时只用了 20 天，在 15 世纪没有航海动力的条件下，两次航行所用的时间差距如此大的原因是什么？把历史知识融入到地理教学情境的设计中，激发学生学习洋流的兴趣，也让学生感受到知识的完整性。

（四）学习化理念

地理教学情境的学习化理念是指通过优化和设计，使地理教学情境的各种因素适于学生的学习。这主要表现在以下几方面。

第一，通过地理教学情境的营造，挖掘学生地理学习的潜能。学习是人的一种天性，是人与生俱来的潜能。每位学生都具有地理学习的能力，或者说具有地理学习的可能性。地理教学情境的优化，其目的就是挖掘学生地理学习的兴趣，激发学生学习的动机，并转变为地理学习的行为。

第二，通过地理教学情境优化，激发学生个性化学习。个体总是具有特殊性的，学生通过学习会引起行为、知识、经验、技能、能力、情感、习惯、品德等所有方面或某一方面的变化。这种变化可能是对传统文化的继承，可能是对新环境要素的适应，也可能是一种创新。地理教学情境优化，其目的是满足学生个性化学习需要。

第三，通过地理教学情境优化，促进学生的发展。发展是教学情境的重要功能。心理学研究认为，学习与发展是密切相关的，学习是发展的基础，学习的目的是更好的发展（林崇德，1995）。学生个体的发展表现为个体与环境“同一性”的形成和实现，其基本途径是学习。因而，地理教学情境优化的学习性就显得尤为重要。

（五）信息化理念

信息化是指充分利用信息技术，开发利用信息资源，促进信息交流和知识共享，提高教学质量，促进学生发展的进程。随着计算机技术的发展以及计算机的普及，信息技术逐渐进入地理课堂。它借助图文结合、声像并茂的表现形式，增强了学生对地理事物的理解和感受，引发了地理课堂的变化。

在地理课程标准中，“强调信息技术在地理学习中的应用”是其基本理念之一。教育信息化有助于加快地理知识的更新速度，对地理教科书滞后于社会发展的缺点有弥补作用；教育信息化为地理教学提供充满新鲜信息的学习环境，有助于学生批判性和创造性思维能力的形成和发展；教育信息化可以突破教室物理环境的局限性，把即时发生在生活中的地理事件引入教学中，帮助学生在学习与生活之间建立联结，发现意义。因此，在进行地理教学情境优化时，一定要凸显信息技术的作用。

第三节　基于信息技术的地理教学情境

“关注现代信息技术对地理课程的影响”，“强调信息技术在地理学习中的应用”是地理课程的基本理念。随着多媒体和网络技术的发展，信息传播的方式发生了重大改变，基于信息技术的地理室内教学情境的构建条件逐渐成熟，地理专用教室和网络地理教学资源已经成为信息技术辅助地理教学不可或缺的教学情境（段玉山，2003）。

一、基于多媒体、网络及信息技术的教学情境

（一）基于多媒体技术的地理教学情境

地理教师将地理教学信息通过计算机多媒体与学生构成一组地理教学交互系统的教学方式。其中，各种信息以文本、图形、图像、音频、动画、视频多种形式按一定的结构方式呈现给学生。一般的多媒体辅助地理教学是利用多媒体，特别是超媒体技术，建立教学内容的结构化、动态化、形象化表示。

但是越来越多的教师不满足于已有的资源，开始自己设计课件。多媒体地理课件是利用各种通用软件，结合教学内容设计的可执行软件，将板书、图片、动画都设计在一个软件里，上课时由老师操作主控电脑，在大屏幕上演示给学生，老师讲解或师生对话完成教学任务。可以集中表现教学难点和重点，构建视觉和听觉情景，引起学生兴趣，提高教学效率，课件可用 Powerpoint 或 Authorware 制作，对地理教师计算机水平要求不高，目前已被广泛采用。

（二）基于网络技术的地理教学情境

从粉笔、黑板、挂图到鼠标、显示器，网络给我们的教学情境和方式带来了巨大变革。特别是 Internet 和多媒体技术发展，所有的教学内容经过数字化以后，世界地理教育资源连成一个信息海洋，供广大师生共享。

网络辅助地理教学主要有四种模式：虚拟课堂式、网络课件式、在线学习式、客户化教学等。在网络辅助地理教学中，学生自控学习，教师建构网站、设计制作软件和网络，成为学生的指导者和评估者，和共同学习模式相比，这种模式更利于学生的个性培养。

（三）基于地理信息系统（GIS）的地理教学情境

GIS 是处理地理数据的输入、输出、管理、查询、分析和辅助决策的计算机系统。GIS 辅助地理教学是地理教育中 3S 教学情境的一个重要组成部分。

1. 基于 GIS 的直观地理教学情境

首先，利用 GIS 操作实现辅助教学，如利用 GIS 软件对地图的操作、简单查询和分析辅助讲授特定教学内容的方法。例如，通过地图图层（主题）的操作、显示能直观地显示地理信息，表达地理要素的空间分布状态、要素间的因果关系等，达到辅助教学的目标。例如，缓冲区的教学应用往往为讲授某一地理要素的属性影响范围等知识，如污染源的有害范围、集水区范围、经济辐射区域等。这类知识点的教学直观性同样用其他教学方法难以呈现，而应用 GIS 缓冲区教学辅助教学则事半功倍。

其次，制作专题地图。GIS 专题图比普通地图更具有教学辅助意义的是 GIS 专题图能根据需要，灵活改变显示形式和添加附加地图要素，包括图注、图例、图标等信息，而且表现形式丰富多样，完全能够满足要求。地理教师应该立足于利用 GIS 强大的数据能力和地图处理能力为日常教学的准备提供丰富的素材，尤其是我们课件准备、作业地图的准备等。

最后，GIS 图档应用辅助教学。地理教学实践中，我们不一定最终以 GIS 软件为教学平台，而是利用 GIS 软件输出 GIS 地图图档、专题图用在其他教学软件的制作中。导出的文

件可以在 Powerpoint、Word、Flash 等软件中使用。与 GIS 专题图辅助教学形式不同的是，GIS 图档应用辅助教学是可以将包括专题图、操作和查询结果显示的 GIS 地图界面用 GIS 导出的方式形成 GIS 图档文件，在其他软件导入后进行综合应用。GIS 地图图档的导出以矢量图形的导出方法为主，也可以利用显示结果的屏幕抓取或屏幕硬拷贝的方法实现。

2. 基于多媒体地理信息系统的地理教学情境

多媒体地理信息系统（multimedia geographic information system，MGIS）辅助教学的方法，就是利用 MGIS 技术制作课件，综合处理和控制地图、符号、语言、文字、声音、图形、图像、影像等多种媒体信息，把多媒体的各个要素按教学要求，进行有机组合，实现人机交互操作，完成教学或训练过程。MGIS 地理课件能体现地理学科的特点，以地图为载体，强调地理事物的空间联系，课件的地图信息及多媒体信息的融合，能使教学信息以多层次、自由便捷的方式建构教学情境，有利于培养学生地理空间思维能力，提高教学效率。

在 GIS 软件（如 MapInfo6.0、ArcView3.2）中，除了基本功能：地图表达与处理功能、数据查询分析功能、图形输入输出等功能以外，另有热链接（hotlink）功能。在专题的属性表中增加关于录像、文字、统计数字、图形/图像、动画的字段，将专题与媒体对象定义热链接，媒体信息就会与地图要素结合起来，MGIS 就在软件中实现了。

3. 基于 WebGIS 的辅助地理教学

WebGIS 是 Internet 技术和 GIS 技术相结合的产物，从 WWW 的任何一个节点，用户可以通过浏览器浏览 WebGIS 站点的空间数据，进行空间查询和分析等操作。WebGIS 辅助地理教学将成为今后地理教学发展的一个重要趋势。

WebGIS 在日常教学中更可使地理的教与学更有效率、更有趣味性、更能发挥学生的自学精神与锻炼他们的思考能力。学生可以透过查询某一特定性质的数据，如人口，将所需的空间分布情况显示出来，要知道中国超过 5 万人口及离开海岸不超过 2km 的城市分布及名称，利用 WebGIS 就很容易办到。学生亦可利用地址、建筑物名称等作搜索的用途。通过使用者与电脑的互动，WebGIS 可以迅速为地理学习者找到答案。

通过 WebGIS，学生同样可以运用地图阅读技巧，如计算距离、量度面积、绘画横切面等作地理分析，亦可将分析后的资料以统计图表显示。通过电脑的快速运算功能，以往需要长时间计算及绘画的工序，现在很快就可以完成。WebGIS 更可与多媒体影音资料联结，使表达的内容多样化及立体化。

WebGIS 容许学生以简单的工序来分析地理现象的空间关系。使用者可在地图上显示多个主题，如城市、地势、雨量、农业等分布资料，找出城市分布与其他地理现象的关系。WebGIS 的数据库可以包含不同时间的资料，使学生能够分析地理现象的时空转变及推测将来的趋势。WebGIS 也容许学生更改数据库的资料及显示的模式，使地图可以不断更新、改进。

4. 基于虚拟现实和三维技术辅助地理教学

虚拟现实（virtual reality，VR），又译作灵境、幻真是近年来出现的高新技术。VR 是一项综合集成技术，涉及计算机图形学、人机交互技术、传感技术、人工智能等领域，它用计算机生成逼真的三维视听感觉，使人作为参与者通过适当装置，自然地对虚拟世界进行体验和交互作用。

地理演进的漫长性与突发性、地理运动的空间性与复杂性，往往使地理知识的常规表现手法（板画、投影、幻灯）显得不那么得心应手。而电脑可以通过技术处理，对一些地理现象进行虚拟，让学生犹如身临其境一般。例如，大陆漂移、地壳变动的漫长过程可以在数分钟内形象展现，而火山爆发的瞬间状态可以缓缓地放“慢镜头”逼真地进行还原。另外，初中生难以建立的地球、月球、太阳的空间关系概念，也可以在电脑虚拟化情境下逐步建立起来、清晰起来。

VGIS是将VR与GIS结合，具有虚拟的空间效果，增强了VR的表现形式。随着计算机技术、传感器技术、图形生成技术和显示技术等技术的不断发展，使得VGIS辅助地理教学的开展成为可能。例如，在自然界中有许多过程和现象是人们难以看到的，如青藏高原形成、黄土高原环境演变、大气中的水循环、火山爆发的地下过程等，若借助VGIS，即可将这些过程模拟出来，为学生提供一个虚拟环境，对教学带来很大的方便。

三维GIS（3DGIS）以立体造型技术展现地理空间现象，不仅能够表达空间对象间的平面关系，而且能描述和表达它们之间的垂向关系；对客观世界的表达能给人以更真实的感受，对空间对象进行三维空间分析和操作是三维GIS特有的功能，具有独特的管理复杂空间对象的能力及空间分析的能力：如各种变化（平移、旋转、比例、剪切）、选择、布尔操作（交差、并差、切割断面、开隧道、建筑）、计算（体积、表面积、中心、距离、方向）、分析、可视化、系统管理等。

5. 基于二次开发GIS的辅助地理教学

课程标准里建议使用二次开发的GIS软件（如对国产软件进行二次开发），简化GIS功能。教学过程中，建议开发地理信息技术综合学习软件平台进行辅助教学。GIS二次开发有两种实现方式，一是完全借助于利用GIS软件本身提供的二次开发语言环境来实现的方法（如Mapbasic、Avenew等）；二是利用GIS组件如Mapx、Mapobject和VB、Delphi等集成开发。两种方式各有利弊，根据具体情况确定实施方案。

二次开发GIS的辅助地理教学，即辅助教学课件（或平台）的设计实现和课件（或平台）的应用两个方面。需要强调的是，软件的实现必须是事先设计完成的，并不是需要在课堂中由教师或学生来完成，否则，反而把教学问题复杂化。在辅助教学过程中，仅利用GIS二次开发的平台直观实现教学内容的显示，留给学生更多的空间去思考分析有关的地理问题。之所以通过GIS的二次开发实现辅助教学的目标，而不是直接给出结果，就是为了通过GIS的演示操作，培养学生的理性思维能力，激发学生的学习兴趣，从而起到素质教育与能力培养的教学目的。

二、数字化地理专用教室

数字化教学系统指的是把多媒体技术和网络技术有机结合起来，在普通教学网络的基础上，通过一系列技术手段实现教师用机与学生用机的连接，实现各计算机之间屏幕、声音的实时交互切换，并且具有多种辅助教学管理功能的教学系统。根据地理学科的特点，把这一教学系统与地理专用教室有机结合起来，就构成了现代意义上的地理专用教室——数字化地理专用教室。

（一）数字化地理专用教室的功能

1. 教学展示功能

教学展示功能是数字化地理专用教室的基础功能，以保障完成基本的地理教学任务。根据使用媒介的不同，数字化地理专用教室应具有多媒体展示功能、展览式展示功能和活动式展示功能。依据操作主体的不同，教学展示可分为大屏幕展示和学生终端展示两种。前者能把学生的注意力吸引到大屏幕和教师身上，有利于焦点的集中，但不利于学生仔细观察；后者有利于学生仔细观察展示内容，尤其是细节，但焦点分散。因此，应根据展示内容使用不同的展示功能。

2. 地理模拟功能

地理模拟是对地理真实事物或者地理过程的虚拟，以表达抽象地理事物的关键特性。地理模拟功能是数字化地理专用教室的重要功能之一。地理模拟有多种形式，最常用的模拟主要有两种：一是实物模拟，即把一些常用的地理模型设计成动态的，尽可能真实地模拟自然界中发生的地理现象；二是计算机模拟，利用计算机软件模拟实际生活中发生的地理现象。二者的结合可以更好地实现地理模拟的功能。数字化地理教室应该更加突出地理模拟功能。

3. 自主、协作的学习环境和条件的营造功能

地理教学内容具有时空跨度大的特点，许多教学内容具有“不可近”性。所以，依据地理教学内容和范围，地理专用教室要把硬环境与软环境结合起来，营造浓郁的地理氛围，为学生自主、协作学习提供物质条件和活动环境，并具备展示最新地理信息、与教学内容同步的相关信息的功能。

4. 网络教学功能

地理教学活动是教师的教与学生的学组成的双边活动，教学活动是发生在师生之间、生生之间的一种特殊交往活动。网络具有灵活便捷连通的特点，以及高度的互动性，因此可以成为实现师生、生生互动双向交流的代表性媒体。所以，数字化地理教室要突出网络学习功能。为实现此功能，要建设地理专用教室局域网并与因特网连接，使学生能够在教师的指导下，利用网络进行小组合作或协作学习，从而缩小教师与学生、学生与学生之间的物理空间和心理空间。

总之，数字化地理专用教室，是促使地理教学目标达成，落实地理教学实践与应用环节的必要措施，体现了现代地理教育的愿景、理念和功能。

（二）数字化地理专用教室的建设

数字化地理专用教室由教学（学习）室和准备室组成。

1. 教学室

教学室可分为若干个功能区。

教学演示区：教学演示区是教师运用板书、板图、挂图、模型、标本、录像片、投影片、实验、计算机课件等进行地理教学的场所。需配备计算机、实物投影仪（或投影仪）、录像机、录音机、多层抽拉式黑板等及其相关设备。

学习活动区：学习活动区是供学生听讲、讨论、演讲、观摩、填绘地图和进行地理实验、地理制作、地理游戏、地理竞赛等的主要场所。课桌椅的大小、性能和形状需考虑以上

活动的需要。

教学具陈列区：教学具陈列区主要用于陈列各种天文、气象、地质等自然地理以及人文地理教学具；陈列学生的优秀地理制作和其他地理学习成果。

地理信息展示区：地理信息展示区是利用墙面橱窗，展示动态地理信息、创设地理学习情境的区域。可通过图文形式，展示地理景观、地理新闻、风土人情、地理科学家、地理新发现和新成果等。

地理习作展示区：地理习作展示区是利用墙面橱窗，展示学生在基础型、拓展型、探究型课程中的地理学习成果的区域。可展示社会调查报告、野外考察报告、实地景观照片、地理小报、地理旅行同记、小论文等。

地理书刊区：地理书刊区主要用于放置供学生阅读的各类书籍、期刊、画报等地理资料。也应放置相关的地理电子阅读材料。

地理网络学习区：地理网络学习区需配备若干台学生用电脑，供学生利用计算机进行网络信息学习。

2. 准备室

准备室主要用于两个方面：一是存放各类地理实验、演示、制作所需的仪器、材料和工具。存放教学用录像带投影片、电脑用地理软盘、光盘等；二是为地理教学准备实验器材、材料、工具和供教师制作录像带、制作地理课件等。

三、数字星球教学系统

（一）数字星球教学系统简介

数字星球教学系统的构建，以建构主义等新的学习理论为指导，综合运用遥感、遥测、地理信息系统、球幕投影技术、多媒体、虚拟现实及网络等技术，将航空航天遥感所积累的数据信息，转换成生动、直观、易于理解的三维图像，并集成图形、动画和其他视频媒体，整合地理学科课程内容、学科教学理论，形成综合的交互式立体图像显示系统和学习环境平台。其外观表现为计算机软硬件系统，其内涵却是由计算机程序和地理信息数据、图形、图像、视频、动画、学科知识内容组织而成的地理学科教学环境、学习资源、内容媒体（刘强，2011）。

数字星球系统包含硬件和软件两部分。硬件系统由投影机、鱼眼透镜组、球形投影屏幕、底座、遥控器等组成；软件系统由平台软件、二次开发软件包、配套新课标资源和指导手册组成。

（二）基于数字星球系统的地理教学情境构建

1. 构建基于太空尺度的教学情境

随着科学技术，特别是空间科学技术的发展，人类能在越来越大的范围和深度上认识地球及其他天体，并把这些认知成果通过信息技术融汇在数字星球教学系统中。在教学实践中，借助数字星球教学系统的球幕投影技术为学生构建星球尺度的教学情境，把学习者带入虚拟真实的宇宙环境中，真切体验超越时间与空间的地理现象和过程，科学认识人类的生存空间与环境，破除封建迷信，形成科学的宇宙观。

2. 构建基于地球尺度的教学情境

掌握地理事象的地理分布和空间结构是地理学习的基本要求。数字星球教学系统采用要素式组织模式，自然地理按照地形、气候、水文、土壤、生物等要素编排，人文地理按照人口、文化、经济、农业、工业、聚落、种族、交通等要素编排，反映地理学科体系和地理教材的核心内容，帮助学生形成地理要素间相关性的逻辑概念，有利于学生理解全球环境与发展问题，形成正确的全球意识。

3. 构建大尺度的空间运动教学情境

地理科学涉及的内容，无论是自然环境，还是人文环境，都在不断的运动、变化和发展中。在学习地理知识、分析地理现象和讨论地理问题时，都要考虑动态变化，用发展的观点看问题。数字星球教学系统借助球幕投影技术模拟展示地理事物在全球尺度的空间运动过程，如地球运动、大气环流、全球气压带和风带、季风环流、海水运动等，教学过程形象、生动，利于学生空间思维能力的培养。

4. 构建地理现象演变的教学情境

许多地理现象都有一个发生、发展、灭亡的过程，如板块运动、昼夜更替、气候变暖、海冰的形成与消融过程等。在地理教学实践中，借助数字星球系统的信息技术，以空间与时间相结合的方式，全方位再现各种地理过程，显示地理事物在发展不同阶段信息的空间分布，揭示地理事物的空间运动、演变规律，预见地理事物的变化趋势，从而帮助学生认识地理事物的发展过程，培养学生辩证认识事物发展变化的能力。

5. 构建凸显具体地理事物的教学情境

数字星球教学系统具有全球尺度基础上的细节、局部、区域表达功能。因此，能够在宏观层面上呈现自然、经济和社会现象的空间联系和空间结构的同时，从微观层面凸显人类和所处区域之间的关系，使得地理教学目标明确，重点突出。

总的来看，数字星球教学系统以计算机信息技术为基础，依赖多功能的呈现系统，帮助教师将教学内容与真实情境联结起来，使知识与产出知识的活动以及应用知识的情境结合起来，摒弃过去地理学习中的去情境化现象，从而转变学生机械模仿、被动的学习方式，促进学生主动、富有个性的学习。

四、地理教学情境展望：协同虚拟地理教学情境

（一）协同虚拟地理教学情境的含义

协同虚拟地理教学情境（collaborative virtual geographic education environments，CVGEE）是基于网络技术和虚拟现实技术，面向地理教育者和学习者的分布式教育和交流交互平台。地理教学的主要对象——地理系统是一个开放的复杂巨系统，其内容涉及多学科的知识，单个学生不大可能全部掌握，群体学习是必然选择；另一方面，地理教学重视的是学生的体验，但地理环境非常广袤，时间、花费都限制着教师不可能将学生带到所有的地理环境中去，而虚拟现实技术却可以在一定程度上解决这样的问题。

（二）CVGEE 系统的框架与实现

1. CVGEE 系统的框架

系统 CVGEE 的建设需要考虑 4 个方面的因素。首先，CVGEE 应拥有接近现实的教学

情境；其次，CVGEE 应提供给参与者以接近自然的实时交流交互手段；再次，CVGEE 应提供多种特殊的地理体验，尤其要利用虚拟现实的优势，提供那些在现实地理教学中无法实现或很难实现的教学方式；最后，同其他协同教学情境类似，CVGEE 是分布式的地理教学平台，以互联网为基础，突破现实地理教学在时间、空间、参与者上的局限，并实现充分的教学资源共享。

协同虚拟地理教学情境系统框架可分为数据层、通信层和表现层，如图 4-4 所示。数据层包括地理教学所需的各种视频、音频、图像以及各种模拟。通信层是系统的核心，是一个“客户—服务”结构的协同虚拟环境系统。通信层主要是对数据层中的各种数据在各客户端进行调度和分配，保证师生、生生之间顺利的交流和讨论。数据层和通信层的外在表现为师生之间协同开展的各种教学过程，组成 CVGEE 系统。

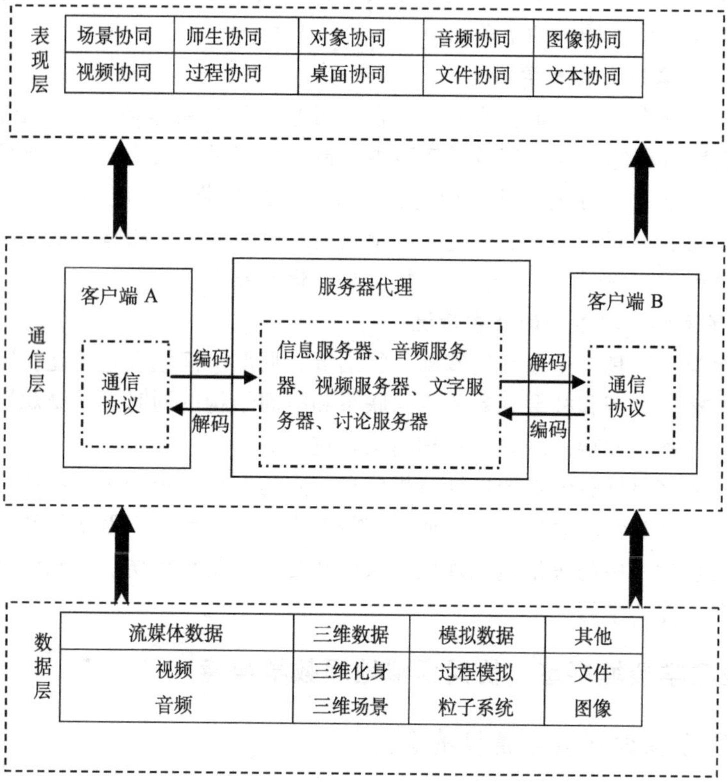

图 4-4　协同虚拟地理教学情境系统框架示意图

2. CVGEE 系统的实现

(1) 服务端的实现

本书选用 Java 作为原型系统的开发语言。服务器是整个协同虚拟地理教学系统的信息中枢，其功能是将某客户端激发的协同信息向其他客户端发送，维持所有客户端协同场景及内容的一致性。服务器端部署了消息、文字、数据、视频、音频等 5 种服务，每种服务都是一个多线程机制的 Java ServerSocket。其运行机制是在特定端口监听并响应客户端请求，启动新的服务线程，并在服务器端自行注册；服务线程启动后将按照自身的规则主动运行，响应客户端指令，传送特定数据；在客户端中断连接时自行结束，并自动从服务器中注销。所有的操作不需要额外的干预，具有 Agent（智能体）的特征，系统称之为 Service Agent。

（2）客户端的实现

客户端是师生参与虚拟地理教学的交互接口，使用 Java 和 Java 3D 开发，是一个以三维场景为主体的界面，三维场景以树状结构组织场景数据，同时响应各种鼠标、键盘事件，以允许操作者在三维场景中任意漫游，并对场景内容进行修改。客户端同服务器的通信连接以 Java Socket 建立。客户端所有可能引发协同的键盘、鼠标、菜单事件如虚拟场景视点的改变、往虚拟场景中添加物体、删除物体等操作均被自动捕获，并编码成操作命令向服务器发送。

（3）群体学习

建构主义提倡远程教学中的“平等理论”，即完全依靠学生的主动性去学习。但实验发现，仅靠学生尤其是自律性仍比较差的中学生的主动性远不能实现远程虚拟地理教学的目的。因此，实验仍采用了传统地理教学中的教师教和学生学的策略，即学生是在教师的指导和帮助下，利用各种实时交互手段，如视频、音频、文字等进行学习；同时还可以在教师的授权下，向其他学生共享自己的学习素材，并通过各种手段共享、交流自己的认识，积极主动地参与教学和教学过程的组织，完成群体学习。

3. CVGEE 与现实地理教学情境

CVGEE 与现实地理教学情境的差异见表 4-1。

表 4-1　虚拟地理教学与现实地理教学对比

类型	参与者		教学场所	教学手段	教学资源	教学语言	师生关系	开放程度
	教师	学生						
CVGEE	一人或多人	群体、动态、参与，主动	时空灵活、自由	多种体验式互动	师生共享	虚拟环境语言	平等、多连通交往	开放、可拓展
现实地理教学情境	常为一人	多人、固定、旁观，被动	时空固定、聚焦	传统手段	无法或很难共享	传统教学语言	不平等、单向交往	相对封闭

协同虚拟地理教学情境（CVGEE）是针对现实地理教学情境的某些局限性提出的，但是就像网络教育不能取代学校教育一样，CVGEE 远不能取代现实地理教学情境，二者在本质上是一种“虚”、“实”互补的关系。因此，在研究 CVGE 的实践时，要考虑将二者结合起来，形成一种“虚实结合”的协同虚拟地理教学模式。

思考与练习

1. 阐述地理教学物化情境的组成要素，以及其对地理教学的影响。
2. 举实例说明地理教学情境的功能及特点。
3. 选择一个教学议题，设计一个地理教学情境。
4. 结合中学地理的教学内容，分析地理教学情境的社会化理念。
5. 选择中学地理的相关内容，设计一个基于地理信息技术化的教学情境模式。

参考文献

陈澄. 2007. 新编地理教学论. 上海：华东师范大学出版社，237，238，240.
储茂东，陈同庆. 1998. 建造地理园的经验和体会. 中学地理教学参考，4.
段玉山. 2003. 信息技术辅助地理教学. 北京：高等教育出版社，19.
耿顺传. 2010. 一炷香起作用，“引燃”大气运动. 地理教学，5.
国际地理联合会地理教育委员会. 1993. 地理教育国际宪章. 冯以浤译. 地理学报，7.
李朝辉. 2010. 教学论. 北京：清华大学出版社，223.
李文航. 2008. 协同虚拟教学环境的设计与实现. 武汉大学学报（信息科学版），3.
李薰枫，黄朝恩. 1998. 美国“国家地理课程标准”的内容与精神. 中国地理学会会刊，26.
林崇德. 1995. 发展心理学. 北京：人民教育出版社，26.
刘强. 2011. 数字星球教学系统构建初探. 地理教育，10.
田慧生. 1998. 关于活动教学几个理论问题的认识. 教育研究，4.
杨士军. 2001. 野外地理教学实践基地的功能与建设初探. 中学地理教学参考，7.
钟启泉. 2008. 课程与教学论. 上海：华东师范大学出版社，111.
Mclellon H. 1994. Situated Learning：Continuing the Conversation. Educational Technology，34.

第五章　地理教学目标

本章的学习目标：

1. 学生应该能够对地理三维目标的设置有初步的了解，知道三维目标分类的来源，理解三维目标的性质内涵，并能够分析某一具体案例三维目标在制订、叙写和实施方面的优缺点；

2. 结合三维目标设计的原则，设计出良好的地理三维目标方案。

第一节　地理教学目标的概述

一、地理教学目标维度之争

新课程倡导知识与技能、过程与方法、情感态度与价值观三维目标，三维目标的设置一直是争论的话题。有人认为三维目标机械地割裂了完整的课堂教学，认为三维目标有名无实，三个维度的划分，尤其是过程与方法维度令人困惑，情感、态度和价值观内隐，难以测量。

也有学者认为，三维目标顾此失彼，弱化了最为核心的能力目标，当前，一部分教师在续写教学目标时，则按照“知识目标，能力目标，情感、态度与价值观目标”来叙写三维目标。这种分类是把能力单独作为一个目标呈现出来，我们的课堂不是缺乏对学生能力的培养，而是忽视学生能力培养的方式，即通过什么样的学习方式让学生获得能力。诚然，在过去机械式的训练过程中，学生的能力也会获得相应的提高，但这是以牺牲学生的热情、兴趣以及求知欲的基础上为代价的低效能力的培养，这是“动物式”的训练，不是“人类式”的学习。

“过程与方法”目标并不令人费解，其旨在用什么方法或过程导向一种思维能力的形成、科学方法的获得。

所以，这里的三维目标第一维目标指的是地理学科的核心基础知识和技能。第二维目标中的“过程”指的是在地理课堂中教师与学生的对话语境与课堂互动交往经验，“方法”指的是学习地理的方式；第三维目标指的是学习地理时所拥有的兴趣，持有的学习、生活、人生态度。

三维目标分别从知识、方法、价值观这三个方面来阐述，组成地理学科逻辑体系的正是这三个层次。第一个层次是组成地理学科的基础知识和概念。第二个层次是支撑在基础知识和概念背后的地理思维和行动方式。第三个层次是隐含在地理思维和行动方式背后的个人情感、态度与价值观，这个三维目标的制订是符合学科的逻辑体系的。地理三维目标的制订不仅没有“弱化”知识，反而真正“强化”了知识。

二、地理教学目标的性质

现代认知心理学认为教学目标是预期的学生学习结果（王小明，2005）。地理教学是属于教育教学领域中的一个分支，所以认知心理学对教学目标的界定对确定地理教学目标有着指导作用，地理教学目标可以描述成预期学生经过地理学习后的学习结果。在实践中一个良好的教学目标，是课堂教学成功的关键，因为课堂教学，教师提取了课堂教学实践过程中的方向，推动着课堂教学向这个方向发展，如果没有一个明确的方向，这个课堂的教学效果将是低效的。

1. 地理教学目标主体

在地理教学过程中，教师需要把地理教学的主体和地理教学目标的主体区别开来，地理教学目标的主体应该是学生而不是教师。地理教学目标是预期经过地理教学后，学生所表现出来的行为结果，而不是教师的。例如，“培养学生读图、用图能力”，“培养、延伸学生的创造性思维能力”在这个具体的教学目标中好像看不出什么毛病，但这条教学目标的陈述混淆了行为目标的主体，虽然教师是教学的主体，但是教学目标不应当是在教学后教师能干什么，而是学生能干什么，“培养学生……”这类陈述的行为目标的主体是教师，而地理教学目标的主体是学生，所以该条目标正确的是“形成读图、用图的能力”，“逐步养成创造性思维能力”。

2. 地理教学目标是学习结果而不是过程

学生通过与外界的交往经验来积累知识，但是如果学生不主动与知识发生联系，对知识进行组织，那么这种知识是不会有用的，是不会达到“理解”的层次的。所以，在学习中过程很重要，只有在过程中体验，学生才能最终获得知识和能力以及形成个性行为习惯，才能达成目标。

但是过程不是目标，目标具有终结性，而过程具有流动性，过程处于不断的变化之中（白月桥，2004）。例如，讨论寒潮对人类生产生活的影响，讨论人类防御灾害性天气的可行性措施。在这个地理教学目标的制订中，显然把教学的过程和地理教学的目标混为一谈，教学目标是为了描述通过讨论，学生应该对寒潮对人类活动的影响以及人类防御灾害性天气具备什么样的知识或能力。

教学目标规定，在经过教师的教和学生的学的一系列过程后，学生应该达到什么样的结果，或者是能够做什么。所以地理教学目标中，关注学生体验过程的同时，又要明确在这过程的最后学生所达到的目标。

3. 体现预期的目标而不是现实结果

教学目标是对课堂教学实践预设的假设，是预设，而不是预知。地理教学目标是预期的，而不是现实的结果，指的是学生在进行地理学习之前不具备某方面的知识，或者是没有掌握具备这方面知识所表现出来的行为能力，地理教师在制订教学目标时认为，教学目标是经过学生的努力，经过一定的学习过程后，可以达到的结果，这在地理课堂教学中显得非常重要。在某部分知识内容教学前，应该对学生所掌握的地理知识及技能进行恰当评估，看学生目前具备的知识、能力水平属于哪一个阶段，在此基础上制订地理教学目标才具有针对性。把过于简单、重复或者是学生已经实现的学习结果作为教学目标，会影响教学效率。

三、地理教学目标的来源

1. 布鲁姆等的教育目标分类

美国芝加哥大学的著名教育家布鲁姆等人在 20 世纪五六十年代提出的“教育目标分类理论”对我国的教育理论研究和教育实践有着深刻的影响。

20 世纪 80 年代，我国开始引进布鲁姆“教育目标分类理论”，并对其进行适当的改造，提出了建立在布鲁姆教育目标分类学上的“目标教学”的教育实践。几十年来，布鲁姆教育目标分类学对课堂教学的目标产生了深远的影响，甚至形成了惯性的思维。在第八次课程改革前，我国采用的包括《全日制普通高级中学地理教学大纲》在内的教学大纲的制订几乎都以布鲁姆的教育目标分类学为理论依据。布鲁姆等人的教育目标分类学主要是把教育目标分为三个领域：认知、心因动作和情感领域，在认知领域分为两个维度，一个是知识维度，另一个是认知过程维度。知识维度包括：事实性知识、概念性知识、程序性知识、元认知知识。

认知过程维度又可以分为六类认知过程：记忆、理解、应用、分析、评价、创造。例如，地理教学大纲主要运用了布鲁姆的教学目标分类学，分为三个领域，知识要求、学习方法和情感、态度与价值观。

例如，在认知领域，了解地球是太阳系中的一颗既普通又特殊的行星；理解地球上存在生命的原因；初步掌握学习人文地理的调查、访问、分析资料等基本方法，学习运用人文地理的基本概念和原理思考和分析问题；能够联系国土整治和区域发展的基本理论和学习方法和情感、态度与价值观的要求。

学习方法有以下几点。①综合分析：从交通、经济、文化等方面综合分析本地区城镇在地区发展中的作用；②社会调查：调查学校所在地城镇的地域功能分区情况；③读图分析：读学校所在地城镇规划图，进行分析并提出自己的看法。

情感、态度价值观：懂得世界上存在着不同的文化并各有特点，它们都是人类文化的重要组成部分。

但在第八次课程改革中，教育部 2001 年颁布的《基础教育课程改革纲要（试行）》明确提出：“国家课程标准是教材编写、教学、评估和考试命题的依据……应体现国家对不同阶段的学生在知识与技能，过程与方法，情感、态度与价值观等方面的基本要求”第八次课程改革的要求就是要突破布鲁姆教学目标分类框架的局限性，提倡不仅要关注学生在认知学习上的外显行为，更要关注学生学习过程和学习方法的获得，还要更加关注学生的情感、态度与价值观。

2. 加涅的学习结果分类

指导第八次课程改革提出，知识与技能，过程与方法，情感、态度与价值观，三维的教学目标提出，很大程度上借鉴了加涅的学习结果分类理论。由于教学目标就是预期的学习结果，所以教学目标和学习结果指的是同一件事。加涅在 20 世纪 80 年代中期主张将学生的学习结果分为五类（王小明，2005）。

地理新的课程标准中提出的教学目标的三个维度：知识与技能，过程与方法，情感、态度与价值观，这三个维度与加涅的学习结果分类是一一对应的（表 5-1）。

表 5-1 加涅学习结果分类理论与三维目标的对应

加涅的学习结果分类理论			三维目标	地理教学目标
言语信息	指能用言语（或语言）表达的知识	A. 符号记忆 B. 事实的知识 C. 有组织的整体知识	知识与技能	• 识别常用的天气符号，能看懂简单的天气图 • 了解人类认识地球形状的过程 • 说出世界著名山系及火山、地震分布与板块运动的关系
智慧技能	主要指运用概念和规则办事的能力	A. 辨别 B. 具体概念 C. 定义性概念 D. 规则 E. 高级规则		• 区分“天气”和“气候”的概念，并能正确运用 • 运用地球仪，说出经线与纬线、经度与纬度的划分 • 识别等高线地形图上的山峰、山脊、山谷 • 会利用地形图判读坡的陡缓 • 运用地图辨别方向，量算距离，估算海拔与相对高度
动作技能	指经过练习获得的、按一定规则协调自身肌肉和运动的能力	—		—
认知策略	指运用有关人们如何学习、记忆思维的规则支配人的学习、记忆或认知行为，并提高其学习、记忆或认知效率的能力	—	过程与方法	• 运用地形图和地形剖面图，归纳某地区地势及地形特点，解释地形与当地人类活动的关系 • 用地理现象说明地球的自转 • 用简单的方法演示地球自转和公转
态度	指习得的对人、对事、对物、对己的反应倾向	—	情感、态度与价值观	• 树立正确的宇宙观，激发对大自然的好奇心和敬畏心，唤起对浩瀚宇宙的求知欲

第二节 地理教学目标设计的原则

澳大利亚教育专家科林·马什（Colin J. Marsh）认为教学目标设计的标准是（科林·马什，2009）：“范围”，即目标须具有一定的覆盖面，包括可能与知识、技能和价值观相关的预期结果；“连续”，即结果之间须互相关联，在前后反映一致的价值取向；“有效”，即目标须适合不同年级的学生；“具体”，即目标不能模棱两可，用词须清晰、明确。

一、全面性原则

地理教学目标对地理教师的教学活动具有导向作用，地理教师课堂上的教学行为都是指向教学目标的，地理教学目标的设计对教学对象的培养起着至关重要的作用。新课程改革后，在教学中要求不仅要关注学生认知的发展，而且要关注学生作为全人类的发展，所以我们在制订教学目标时需要关注学生作为一个全人发展的目标，不仅关注学生的知识、技能，而且还需要关注学生在学习知识技能时的过程与方法，另外还要关注学生的情感、态度、价值观的取向。

每节课的知识具有不同的特点，在设计课堂目标时不需要平分秋色，不同的知识类型要对应不同的教学目标，如在讲到地球的自转和公转内容时教学目标设计需要更加注重强调学生的知识技能、过程和方法目标的培养，在讲到可持续发展、环境保护内容时要更加注重的是学生的情感态度价值观的培养，在涉及动手操作实验活动课时要更加注重学生的过程与方法的培养，所以每节课的教学目标不需要面面俱到，需要有所侧重，这样才真正符合培养全人理念的内涵。所以地理教学目标既要关注全面，也要有所侧重。

二、主体一致原则

地理教学目标设计的是通过教学，学生能够做什么，而不是陈述教师做什么，在很多情况下，教师容易犯的错误是用教师行为来设陈述教学目标。例如，培养积极思考、仔细观察、分析问题和解决问题的能力；正确认识地球运动规律是地理环境形成的最主要的原因，使学生树立正确的自然观念和环境伦理观念；通过开展绘图、观察、提问、分析等探究活动，帮助学生掌握假设—推理的地理研究方法。在上述教学目标陈述中“培养”，“……使……”，“……帮助……”，行为主体都是教师，而不是学生。正确的教学目标陈述是养成积极思考、仔细观察、分析问题和解决问题的能力；正确认识地球运动规律是地理环境形成的最主要的原因，树立正确的自然观念和环境伦理观念；通过开展绘图、观察、提问、分析等探究活动，掌握假设—推理的地理研究方法。

所以在设计教学目标时，无论是知识与技能，还是过程与方法或情感、态度与价值观目标的设计，行为目标的主体都是学生，而不是教师，在目标设计的时候要做到前后主体一致。

三、具体性原则

在新课程改革前，教学目标的设计陈述模糊不清，具体表现在用一些难以捉摸的，描述内部心理状态的术语来陈述。例如，理解季风形成的原因；了解台风产生的原因，知道台风即热带气旋，掌握气旋运动的规律；这里的了解、知道、掌握、理解都是很抽象的术语，在教学过程中很难把握，不同的人理解是不一样的，如理解季风的形成原因，有的人可能认为理解就是口头说出季风形成原因的内容，有的人可能理解为可以举例说明，有的人可能认为是用季风的成因来解释生活中的现象；如知道台风即热带气旋，有的人理解为知道台风是热带气旋这个事实就可以，有的人理解为要知道热带气旋这个具体的概念，有的人理解为要知道台风和热带气旋之间的关系。这样比较模糊，不可观察、测量性差，不容易把握的教学目标很难准确传达教学目标的内容和要求。所以在新课程改革后，提倡教学目标的制订尽量采用具体的、可观察、可测量的术语来描述教学目标。

四、综合性原则

每一个教学目标的设计需要涵盖一定的学习内容，目标设计内容的覆盖面不能过于狭窄和简单，需要有一定的综合性和覆盖面，需要注意到知识点之间的关联性，在陈述教学目标尤其是知识目标时，常常容易使教学目标之间相对孤立，从而使教学目标看起来很琐碎。例如，说出日本相邻的国家，说出日本所处的大洲，说出日本的邻海，说出日本在地球中的位置，这四条教学目标看起来相互独立，目标设计的内容覆盖面狭窄，看起来零碎，在设计教学目标时要注意教学目标的深度和广度，可以把这四条教学目标总结成一条，即说出日本的地理位置。另外，过于狭窄的教学目标容易使学生陷入某些信息，而忽视其他事实或概念。

五、连续性原则

不同教学阶段的教学目标设计，前后之间不能脱节、毫不相关，前后之间的目标需要存在一定的连续性。不同阶段的教学目标的设置是不一样的，教学目标的设置会在原来的基础上作进一步的拓展和加深，对学生知识、能力、情感、态度、价值观的要求也有一个螺旋式的上升要求，如在学习气候时，初中的要求是能够识别常用的天气符号，而高中阶段则需要说出常见的天气现象形成的原因，这是纵向的联系。在横向的联系上，不同的知识内容对于学生的学习培养方面的教学目标也具有一点连续性，这样学生才能构建一个完整的知识网络。层层递进的纵向联系和左右关联的横向联系比较符合学生认知规律的发展。

六、有效性原则

教学目标的设计对教学目标的达成起着至关重要的作用，是最终检验教学效果的重要参照体系，所以设计一个恰当、合适、有效的教学目标，无疑是评价一节课好坏的重要指标。教学目标的设计不仅仅要考虑到不同学习阶段学生的认知发展水平，而且还要认识到同一群体中各学生之间认知水平的个体差异性。过于简单的教学目标无疑是一场机械重复的劳动，虽然学生兴趣盎然，但是在认知发展方面并没有得到真正的发展，长此以往不利于学生思维能力的培养。难度过大的教学目标，即使是学生努力了，也很难达到预期的学习结果，这就意味着学生无论怎么努力都会面临着失败，这样不利于学生学习兴趣的提高，这样的课堂也是无效的。所以，最佳的教学目标设计应该是在学生的“最近发展区”内，就是学生本来没有达到掌握某种知识或提高能力的目标，但是经过教师的教学，同学的互助，并且在自己的努力下，学生学习完这部分知识能掌握某种知识或提高能力。

第三节　地理教学目标设计——案例解析

什么样的教学目标称得上是良好的教学目标呢？这样就需要一个衡量教学目标的标准。我国的教学心理学专家对此有一定的研究。

通常良好的教学目标有以下几个特点（皮连生，2006）：①教学目标陈述的是学生的学习结果，而不是教师的教学行为；②教学目标陈述应明确、具体、可测量；③教学目标的陈述反映学习结果的层次性；④指导教学或者是课时计划教学目标适合用加涅的学习结果陈述，如果从测量角度考虑，可采用布鲁姆的目标分类系统。

下面就用一个良好的地理教学目标为标准来评析以下案例在教学目标叙写方面的优点与不足。

案例 5-1　“寒潮”（高中一年级）

【教学目标】

知识与技能：

1. 知道寒潮标准、源地、移动路径；
2. 理解寒潮造成的危害和预防措施；

3. 能绘制反气旋示意图。

过程与方法：

1. 通过运用已有的地理知识和相关地图，分析寒潮的路径、源地和形成原因；

2. 讨论寒潮对人类生产生活的影响；

3. 讨论人类防御灾害性天气的可行性措施。

情感、态度与价值观：

1. 树立学生的减灾、防灾意识，以及正确对待自然灾害的发生；

2. 通过对寒潮影响的交流讨论，养成辩证地评价地理事物的思维习惯。

评析：在寒潮这节课设计的教学目标中，主要是从三个维度来设计教学目标，即知识与技能，过程与方法，情感、态度与价值观。知识与技能维度，教学目标的设计具有一定的层次性，“知道”、“理解”、“绘制”，三个能力要求逐步提高。但在描述行为目标时，“知道”、“理解”不容易观察和测量。在过程与方法中“讨论寒潮对人类生活的影响，讨论人类预防灾害性天气的可行性措施”，是教学的过程，而不是教学的结果。在情感、态度与价值观方面，教学目标的主体应该是学生，而不是教师，此案例中的教学目标“树立学生……”，这个目标的主体是教师，而不是学生，应该改成“形成”或者“养成”，这样主体就是学生了。

又如以下案例：

案例 5-2　城市空间结构（高中一年级）

【教学目标】

知识与技能：

1. 能够说出城市的基本特征；

2. 说出城市土地利用空间结构的基本规律，并能够在简单解释其形成原理的基础上，熟练运用此规律解决相关问题。

过程与方法：

1. 根据生活中的直观感受说出城市与乡村的基本不同，培养学生观察生活的意识；

2. 通过小组合作，在“城桥镇图”画出城桥镇四种主要土地利用类型的空间结构，并总结出城桥镇土地利用类型的基本分布规律，提高学生的动手能力、小组合作学习能力以及分析综合能力。

情感、态度与价值观：

1. 通过对城桥镇土地利用类型的分析，增强对家乡的了解；

2. 利用上海土地利用结构现状以及城桥镇土地利用空间结构的实例使学生充分认识到实际情况的复杂性，树立生活是“大课堂”的思想。

评析：知识与技能方面，“说出土地利用空间结构的基本规律，并能够在简单解释其形成原理的基础上，熟练运用此规律解决相关问题”，在叙述教学目标时，语言需要尽量简洁，另外目标陈述需要注意目标的逻辑层次，“运用此规律解决相关问题”不是建立在“解释形成原理的基础上”的，应该是“简单解释其形成原理，熟练运用此规律解决相关问题”。过程与方法中“画出……”、“总结出……”，对学生学习结果的描述具体、可测量，具有一定的操作性。“根据生活中的直观感受说出城市与乡村的基本不同，培养学生观察生活的意识”，此教学目标在设计时有两个错误，一是目标的前一部分不属于过程与方法的范畴，“说出城市与乡村的基本不同”，应该属于知识与技能维度，“培养学生……”教学目标的主体描述错误，教学目标的主体是学生，而不是教师。

在情感、态度与价值观中“使学生充分认识到……”，教学的主体应该是学生，而不是教师。

又如以下案例。

案例 5-3　水循环（高中一年级）

【教学目标】

知识与技能：

1. 水圈的组成与水体类型；

2. 水循环的形成、类型、空间分布及其意义；

3. 河水补给的形式及其特点，河水补给对河流流量的影响；

4. 流量过程线图的判读。

过程与方法：

1. 阅读水体空间分布图，说出水体类型；

2. 能根据水循环示意图说明水循环过程，说明水体相互转化的关系；

3. 会运用河流流量过程线图，判断河水补给形式，并能描述理由；

4. 能根据世界气候分布和陆地水分布的知识，判断世界主要河流的河水补给形式，并能说明其流量特点；

5. 能根据河流流量变化特点提出治理洪涝、调节径流的措施。

情感、态度与价值观：

1. 培养学生尊重自然规律、合理利用自然规律的思想；

2. 培养学生节约用水的意识。

评析：在“知识与技能”维度只是罗列了一些具体的知识点，教学目标是对学生预期学习结果的描述，应该包括在学习之后，对于这部分知识需要掌握到什么样的程度，是“知道”还是“说出”，还是“运用”，都需要明确的描述。没有具体行为动词的描述，只是教学内容，不是教学目标。在“过程与方法”维度中具有良好教学目标的标准，具体可测量，且教学目标之间的知识结构具有一定的层次性，层层递进，1 和 2 的要求相对较低，行为动词为“说出”和“说明”，3 和 4 的要求加深了一步，5 的要求最高，是“应用”方面的要求，在认知水平上处于最高层次。在“情感、态度与价值观”中，同样，“培养……”教学目标的主体出现了错误，教学目标的主体是学生而不是教师。情感、态度与价值观是学生主动体验，主动养成，而不是教师可以培养，这一点是进行地理教学目标设计的时候需要好好注意的问题，也是一个比较容易出错的地方。

又如以下案例。

案例 5-4　季风（高中一年级）

【教学目标】

1. 能说出季风气候的主要分布地区；理解季风的含义；解释季风的主要形成原因；能够分析季风对人们的生产生活带来的影响；

2. 能运用相关资料分析季风气候的主要特点，通过读图分析，绘图能让学生理解亚洲季风形成的原因及相关高低气压的分布；

3. 通过对比，分析季风给人类带来的有利和不利影响，增强运用辩证唯物主义的观点看待和分析地理问题的习惯，提高防御自然灾害的意识，从而感受人与自然的关系。

评析：此案例也是从三个维度来设计教学目标，第一个维度——知识与技能维度目标的设计具有一定的层次性，“说出”、“理解”、“解释”、“分析”之间的关系层层递进。过程与方法中运用相关资料分析季风气候的主要特点，具有一定的可测性，但是“绘图让学生理解亚洲季风形成的原因及相关高低气压的分布”这个目标的叙述有点混乱，主体发生混淆，这里描述的主体是教师，而不是学生，应该改成“通过读图、绘图理解亚洲季风形成的原因及相关高低气压的分布”。

在情感、态度与价值观维度，价值逻辑层次出现混乱，情感领域的目标由低到高分为五类，接受（注意）、反应、价值化、组织、价值与价值体系的个性化，而感受人与自然的关系应该是处于较低层次的，接受（注意）阶段，提高防御自然灾害的意识应该是在接受层次的下一个层次“反应”，所以此案例中的情感、态度与价值观中的目标设计在逻辑层次上出现混淆。

又如以下案例。

案例 5-5　“地球的伙伴——月球”（高中一年级）

【教学目标】

知识与技能：

1. 说出月球的基本环境特征；

2. 掌握月相名称；了解月相变化规律；

3. 理解主要月相成因。

过程与方法：

1. 通过图片、视频及相关数据了解月球的自然地理环境特征，并根据月球与地球的物理参数对比分析环境差异成因；

2. 通过合作，探究并演示月球的“同步自转”，回答“地球上的人为什么只能看到月球的正面”；

3. 展示月相观察记录，了解月相名称；

4. 分析月亮面朝向，区分上下弦月；

5. 合作总结月相变化规律，并通过动画了解月相变化与农历日期的关系；

6. 小组讨论主要月相成因。

情感、态度与价值观：

1. 通过对月相的探究，关注自然与生活的联系，激发对自然的好奇心；

2. 在模拟演示、观察动画和小组讨论等活动中，养成科学的态度和合作的探究精神。

评析：在知识与技能中“掌握”、“了解”、“理解”都是难以观测、测量的，不同的人对“掌握”、“了解”、“理解”的认识也是不同的，所以这样描述比较模糊。在过程与方法中同样运用了比较模糊的表述方法“了解”等术语，在过程与方法中一般不涉及具体的教学内容，如“回答地球上的人为什么只能看到月球的正面”，教学目标描述的是教学结果，而不是教学过程，小组讨论主要月相的成因，是学习过程，而不是结果。

又如以下案例。

案例 5-6　“商业区位条件”(高中一年级)

【教学目标】

知识与技能：

1. 学生能够说出商业区位条件；

2. 学生会用 Google 地图工具简单地搜索地区。

过程与方法：

1. 通过分析对比南门八一路和堡镇中路商业街的规模，找出两个商业街的不同之处，得出商业区位条件；

2. 通过查阅网站和统计年鉴资料，整理分析资料，来说明商业区位选择的因素；

3. 利用商业区位条件，用图文结合的方式来为自己的店铺选择地址。

情感、态度与价值观：

1. 通过网络环境去学习，提高学生的自主学习能力，增加其学习兴趣；

2. 观察与生活最密切的商业街，关注家乡，感受生活和热爱生活。

评析：用加涅的教学目标分类学的标准进行分类的话，“说出商业区位的条件”属于认知领域的言语信息，“搜索”属于智慧技能。过程与方法中“1”属于智慧技能中的辨别、规则。“说明商业区位选择的因素”属于智慧技能中的规则，“用图文结合的方式来为自己的店铺选择地址”则属于智慧技能中的最高一层，属于高级规则。

情感、态度与价值观目标描述的主体出现混淆。“提高学生自主学习的能力，增加其学习兴趣”应该改成“养成自主学习的能力，增加学习兴趣”。

第四节　地理教学目标设计的方法

地理教学目标的设计有助于帮助地理教师组织自己的课堂教学，如果在课堂上不能确定自己的教学方向，那么在课堂教学中就会很容易偏离教学的主线，而自己却全然不知。教学目标的确立有助于指导教学评价，同时明确的教学目标也会有助于学生成绩的提高。

一、课堂教学目标设计的步骤

1）首先研读地理课程在整个教育目标体系中的位置与作用，地理课程需要完成什么样的具体的教学任务，需要培养什么样的学生。地理的教学目标是整个教育目标的基本组成部分，在整个大的背景指导下设置总的教学目标方向，然后再细化为每章节，最后深入到每节课中。

2）地理教学目标的设置离不开纲领性文件——地理课程标准，地理课程标准是整个地理教学过程的指南针，所以一切教学目标的设置都是以地理课程标准为依据的。但是教学目标的设置不能拘泥于课程标准，不能把课程标准的目标简单等同于每节课中的课程目标。

3）在设置课程目标时，参照地理课程标准的前提下，研读跟课程标准相关的教学内容，其中教学内容可以是教材中提供的资料，也可以是老师针对自己的教学实际，自己搜集的资料，不能拘泥于教材，在教学过程中不是教教材，而是用教材教。

4）教学的对象是学生，教学目标最终是否达成还要看学生是否达到了教学目标中的预期学习结果，所以一个有效的课堂教学目标离不开对学生实际情况的了解，整体学生的认知发展水平的阶段、整体中学生个体之间的差异、不同学生的认知风格等都是在设计教学目标时所需要考虑的因素。

5）在对各种因素进行了大致了解后，就开始设计课程目标。

6）课堂是实施和检验教学目标的主要阵地，在上课前可以向学生们呈现本节课需要学生达到什么样的学习结果，在认知方面有哪些提升，在能力过程方面需要掌握什么，在情感、态度与价值观方面需要得到什么样的提升。

7）课堂目标的设计不可能一下子就能做到尽善尽美，所以需要在课堂中检验教学目标，根据课堂的教学实际、出现的情况进行教学反思，在反思中修正自己的教学目标，从而又进入了课程目标设置的下一个循环之中。

二、教学目标的设计

1. 马杰的行为目标陈述技术

美国心理学家马杰（R. E. Mager）在行为主义理论的基础上提出了有关教学目标设计的基本要素：①行为，即在通过教学和学生学习后，学生能够做什么；②条件，即规定教学达到预期教学效果的条件；③标准，规定符合要求的标准（表 5-2）。例如，学习完地转偏向力这部分内容后，提供一个日常生活中河流流向弯曲的场景（条件），能根据场景中提供的河流现象，用地转偏向力的原理（标准）分析其产生的原因（行为），并至少举出一个日常生活能用地转偏向力解释的现象的例子（标准）。

表 5-2　马杰的教学目标基本要素

项目	表现	条件	标准
定义	希望学生能够做什么的目标陈述	描述达到预期教学效果的条件	描述符合要求的标准
回答的问题	学生应该能够做什么	学生在什么样的条件下这么做	应该做得有多好
例子	分析现象产生的原因	提供一个日常生活中河流流向弯曲的场景	用地转偏向力的原理； 至少举出一个日常生活能用地转偏向力解释的现象的例子

马杰的行为目标避免了传统目标陈述方法的笼统性，但是这种目标陈述本身也有不足之处。他强调了行为结果而未注意内在的心理过程，教师可能因此只注意学生外在行为的变化，忽略了其内在能力和情感的变化（皮连生，2006）。

2. 内部过程与外显行为相结合的教学目标

为了克服马杰的这种目标只关注外显行为的缺陷，一些认知心理学家采用了内部过程与外显行为相结合的方法来陈述教学目标，这样就弥补了马杰教学目标的不足，内部行为通过外显行为举例来描述。

理解气压带和风带形成的原因是属于内部过程，一般很难观察和测量，所以对内部过程的目标，采用几个可以观察和测量的外显行为目标样本来描述，这样就克服了内隐目标无法观察和测量的缺陷，一般样本目标不能过多，一般最多七八个，样本目标的描述行为动词需要直接观察和测量，如“说出”、“找出”、“辨别”、“总结”等行为动词。这种内部过程和外显行为相结合的教学目标设计可以运用在教学要求采用内隐术语描述的情况，这样就可以采用这种内隐与外显相结合的方法来设计教学目标（表 5-3）。

表 5-3　内隐与外显相结合的教学目标

教学目标	理解气压带风带形成的原因
样本目标	1. 说出全球气压带和风带的名称 2. 找出全球气压带的分布规律 3. 辨别各风带风向特点，说出风向的分布规律 4. 总结气压带和风带的季节移动规律

第五节　地理教学目标的应用——《黄河》课堂实录及案例分析

一、教学目标

1. 知识与技能

能运用地图说出黄河的发源地、注入的海洋、长度、流经的省区、地形区和主要支流，黄河上、中、下游的分界点等信息；知道黄河是我国第二长河；能结合景观图等简要分析黄河各河段的水文特征，进一步掌握读图的技巧和方法。

2. 过程与方法

通过课外阅读、上网浏览、小组讨论等学习方式和途径了解黄河的相关资料，知道黄河既是中华民族的“母亲河”，又是世界上公认的最难治理的河流，并能简略分析黄河水害成因，从而初步养成综合分析区域地理特征的能力和辨证看待问题的思维方式。

3. 情感、态度与价值观

通过收集介绍与黄河有关的诗文、俗语、成语等，领略黄河 5000 年的文明积淀，增强民族自豪感、激发爱国主义情感；了解黄河的利用与治理，并在为黄河流域的可持续发展献计献策的过程中，培养主人翁意识；初步形成正确的环境行为价值取向，树立可持续发展观和正确的人地观。

二、课堂实录

此课堂实录主要围绕初中地理教材——《黄河》这一主题展开的，这节课无论是在教学目标的制订、叙写还是教学目标在课堂中的实施都有其独到之处。本节课由上海市崇明实验中学宋赛萍老师主讲。

师：首先请大家欣赏歌曲《不朽的黄河》

【播放歌曲】

师：大家从歌曲中领略了黄河的磅礴及人们对它的赞美之情，今天就让我们走进黄河，请大家把课本翻到 14 页。地图册 20 页。滔滔的黄河水哺育了中华五千年的文明。大家看屏幕，文化遗址。以上看到的文化遗址都集中在哪里？

生 1：黄河流域。

师：所以我们说黄河是中华民族的母亲河。在诗歌中也往往带有黄河的影子，大家搜集到了关于黄河的诗歌、成语、谚语了吗？

生 2：我搜集到了黄河颂，我站在高山之巅，望黄河滚滚……

师：还有其他内容吗？

生 3：我搜集到了关于黄河的古诗，如李白的《将进酒》。

师：还有没有补充？

生 4：一些俗语……

师：李白写的"黄河之水天上来，奔流到海不复回"，黄河之水真的是天上来的吗？不是！接下来我们进入第一个活动，来了解一下黄河，在黄河流域图上，把黄河发源地、注入地圈划出来。这里一共有 4 个问题。我们来看发源地。

生 5：发源于青海省。

师：那么发源地在地图册上找到了吗？

生 6：巴颜喀拉山脉。

师：嗯，发源地巴颜喀拉山脉，注入地？

生 7：渤海。

师：注入渤海。第二个问题，用笔勾画出从发源地到入海口的黄河干流轮廓，并思考它成何形状？像你们语文课上学的什么字？看清图例。你们看 XXX 同学勾描的对不对？勾描干流图。黄河从发源地到注入地长度为多少？

生 8：5464km。

师：长度是 5464km，是我国第二长河。能不能称第二大河？不能，说说理由。大家看图，中国主要河流径流量的比较。从图上可以看出什么？河流的大小看长度，还要看流域面积和径流量，从这张图上你可以回答了吗？为什么不能称为我国的第二大河。

生 9：年径流量比珠江小。

师：为什么年径流量比珠江小？径流量多少跟什么有关？

生：气候。

师：气候中最主要的是什么？

生：降水量。

师：好，与降水量有关。所以我们只能称黄河是我国的第二长河。黄河干流从发源地到入海口在图上依次流经的省级行政区有哪几个？

生 10：青海省、四川省、甘肃省、宁夏回族自治区、内蒙古自治区、陕西省、山西省、河南省、山东省。

师：大家有没有发现错误？

生 11：先是山西省，然后是陕西省。

师：哪位同学能说一下依次流经的省的简称，你接着说。

生 10：青川甘宁内，晋陕豫鲁。

师：黄河自西向东流经哪些地形区？对照黄河水系图和中国地形图，两位同学合作。

生 12：巴颜喀拉山脉。

师：这是它的源头，接下来说一下黄河主要流经的大的地形区有哪些？

生 12：内蒙古高原、黄土高原、华北平原。

师：源头所在地形区是什么？应该是青藏高原。先是黄土高原，然后是内蒙古高原，然后是华北平原。我们前面学过了阶梯分划，看看黄河一共流经了几个阶梯？哪几级？第一、第二、第三。一般的河流可以分为上、中、下三段，黄河是怎样分段的。各段特征又是怎样的，我们看活动 2，走进黄河，了解各段特征。看清题目，根据各河段景观图片，并结合课本中的内容，分析总结出黄河各段特征，并说明理由。

【课件播放景观图】

师：2 人一组讨论一下。5 分钟的时间。

【教师巡视指导】

师：首先我们看第一个问题，各河段分界。哪两个城市作为上、中、下游分界点？

生 13：上游和中游是河口。

师：河口位于哪一个省级行政区？

生：内蒙古自治区。

生 13：中游和下游是旧孟津。

师：知道了分界点，我们来看一下上游，看景观图归纳它的特点。

生 14：地上野草丛生，河流清澈缓慢、蜿蜒。

师：这是源头的河源段。下面看一下龙羊峡到青铜峡这一段是什么样的景观？

生 15：泥沙含量大增。

师：能看出来泥沙大增吗？

生 16：水流湍急。

师：那么知道了？

生 16：因为沙子出来了。

师：我们从图上可以看出，河道是狭窄的。落差也很大。这一段有很多什么？

生：水电站。

师：我们依次找出有哪些水电站。

生 17：盐锅峡、李家峡、刘家峡。

师：还有个青铜峡，有这么多水电站，说明落差大。再加上有 2 条支流，黄水、洮河，接纳了这 2 条支流以后水量多了，再加上有落差，所以蕴藏着丰富的水能资源。龙羊峡到青铜峡有很大的落差，我们可以看一下地形的阶梯示意图，处在第一级和第二级阶梯间。刘家峡实现了梯级开发，逐级建坝。这是西部大开发西电东送的一个重要基地。出了青铜峡以后可以看到进入二大平原——宁夏平原和河套平原，这里水流比较平缓。宁夏平原有塞上江南的美称。从源头到河口又明显分成了 3 段。河源段、峡谷段、平原段。大家总结一下黄河上游有什么特点？

生 18：发源地平缓，然后到峡谷段落差大、水流湍急，平原段河水平缓。

师：我归纳一下，上游水流急、多峡谷、水能丰。河口到旧孟津是中游，中游有什么特征呢？一张是上游的黄河，一张是中游的，颜色有什么变化？变黄了，为什么？

生 19：经过黄土高原，含带了泥沙。

师：经过黄土高原含沙量就多了吗？

生：多了。

师：为什么多了呢？

生20：因为黄土高原水土流失严重。

师：来看一张图。是中游黄土高原，水土流失严重。为什么水土流失这么严重？

生21：人们没有保护好环境。

师：太笼统，应该具体讲。

生22：乱砍伐树木。

生23：乱开采矿产。

师：我们来看一下到底是怎么形成的。

【播放视频】

师：大家知道，缺乏植被的保护，土质疏松。接着我们看一下课本上的材料。黄河每年输入下游的泥沙16亿吨，算一算，若用卡车运，载重4吨的卡车每天需要多少辆次？

生24：16亿除以4除以365。

师：应该是110万次。大家可以归纳一下，黄河中游明显的特点是什么？多泥沙！这么多的泥沙最终到哪里？下游！这么多的泥沙淤积在河道里会带来什么后果？

生25：河床提升。

师：提升会怎样？

生26：夏季遇暴雨会决口。

师：所以下游形成了地上河？地上河是怎样形成的，再来看一下。

【播放视频】

师：看一下地上河形成的流程图，土质疏松、暴雨对植被的破坏，导致中游的水土流失，下游进入了华北平原，流速缓慢，泥沙堆积，形成了地上河，带来了危害。什么危害？水灾、决口泛滥，我们看一下。

【播放视频】

师：那么你们愿为黄河出谋划策吗？怎么治理黄河水灾的问题？活动3，大家看一下这里的3个问题：黄河之害的根源在哪里？治理黄河的关键是什么？治理的具体措施是什么？结合我们刚才讲的黄河各段的特征思考。根源在哪里？

生27：下游土质疏松。

师：下游？

生27：中游。上游植被破坏，泥沙沉积在下游，河水每年上涨及有暴雨。

师：最主要的是黄土高原上的水土流失。那么关键在哪里？

生28：多种树。

师：在于治理泥沙。那么治理的措施呢？

生29：在中游黄土高原开展水土保持。

师：找到了具体的治理措施，中游应该大力植树种草，刚才讲到了要加固大堤。上游我们应该怎么办？应该利用丰富的水能资源，建水利枢纽工程。上中游兴建水利枢纽工程，中游开展水土保持工作，下游加固黄河大堤，因为是地上河，修建分洪、蓄洪工程。今天的黄河面临的不仅是水患问题，还有问题要大家回去探究，我们看活动4，阅读学习资料“污染——黄河的现代病”设计一则公益广告或者撰写小论文《拯救黄河》，呼吁人们保护母亲河，要有创意。黄河是中华民族的情感维系，维持黄河的健康生命是黄河儿女乃至所有炎黄子孙的共同责任，请保护好我们的母亲河吧。今天我们学习了黄河的概况、特征、治理。老师总结的黄河七字歌，请大家朗读。

生：发源巴山入渤海，五四六四第二长，青川甘宁内蒙古，直下晋陕和豫鲁，河口孟津分三段，东汾西渭在中游，龙青梯级最密集，宁套灌溉最有利，下游淤成地上河，泥沙来自黄土区，治黄治沙是关键，水土保持是根基。

师：下课！

三、案例评析

（一）教学目标叙写

1. 目标主体

在上述案例中，该老师在教学目标主体的叙写方面注意把地理教学的主体和地理教学目标的主体区别开来。例如："能运用地图说出黄河的发源地、注入的海洋、长度、流经的省区、地形区和主要支流黄河上、中、下游的分界点等信息；知道黄河是我国第二长河；并能结合景观图等简要分析黄河各河段的水文特征，进一步掌握读图的技巧和方法"，其中的"说出"、"运用"、"知道"、"简要分析"对学生进行地理学习时需要掌握的程度提出了明确的要求。

但是在叙写教学目标时，还有很多教师比较容易混淆的地方，容易把"养成"误写成"培养"。例如，宋老师在叙写"情感态度价值"目标"了解黄河的利用与治理，并在为黄河流域的可持续发展献计献策的过程中培养主人翁意识；初步形成正确的环境行为价值取向，树立可持续发展观和正确的人地观"时，误把"养成"写成了"培养"，无意间混淆了行为目标的主体，所以地理教学目标的叙写应该牢记主体应该是学生，而不是教师。

2. 过程与目标

在该案例中"通过课外阅读、上网浏览、小组讨论等学习方式和途径了解黄河的相关资料，知道黄河既是中华民族的母亲河，又是世界上公认的最难治理的河流，并能简略分析黄河水害成因，从而初步养成综合分析区域地理特征的能力和辨证看待问题的思维方式。"此过程与方法目标凸显了"过程"，如课外阅读、上网浏览等，通过这些过程，学生最终需要获得的目标是，初步养成综合分析区域地理特征的能力和辨证看待问题的思维方式。

3. 具体可测量且层次丰富

教学目标的设计很容易出现陈述模糊不清的情况，用一些难以捉摸的，描述内部心理状态的术语来陈述。例如，"了解黄河的贡献、忧患及治理情况"，了解是很抽象的术语，在教学过程中很难把握，不同人的理解是不一样的。"了解黄河的贡献、忧患及治理情况"，有的人可能认为"了解"就是知道黄河是我国的母亲河，目前水土流失严重等基本事实；有的人可能理解为需要举例说出黄河的具体贡献，黄河不同河段的隐患以及治理情况；所以，这样的描述比较模糊，可观察、测量性差，很难准确传达教学目标的内容和要求。良好的教学目标的制订，应采用具体的、可观察、可测量的术语来描述教学目标。宋老师设计的知识与技能目标为："能运用地图说出黄河的发源地、注入的海洋、长度、流经的省区、地形区和主要支流，黄河上、中、下游的分界点等信息；知道黄河是我国第二长河；并能结合景观图等简要分析黄河各河段的水文特征，进一步掌握读图的技巧和方法"。该行为目标的叙写有利于今后的检测，一个良好的教学目标不仅要可测量，而且目标的设计要有层次性，如宋老师设计的目标不仅要有了解层次的目标，还要有分析等层次的目标，从知识目标的认知层次上看，比较丰富。

（二）地理教学目标的实施

1. 知识细化与分解，实现知识与技能目标

教师要根据学生的实际情况制订教学目标，而不是把课程标准上的要求等同于教学目标，往往课程标准中的目标是笼统的、高度概括化的，在实际的教学过程中需要教师把地理课程标准中的要求进行细化与分解。

从内容上看，黄河是中华民族的母亲河，是一条非常典型的河流，学习这条河流对了解我国的自然地理和人文、社会经济等有重要意义。我国北方区的一些自然灾害如水土流失、凌汛等与黄河有密切关系，而生活环境、生产布局、经济发展、文化等也与黄河有很大关系。义务教育课标有关黄河内容的标准为“运用地图和资料，说出长江、黄河的主要水文特征及对社会经济发展的影响”。主要包括两个要点：一是说出黄河的主要水文特征。二是其对社会经济发展的影响。对这两个要点，需要教师在设计课时教学目标时，进行一定的细化和分解。对于第一个要点，我们还需对其进行进一步的细化分解，即水文特征包括河流的径流量、含沙量等内容，同时还要介绍河流的源头、入海口、流经区域、上中下游的分界点等概况性特征；对于第二个要点，“对社会经济发展的影响”，首先教师要认识到社会经济发展的影响是建立在其对环境影响的基础之上的。对社会经济的影响包括对经济的影响和对工农业布局的影响、人口、城市布局的影响甚至对文化的影响等。这是教师在叙写课时教学目标时，首先要注意的一点，就是将课标中的内容标准进行细化、分解，落实为课时目标。只有将课程标准中的内容标准进行细化、分解，课堂教学才会更加有效。

2. 体验知识的产生过程，掌握方法

知识的产生是个动态的过程，宋老师这节课用任务活动的形式，通过 4 个任务，使了解黄河—走进黄河—关爱黄河—知识拓展贯穿课堂教学，教师让学生利用大于七八分钟时间自主读图完成上、中、下游水文特征。让学生自主绘制黄河轮廓，从而达成了教学目标中学生读图、绘图能力的培养。第一个活动设题：黄河长度______，是我国______长河。此时老师提出一个问题，为什么是第二长河？能不能说是第二大河呢？从而引导学生完成了对河流水文特征中河流径流量的介绍。所以知识的产生是有过程的。在这个过程中需要有一定的方法支撑。例如，在讲到河流水中特征含沙量目标达成方面，她采用了读材料算一算的方法，让学生能形象地明白水土流失状况，如学生最后算出来，每天要用 4 吨的卡车来运送沙子的话，要用 110 万辆车，花费一年的时间，所以产生知识的过程是有方法的。

传递知识的过程不应该是死板、僵化的，宋老师整节课大部分时间都在讲台下面与学生交流互动，亲近学生，能与学生打成一片，让学生体验知识的产生过程，流露出对知识产生的激情。

3. 寻找契机，感悟情感、态度与价值观

情感态度价值观目标的实现不是通过灌输、空谈大道理就能实现的，而是要择机而动，融合在教学过程中，在不知不觉中走进学生的内心世界去启发、教育他们，从而达到润物细无声的效果。情感价值观的目标是内隐的，可以通过导向式的方向实施，引导学生朝着这个

目标努力。例如，导入环节通过歌曲《不朽的黄河》，欣赏黄河沿岸主要文化的景观图片，如黄河周边的古老文明西安半坡遗址、黄帝陵等，让学生认识到黄河是我国古老文明的发祥地，是我们的母亲河，让学生领略黄河5000年的文明积淀，激发学生对黄河的民族自豪感；通过“植被破坏导致黄河水土流失问题”的视频，初步形成正确的环境行为价值取向，树立“可持续发展观和正确的人地观”的情感、态度与价值观目标，来促进学生保护环境的情感和行为目标的达成。

地理教学过程中三维目标的实现不是一蹴而就的，而是在与学生合作交流对话的过程中点滴积累，逐步渗透到学生的心灵深处，最终厚积薄发。

思考与练习

1. 结合高中地理教材，任选一部分内容，设计一份完整的教学目标。
2. 任选一堂完整的课堂教学实录，对其教学目标的叙写、设计及实施进行评价。

参考文献

白月桥. 2004. 课程标准实验稿课程目标订定的探讨. 课程·教材·教法，4：6.
科林·马什. 2009. 理解课程的关键概念. 徐佳，吴刚平译. 北京：教育科学出版社，38.
皮连生. 2006. 学与教的心理学. 上海：华东师范大学出版社，205，204.
王小明. 2005. 教学论——心理学取向. 上海：上海教育出版社，29，36.
钟启泉. 2010. 打造教师的一双慧眼——谈“三维目标”教学的研究. 上海教育科研，2：4-7.

第六章　地理教学内容

本章的学习目标：
1. 了解地理课程标准的主要内容；
2. 理解地理教学内容的含义，知道地理教学内容包括什么；
3. 理解教科书选择和安排地理教学内容的原则（策略）；
4. 明确制订地理教学内容教学目标应注意的问题；
5. 说明各版本教科书处理同一内容的异同点；
6. 学会开发和使用生成性地理教学资源（内容）。

第一节　地理课程标准解读

地理教学内容，即地理课程。它是为了达成教学目的而规定的、要求学生学习的一切内容的总和，是师生教学活动的媒介。教学内容是由课程标准规定的。

课程标准是教科书编写、教学、评价和考试命题的依据，是国家管理和评价课程的基础。课程标准是国家意志在课程与教学方面的具体体现。它具体地规定了课程的性质、目标、内容框架，提出教学和评价的建议。

一、课程标准的基本内容

课程标准包括前言、课程目标、课程内容标准和实施建议四部分。各部分又分解为若干次一级内容。它们形成了一个结构完整、体系清晰的文本。其基本结构如下。

第一部分　前言

　　一、课程性质

　　二、课程的基本理念

　　三、课程设计思路

第二部分　课程目标

　　一、知识与技能

　　二、过程与方法

　　三、情感态度与价值观

第三部分　课程内容标准

　　初中课程标准：

　　一、地球与地图

　　二、世界地理

　　三、中国地理

　　四、乡土地理

高中课程标准：

一、必修课程

二、选修课程

第四部分　实施建议

一、教学建议

二、评价建议

三、教科书编写建议

四、课程资源的利用与开发建设

二、课程标准核心内容解读

（一）课程基本理念

理念是指即将付诸实践的信念。现行课程提出了明确的课程理念。这些理念对于教科书编写、学校开展地理教育教学活动具有方向性的指导作用。

1. 初中地理

修订后的初中地理课程标准（2011 年版）确立了三条课程基本理念（中华人民共和国教育部，2011）。

（1）学习对生活有用的地理

根据这一理念，地理课程在选取内容时，不再追求学科的系统性与完整性，而是以对学生的生活有价值作为选取课程内容的标准。据此，在教学中，我们可以确立下列基本的教学理念。第一，传递生活中有用的地理知识。第二，培养学生学会发现、掌握生活中有用的地理知识。第三，培养学生发现生活中地理问题的能力。第四，培养学生从地理学的视角去观察、分析客观存在的各种现象（包括自然现象、社会现象和精神现象）的能力。第五，从地理的视角，探讨不同地区的生存条件，增强学生生存的能力。第六，指导学生从地理的视角，认识生活，开展生活，提高生活品位与价值。

（2）学习对终身发展有用的地理

地理课程的价值不仅在于它对学生生活有用，而且在于对人的终身发展有用。主要表现在两方面。第一，从地理的视角，从整体上、长远地看待世界问题、人与环境问题、发展问题等。第二，从社会发展的角度，引导学生加强自身修养，加强学生地理素养的教育，为使学生发展成为未来公民必备的地理素养打下良好基础。

（3）构建开放的地理课程

地理教育教学的发展需要我们构建开放的地理课程。其主要内容包括三方面。第一，构建开放的课程资源。以国家课程（地理课程标准）为基础，立足于当地和学校的地理课程资源，建立丰富、更容易被学生所接受的地理课程资源库。第二，不断改进教学方式，更加有效地学习地理。第三，根据教学实际，以课程目标为基础，开展分层次教学，重视学生创新意识和实践能力的培养。

2. 高中地理

（1）培养未来公民必备的地理素养

一般地，素养是指人的修习涵养。从这个角度上看，地理素养就是指在地理学习过程中形成的地理知识、地理技能、地理能力、地理思想（地理价值观）、地理情感、地理责任、地理行为等。

社会在发展，地理教育的任务也在不断地调整。地理教育在提高未来社会公民素养中理应起到积极作用。地理教育在帮助学生获得必要的地理知识、地理技能，形成必要的地理能力和地理观念（人口观、资源观、环境观、可持续发展观等）的同时，还要特别关注以下三方面。第一，热爱生命。教育的意义在于提高生命的价值。仅就地理科学而言，追求人地和谐的价值前提就是确保人的健康发展。因此，珍爱生命是地理教育的重要思想。第二，和平教育。未来的世界应是一个和平的世界。未来的公民应该是热爱和平的人。热爱和平是构建和谐人地关系的基础。战争、敌视、相互隔离对环境与资源造成了破坏与浪费。第三，责任教育。未来的公民应是有高度责任感的人。既要对自己负责，还要对他人和环境负责。第四，具有较高的生活品位。地理不仅帮助人们提高了生存能力，还帮助人们提高了对生活环境的理解与欣赏，提高了人们精神生活的品位。

（2）满足不同的地理学习需要

地理教学的现代价值决定了地理课程统一性与多样性的辩证统一。课程的“多样性”就是为了满足不同学生对地理学习的需求。第一，在课程的管理权限方面，地理课程既包括课程标准中规定的国家课程，也包括各地和各学校独立开设的地方课程与校本课程。地方和学校存在着丰富的课程资源，有待于地理老师去开发与利用。第二，在课程修习方式方面，国家课程分为必修课程与选修课程。选修课程为不同志趣的学生提供了各种学习可能。第三，在学习资源利用方式方面，地理课程资源不仅包括教科书（教材），而且包括教师、学生，以及学校存在的各种地理课程资源。教师是最重要的课程资源，学生也是重要的教学资源。网络也是地理教学的重要资源地。

（3）注重对地理问题的探究

课程改革的重要内容是教学方式的改革。仅就教学方式而言，地理教学要将接受式学习与探究式学习有机结合起来。传统教学过于重视接受式学习。接受式学习（教学）在班级授课制教学组织形式下具有明显的优势，同时也存在着明显的局限性。也就是说，接受式教学在特定的条件下是高效的。从培养合格的未来公民的角度上看，接受式教学满足不了地理课程的需要。为此，现行课程倡导自主学习、合作学习和探究学习。

我们要结合教学实际，研究上述三种学习方式的理论基础。第一，每一种学习方式都是基于某一教学理论而言的。只有全面、深刻地理解和把握了这些理论，我们才能更好地使用这些方式与方法。第二，任何一种教育教学理论都存在着一定的局限性。相应地，任何一种教学方法或学习方式都具有一定的最佳适用条件。因此，教学实践中，我们要根据教学条件，特别是教学内容和学生的学习情况，选择性地使用各种教学方式与方法。第三，各种教学方式与方法都存在着一定的联系。教学实践是综合性活动。所以，在教学中，我们要将各种教学方式有机地融合在一起。

（4）注重信息技术在高中地理课程中的应用

地理教学内容图像丰富的特点决定了信息技术对地理教学的重要意义。第一，充分运用多媒体。第二，充分运用网络资源。第三，建立地理教室。第四，适时向学生介绍地理新技术。

（5）注重学习过程评价和学习结果评价的结合

教学评价的改革既受教育教学改革与发展的影响，又受制于社会舆论的影响。教育教学既要满足社会对教育的需求，又要适应教育教学本身的发展规律与趋势。为此，教育教学评价要做好以下四点。第一，形成性评价与终结性评价有机结合。形成性评价与终结性评价的价值同等重要，不可互换。适当的评比是一种有效的激励措施。第二，同质评价与异质评价相结合。学生个体存在着差异，立足于现实，采用不同的评价标准对不同学生进行评价对于促进不同层次学生的发展是有益的。第三，批评与表扬有机结合。传统教学中，批评多于表扬。但是，现在也不能完全“抹杀”了批评。第四，反思性评价与激励性评价相结合。

（二）课程目标

课程目标是课程实施过程中，对学生的学习结果所期望达到的目标。

1. 课程目标是行为取向性目标

现行的课程目标属于行为取向性目标，即以学习结果作为评价的标准。

2. 课程目标分为三个领域

课程目标分为知识与技能，过程与方法，情感、态度与价值观三个领域。领域的划分是为了研究的方便。在教学实际过程中，不能将各个领域的目标分别达成，而是三个领域的目标有机地融合在一起，综合性地达成。

（1）知识与技能

地理知识是指地理基础知识，它可分为陈述性知识、程序性知识和体验性知识。陈述性知识主要包括地理事实性知识（地理名称、分布、数据等）和地理专业术语等。程序性知识主要包括地理概念、地理特征、地理规律与原理、地理解释等。经验性知识，又称缄默性知识，或称为悟性知识。它是难以用语言描述的知识，主要来自实践中的经验。经验性知识往往是能力的基础。地理技能是地理知识的延伸，包括动作技能与心智技能。

（2）过程与方法

这一领域目标的基本要求是，在教学过程中，我们要重视学生的学习过程，一是重视学生知识与信息的获得与处理过程；二是重视学生发现问题、解决问题的过程与方法；三是重视学生的相互交流、评价与反思性学习。

（3）情感、态度与价值观

情感、态度与价值观的内涵是丰富的。课程标准中，对地理情感、态度与价值观从 4 个方面作了比较明确的界定。一是关于学习动机与兴趣。地理教学应不断强化学生已有的学习兴趣和动机，增强学生的学习意志，强化学生求真、求实的科学态度，提高学生地理审美的能力与情趣。二是关于热爱祖国。爱国教育是地理课程的传统内容，也是地理课程的特色。第一，地理教学中的爱国主义教育既有感性的，也有理性的。感性的是指在学习的过程中，因对祖国的美好河山与和谐社会的认识而产生的那种情感；理性的是指在了解基本国情的基础上建立的、以建设繁荣富强国家为己任的那种责任感。第二，爱国是从爱家乡开始的，爱家乡是从爱家庭开始的，爱家庭是从爱自己开始的。爱自己的首要内容是对自己负责任。三是关于全球意识。随着世界经济与文化交流的发展，各国之间的交流越来越多。因此，地理教学中，学生要做到以下 4 点：①适度地了解不同国家、民族的文化和传统；②了解我国文化对世界的影响与地位，进一步增强民族自尊心、自信心和自豪感；③理解文化的多元性，尊重不同国家和地区的文化和传统；④了解全球的环境与发展问题，理解国际合作的价值，初步形成正确的全球意识。四是关于地理意识与地理行为。地理教学要加强学生地理意识与地理行为的养成教育：①引导学生形成地理观念（特别是环境观、资源观、人口观、可持续发展观等）；②适度强化学生保护环境的社会责任感和法制观念；③适度进行防灾减灾教育，增强防灾减灾意识；④自觉养成与地理观念相一致的地理行为习惯。

3. 课程目标行为动词具有可操作性

课程目标（教学目标）属于行为取向性的目标。因此，课程目标中的行为动词尽可能要具有可测量性、可操作性。

在知识类教学目标中，说出、识别、辨认、复述、描述、举例、说明、阐述、比较、分类、归纳、概括、判断、区别、使用、设计、解决、撰写、拟定、计划、总结、证明等动词比较适宜。在技能类教学目标中，安装、绘制、测量、计算、试验、模拟、完成、解决、组织、实现等动词比较适宜。

在过程与方法目标中，经历、感受、参与、参加、寻找、合作、参观、访问、考察、体验、分享、理解、求证、讨论、交流、学会、掌握等动词比较适宜。

在情感、态度与价值观目标中，认同、接受、同意、遵守、愿意、关注、重视、支持、拥护、践行、拒绝、反对、抵制、克服、尊重、爱护、帮助、形成、养成、具有、建立、坚持、保持、确立等动词比较适宜。

课程目标是一个整体。教学实践中，三个维度的教学目标是在一个过程中有机实现的，而不是分开独立达成的。因此，在制订教学目标时，既可以按三个领域分别制订，也可以不分领域，按顺序依次排列。

4. 教学目标的行为主体是学生

教学目标是对学生学习的期望。所以，学生是教学目标行为主体。因此，在教学目标表述上，在上述的行为动词之前可以不加“主语”。有的教师制订了“使学生……”的教学目标，这是不妥的。

5. 教学目标是教学的最低要求

教学目标是每一个学生通过正常的学习都能达成的目标。因此，教学目标是教学的最低要求，是每一个学生都必须达成的。

6. 教学目标是在一定的条件下实现的

教学目标是通过教学活动后方能达成的。第一，教学活动既是实现教学目标的过程，又是实现教学目标的条件。第二，教学活动中，学生的学习是借助于一定的媒介进行的。有的教学目标仍是以这些媒介为基础来达成的，如“读××图，说出……”

7. 教学目标要有针对性和适当性

课时教学目标是在一节课中达成的。在目标内容上，一定要针对本节的教学内容；在目标的难度上，一定要适合本节教学实际，切忌制订的目标过大，过难。例如，“形成和谐的人地观”这样的教学目标过于抽象，也过大。

（三）充分开发和利用课程资源

现行课程是一个开放的课程。因此，在课程资源方面，它提出校内外一切可被地理教学运用的材料资源、人力资源和环境资源均属于课程资源（林培英和马贺山，2010）。

1. 充分开发和利用人力课程资源

人力课程资源特指存在于教师、学生、员工、社会各界人士的课程资源。在诸多的人才课程资源中，教师和学生是最重要的课程资源。

(1) 教师是最重要的课程资源

在现行课程实施过程中，教师影响其他课程资源的鉴别、开发、积累和利用，教师的价值观、知识观、学生观、发展观等都会影响他们对课程资源的认识水平、开发利用方式和开发程度的大小。同时，教师自身就是课程实施的首要的基本条件资源。每一位教师都有自己的认知策略、思维习惯和工作方式，有自己的生活经历和教育背景，有自己的经验、兴趣、爱好、专长和个性特征，也有自己的教学风格。具体地说，教师对学生学习的价值与意义有三点。第一，教师是知识的承载者。教师是学生学习的知识源泉。虽然，新课程教学中，学生知识的来源途径已经不再局限于教师与教科书，即学生在某些方面的识可能超过了教师，但是，教师的权威形象不能被破坏。有人认为，新课程不再以知识教学为主，而是以过程与方法，情感、态度与价值观为主，因而不再重视知识的教学。这是错误的。实验区 10 年的教学实践证明，离开了知识，教学就失去了本真的意义。教师要永远成为“闻道有先后，术业有专攻”的人。第二，教师是学生学习的指导者。教师的指导作用既是最重要的教师角色，又是一种隐性的课程资源。对于学生来说，学会学习，学会处事，学会做事比掌握知识更重要。第三，教师是学生学习生活的楷模。学高为师，身正为范。教师对学习的态度、对生活的态度都是直接影响学生生活、学习的重要因素。甚至教师的某种爱好、习性与习惯都会成为学生崇拜者的学习内容。为此，教师加强自身修养，提高自身专业、思想与道德水平不仅是个人发展的必要，而且具有重要的社会意义。

(2) 用好学生课程资源

学生既是学习的主体，又是课程资源的重要元素。长期以来，由于缺少对课程资源内涵的深刻理解，多数教师在教学实践工作中经常面对丰富的学生课程资源却“视而不见”。

学生作为一种课程资源的主要意义在于：①学生的许多经历与经验是课程资源是地理教学的重要资源。例如，在进行“地理环境地域差异”教学时，可先让曾经外出旅游或在外地生活过的学生介绍他们的所见所闻。这不仅让参与的学生更能深刻地理解教学内容，而且还缩小了学习内容与其他同学已有知识之间的距离。目前，多数教师在教学中忽视了学生中存在的课程资源，从而错失了许多生成性资源的利用。②大力提倡学生开发、收集与整理课程资源。每一个学生都有一定的生活环境，他们周围都存在着丰富的课程资源。让他们收集与整理课程资源不仅帮助了教师，更为重要的是对于学生来说，收集与整理的过程就是学习的过程，而且是课程教学中难以体验到的学习。③学生学习能力与水平的个体差异本身也是一种课程资源。同质学生的讨论是学习，不同质学生之间的相互质疑、问答也是学习。④学生之间的交往也是一种资源。学生群体本身就是一种课程资源。群体内部表情、行为语言等方面都是重要的潜在课程资源。

(3) 用好校区和社区人力课程资源

有条件的学校，可适当地请学校或社区具有丰富地理旅行经验的人员开展讲座或指导学生的课外活动。

2. 重视生成性课程资源的开发与利用

早在 20 世纪后期，美国课程专家小威廉姆·多尔（W. Doll）就批判现代课程忽略了教学过程中可能出现的一些非预定性因素（樊笑英，2008）。非预定性，即生成性。教学生成性包括教学目标的适度模糊与生成、教学内容的开放与生成、教学过程的重建与生成。教学内容的开放与生成，即教学资源的生成。“生成性”教学资源是指课堂教学过程中即时产生的课程（教学）资源。叶澜教授认为，“学生在课堂活动中的状态，包括他们的学习兴趣、积极性、注意力、学习方法与思维方式、合作能力与质量，发表的意见、建议、观点，提出的问题与争论乃至错误的回答等，无论是以言语，还是以行为、情绪的方式表达，都是教学过程中的生成性资源。”这种资源具有即时性、真实性、瞬时性等特征。抓住并利用好生成性资源既是一门教学艺术，又是新课程地理教学的一项基本教学策略，正如原苏联著名教育家苏霍姆林斯基所说：“教育的技巧并不在于能预见课的所有细节，而在于根据当时的具体情况，巧妙地在学生不知不觉中做出相应的调整和变动。”小威廉姆·多尔认为，后现代课程论的基本特征是开放性、非线性、转变性、复杂性和生命性（邬志辉，2003）。

生成性资源与预设性资源相辅相成，互为补充，融为一体，构成了完整的课堂教学资源。在传统教学中，人们过于重视预设性课程（教学）资源，即教师机械地按教科书要求的教学内容“控制性”地开展教学活动，属于典型的“教师中心”式教学方式。其主要表现形式有两种：①教师将教师教学资源单向传递给学生，属典型的传授（接受）式教学；②形式上师生双边活动，甚至多边活动活跃，而实质上，学生的一切活动都是按教师设计好的“圈套”进行，学生的思想都在教师预设的轨道上进行，教师提出的所有问题都有预设的标准答案。教学环节，环环相扣，既合逻辑性，又合情理性。不知不觉中，教师牵着学生的鼻子就走完了45分钟，且成为了一种课堂习惯。

预设性课堂教学最突出的特点就是控制性。一切教学活动，包括学生的思维活动都在教师的控制之下。其结果是：①计划性强。计划讲到哪，就一定讲到哪；计划讲多少，就讲多少。②教师话语霸权，教学的整个过程就是教师单一地展现“才华”的过程。③学生的学习似蜻蜓点水，走马观花。

多少年来，多少教师就是在追求这样一节课，精心地准备（预设）这样的课，小心地实施这样的课。很多“优质”课都是这样的课，一个不让人们挑出“半点毛病”的课。同时，很多教师在观摩若干“优质”课、“公开”课之后，之所以感觉这些课可敬而不可学，就是因为他们的预设性太完美了，有的甚至让现实的学生变为预设的学生，表演的学生。

然而，在反思“以教师为中心”的教学范式的时候，我们发现，教学不单纯是简单的预设性过程，也不是简单的线性过程，而是一个多边交往的过程、探究的过程，甚至是博弈的过程。因此，在“以学生为本”的教学范式下，我们要在继续充分利用好预设性教学资源的同时，还重视生成性资源的开发与利用。

（1）预设学情，为资源生成与开发做好铺垫

资源并不等于财富。只有资源被开发与利用才能变为财富。学生是重要的课程资源。同样，只有学生中存在的课程（教学）资源被老师开发与利用，它才能成为促进学生发展的财富。为此，平日我们要关注不同学生可能具有的不同的“潜在财富”。例如，有的学生经常外出旅游，他们的亲历经验丰富；有的学生喜欢读书、上网，他们的知识面广；有的学生喜欢思考，总是从不同的角度提出问题。

（2）点燃创新“火花”，促进课堂资源的生成

课堂上学生往往有许多创新的“火花”，这些“火花”一经点燃就会成为很好的生成性资源。这些“火花”是多种多样的，有知识（资料）型的，有励志型的，有自省型的，有启迪型的等。我们最常用的是启迪型的，即通过一个问题启迪学生的思维。例如，某教师在进行“西双版纳”气候教学时，首先和学生一起阅读景洪市的气温曲线和降水柱状图。通过读图，学生一般都能概括出“终年高温，分为旱雨两季”的气候特征，从而总结出该地区的气候类型是热带季风气候。但是，再进一步引导学生认真读图时，总会有学生提出这样一个问题：“一般情况下，北半球的最高气温出现在 7 月，但是为什么景洪地区最高气温的月份不是 7 月，而是 5 月呢？”面对这样的问题，这位老师先是面向全体同学，把这个问题大声地重复一遍，目的是让其他同学来确认一下这个问题是否是真的。当同学们都对这个问题有疑惑时，就先让学生小组讨论。经过讨论，有的同学说：“因为西双版纳地区能受到西南季风的影响”；有的说：“我认为是河流的作用”；有的同学认为是地形的原因。这些都不是正确答案，因而很快就被同学们否定了。老师也不急着说出答案。继续提示说，“既然这些答案都不对，那么还有没有别的原因呢？”这时，一位同学说：“可能是当地有着丰富的热带雨林资源，7 月份森林的调节作用降低了它的最高温度。”此时，老师再次提醒学生，“影响气温高低的主要原因是有哪些呢？”同学们又七嘴八舌地说开了，并概括为五大因素，即太阳辐射（纬度）、海拔高度、降水量大小、地形、离海远近。然后，老师又提示学生根据景洪的地理位置，分析影响景洪气温的最主要因素有哪些。经过激烈的讨论，有的同学最终找到了问题的答案，即降水。从 5 月份开始，降水明显增多。该地的降水集中在 6、7、8 三个月份。雨季时，多阴雨，太阳辐射弱，所以气温较低。雨季之前是热季。所以，最高气温出现在 5 月份。

在这过程中，因为抓住了有效的生成性资源，使原来简单的气候类型讲述，发展成对原因的分析，训练了学生的思维，达到了良好的教学效果。

（3）尊重学生“错误”生成，树立学生自信

只要尊重了学生，学生的思维就很活跃。有的从正面对他人有启发，有的则从反面给他人以启示。所谓“错误”生成就是指学生错误地理解对他人的启示。当遇到错误性的生成资源时，我们也要不失时机地加以利用，使坏事变为好事。例如，当进行“热力环流”教学时，在气流上升地区，近地面是低气压，高空是高气压。因此，有的学生就得出这样的结论，在水平方向上，气流是由高压区向低压区流动的，在垂直方向上，气流是由低压区向高压区流动的。显然后者是一个错误命题。在这种情况下，教师既要让这个学生认识错误所在，又可以充分利用该生混淆同一地区，不同高度的气压不同的错误理解，让其他学生不再犯同样的错误。

教学实践中，不仅“真理”中有“白金”，一些奇谈怪论、突发事件中也往往有“白银”。作为教师，只要我们多一点耐心，少一点“固有思维”，就会捕捉到课堂上的真知灼见。同时，当遇到一些意想不到的“问题”时，在保护学生自尊心的同时，我们必须要学会取舍。对于一些无意义的问题，要果断放弃，而对于有意义的问题要充分挖掘。

（4）搞好课堂教学设计，促成课堂生成

以开发“生成性”资源为主的教学设计要比预设性的教学设计更复杂。既要沿着既定的线路展开，又要允许一定程度的“回头路”；既要达成教学目标，又要根据教学现场需要有

所“取舍”；教学活动既要有灵活性，又要把握教学活动展开的方向。

使用课堂生成资源的最高境界不仅在于“捕捉”和“促进”，更在于“促成”。通过不断的教学探索和实践，我们发现，“生成资源”是可以“生产”的，为此，我们在教学设计时要注意：①有意设置疑问，在疑问处（有价值的疑问）紧追不舍。②挖掘情感节点，在学生动情处真情打动。③有意设置“陷阱”，在学生“犯错”之处“批发”生产生成性资源。有效地开发课堂生成性课程（教学）资源，既要求教师具有深厚的专业功底和教学艺术功底，又需要教师对教育教学的执著追求和勇于创新的精神。

3. 加强学校地理课程资源建设

开发与运用地理课程资源是新课程对地理教学提出的新课题。

(1) 学校地理课程资源库的建设

凡是有利于实现地理课程目标的因素都可以列入地理课程资源的范畴。因此，学校地理课程资源相当丰富。如果能将这些课程资源加以整理、规划，分门别类建立地理课程资源档案，就能逐步建立地理课程资源库。学校地理课程资源库主要包括以下 5 个。

地理教学图件。地理教学所必需的图件有：世界地形图、世界政区图、东西两半球图、中国地形图、中国政区图、中国交通图、中国矿产图、本省（自治区、直辖市）地图、本市县（区、县）地图、世界地理景观图片、中国地理景观图片等，还包括地质地貌图、气候图、河流图、植被图、海洋图、人口图、城市图、有关区域图、遥感影像图等。

地理教学模型和标本。主要的地理教学模型和标本有：地球仪、等高线地形模型、各大洲地形立体模型、中国地形立体模型、主要矿物和岩石标本、土壤标本、动植物标本、有关的地形模型等。为了培养学生的实践能力，可提供一些材料让学生动手制作地形模型和等高线地形模型。

地理教学器材。主要有卷尺、铁锤、罗盘仪、普通望远镜和天文望远镜、照相机、小型摄像机、电视机、VCD 及 DVD、投影机、微机扫描仪等，还可包括一定数量的航空图片和卫星图片等。有条件的学校还要配有 GPS 等。

图书资料。主要有各类地理图书、地图册、地理风光景观画册、教学软件、VCD 及 DVD 光盘、幻灯片、录像带等。目前，教科书仍是我国最重要的课程资源。

相应的管理系统。对学校地理课程资源进行系统化和规范化的管理，列出各种资料物件的清单，建立起严格的管理制度。要鼓励学生充分利用学校已有的地理课程资源积极开展各种地理课外活动，注重理论联系实际，强调课堂面向社会。对于现有的地理课程资源，应当不断予以补充和更新。

(2) 学校课程资源的开发与利用

我国地域辽阔，自然条件和社会经济文化环境差异巨大，因此全国各地，甚至同一地区的不同学校课程资源丰富程度大不相同。为此，各学校要根据自己的优势，开发和建设具有学校特色的地理课程资源。

例如，仅就自然环境而言，山区学校可收集与积累或制作地形与降水的关系、地形与植物分布的关系，水土流失在不同高度、坡向的分布差异，山区地形模型，不同地形部位气候资源的差异，岩石与矿物标本，山区自然灾害，山区农业发展规划，山区经济发展规划等方面的材料或模型，以便于开展地方课程和校本课程，也便于实施国家课程时实现教学案例地方化。平原地区可收集和开发有关水资源保护与利用、泥沙沉积规律、气候资源利用、气象灾害防治、农业生产规划等方面的课程资源。

充分利用师生在生活中积累的地理经验，使地理经验与地理教育有机结合；加强学校地理图书的管理，改革借阅方式，进一步方便师生借阅；进一步丰富图书馆的文艺书籍、画册、音像资料、杂志报纸等资料，扩展师生地理视野；运用学校墙壁、报栏等，搞好地理宣传；鼓励学生自制教学媒介，并加以妥善保存；不断积累优秀的地理教学案例资料，如典型的教案、音像、教具、图片、幻灯片等。

4. 加强地方地理课程资源的开发与建设

地方课程是指在国家规定的各个教育阶段的课程计划内，由省一级的教育行政部门或其授权的教育部门依据当地的政治、经济、文化、民族等发展需要而开发的课程。地方课程资源是指地方存在的课程资源总和，即有利于实现课程目标的各种因素。根据地方地理课程资源存在的形式和性质，我们把地方地理课程资源分为自然地理课程资源、人文地理课程资源、社区地理课程资源和家庭地理课程资源。

（1）自然地理课程资源及其开发利用

当地自然环境与自然资源本身就是一种地理课程资源。

气候课程资源。在国家课程里，我们要进行“世界的气候”和“中国的气候”的教学。主要内容有：①气候要素特征，包括大气降水和气温的分布特点；②气候类型特征；③区域气候特征。这 3 个方面的内容都可以运用当地的气候资料，结合学生对当地气候的生活体验开展教学。

地形课程资源。山区学校可以直接利用当地的地形课程资源开展教学，平原地区的学校，在认识平原的基础上，可以让学生动手用泥土造出“山地”、“高原”、“盆地”和“丘陵”。

水文课程资源。对于当地的河流、湖泊，让学生注意观察它们的特征与变化，就是开发运用水文课程资源的一个表现。另外，如果在一定的条件下有计划、有目的地实地考查河流、湖泊也是一种对当地水文课程资源的利用形式。

植被课程资源。认识和研究当地植被类型是利用当地植被课程资源的一个重要方面，如果能从植物生长、分布与地理环境关系的角度分析当地绿化树种选择等问题，则是开发运用当地植被地理课程资源的另一个重要方面。

（2）人文地理课程资源及其开发利用

各地历史文化背景不同，民族构成不同，风俗习惯不同，受外来文化影响的程度不同，人口素质不同，所以这些人文差异都为人文地理课程资源的开发与利用提供了可能。

民俗资源。民俗的形成与地理环境有很大的关系。因此，调查研究民俗的形成与演化过程是开发地理课程资源的重要形式之一。

名胜古迹。包括历史宗教建筑、古战场、名人住宅等。它们在一定的程度上都含有潜在的课程资源。以古战场为例，在当时的条件下，这里为什么会成为战场？谁胜谁败？原因是什么？所有这些问题都与当时的地理环境有关。引导学生研究这些问题既能激发学生的学习兴趣，又能培养和发展他们分析问题、收集材料、解决问题的能力，学会如何与他人交流、合作。

地方戏曲、杂艺、手工艺。民间流传着许多地方戏曲、曲艺、杂技和手工艺等。它们的形成既有当时的政治、经济、文化背景，也有地理环境方面的原因。这里也有很多的潜在的课程资源。把那些潜在的课程资源变成现实的课程资源正是新课程要求我们做的事情。

(3) 社区地理课程资源的开发及其利用

社区地理课程资源主要包括：图书馆、科技馆、博物馆、高等院校地理学院（系）、地理研究所、相关的研究所，如海洋研究所、地质与水文研究所、青少年中心、少年宫等。

图书馆。图书馆作为一种重要的社区文化资源，是一种重要的地理课程资源。①联系图书馆，让学生可以独立借阅馆藏的地理方面的图书；②请馆内有关人员介绍如何使用和爱护图书资料，在可能的情况下，还可请馆内的工作人员介绍有关地理的新知识。

科技馆。科技馆是地理课程资源最丰富的社区场所之一。它可帮助学生拓宽科学视野，加深对地理现象、地理过程的理解，为课程教学提供辅助作用。

自然博物馆。各地的（自然）博物馆也是地理课程资源比较丰富的地方之一。有计划地组织学生参观（自然）博物馆可增强学生对课本内容的理解。

地理院校、科研所、教育科研部门。社区大学中的地理学院（系）、地理研究所等机构中，师资力量雄厚，设备先进，请他们参与学生地理活动，或在合适的时候借助于他们的设备让学生进行地理活动，将有利于提高学生兴趣。

社区离退休人员。社区离退休人员中，不少是地理专家或者是与地理相关的水文、地质、气象等方面的专家，请他们有计划地给学生开讲座、一同设计地理活动，或指导学生开展地理活动都有助于学生增加对社会和地理科学的了解。

(4) 家庭地理课程资源的开发及其利用

家庭课程资源主要包括有一定地理修养的家长和亲友、家庭墙壁地图、地理书籍和杂志、音像资料以及网络等。

家庭课程资源的开发途径和方式如下。

利用吃饭、休闲等机会与孩子一起谈论有关的地理问题。生活中处处有地理。上学前，观天看云，与孩子讨论今天上学是否需要带雨具与地理有关。秋冬季节大雾的早上，与孩子讨论雾一般出现在什么季节，为什么有的时候有雾，有的时候又没有雾。这也与地理有关。

有计划地和孩子一起学习地理。如果孩子愿意，家长可以和孩子一起做一些地理游戏，或者相互提问有关的地理问题。

在条件允许的情况下，购置地图、课外读物、小地球仪等学习用具。地图、地球仪等都是学习地理的媒介，一些地理读物更是学好地理的好帮手。在经济条件许可的条件下，家长有必要为孩子购买这些学习媒介。

利用假期带领孩子外出旅游。旅游既可以锻炼身体，又可以增长学生的地理知识，扩大学生视野。因此，家庭经济条件较好的家庭应该有计划地利用假期领孩子外出旅游。

另外，一定条件下，允许孩子上网查阅有关的资料。网络既是学习的媒介，又是娱乐的工具（甚至是毒害青少年的祸首），是一把双刃剑。因此，在家长的陪护下或者采取一定的技术处理以后，我们鼓励孩子利用网络学习。

三、使用课程标准应注意的几个问题

（一）从根本上重视课程标准

目前，多数教师都知道课程标准的性质与意义。但是，在教学实践中，约 90%的教师是不研究课程标准的。不研究课程标准的教师，其教学就没有方向性，其教学目标也形同虚设，其教学的有效性也必定不会很高，其本人也就不可能成为专家型教师。

（二）正确地理解和使用课标

课程标准是教学的依据，也就是说，它既是教的依据，也是学的依据。目前，多数教师只把它当做教的依据，而很少有人把它当做学的依据。

把课程标准作为学的依据，一是教师要有效地将课程目标转化为教学目标。从根本上讲，教学目标就是学习目标。学习目标只有融合到学习过程中，才是有效的。二是教师教学过程中，要创造条件，让学生参与教学，以确保学生学习目标达成。目前，教学中存在着一个误区，即有的教师认为自己讲清楚了，就等于完成了教学任务，达到了教学目标。例如，针对高中地理“以两个不同区域为例，比较自然环境、人类活动的区域差异”这一标准，有的教师认为，只要教师通过列表把自己选定的两个区域的自然环境与人类活动的差异讲解清楚了，就是完成了教学任务。这是一种错误的认识。教师讲清楚了，不等于学生听清楚了，更不等于学生也能把这个问题讲清楚。只有让每一个学生都能“以两个不同区域为例，比较自然环境和人类活动的区域差异”，才算达到了教学目标。

（三）深刻把握课程内容

同传统教学相比，现行课程不再追求教学课程内容的系统性与整体性。从学生学习的角度看，构建完整的知识结构有利于学生对教学内容的整体掌握。因此，在实际教学中，我们还需要适当地注意帮助学生构建地理学科内容的知识结构。

掌握知识只是手段，而不是目的。教学的根本任务是通过知识的学习，让学生学会如何获得对自己有用的知识，学会认识知识中蕴藏的方法，形成地理思想和观念，并养成良好的地理行为习惯。

第二节　地理教科书解读

教科书是课程标准的具体化。但是，教科书的编写又具有一定的创造性，不同版本的教科书有不同的风格与特点。总体上，各版本教科书都在下列 3 个方面各具特色。

一、教科书编写的指导思想

每一本书的编写，都有其指导思想。没有编写指导思想的，就意味着没有方向。一般地，同一类教科书的总体指导思想应该是一致的。但是，不同版本之间还是有差异的。概括起来，主要的指导思想有以下 3 个。

（一）贯彻课程理念

课程标准是编写教科书的依据。因此，课程基本理念是所有版本教科书编写的首要指导思想。

（二）以学生为本

教科书的使用价值取向是教科书编写指导思想的一个重要问题。传统上，多以学科为中心，即教科书追求学科知识体系的完整性。现在，有人提出“走向生本的教科书设计”思想(毕华林，2006)。从传统的“以知识为中心”转向“以学生发展为本”，即走向“生本”也就成为当代教科书设计的必然趋势。教科书设计走向生本，既是新课程改革中教科书设计的必然转型，也是教师和学生自身发展的强烈需求。因此，以学生为本是现时代教科书编写的基本指导思想之一。所以，有人提出，教科书要改名为“学科书”。

(三) 体现时代性

社会在发展，社会对高质量教育的需求越来越强烈。同时，学生的学习途径与学习方式都在发生着变化，学习资源也日益多样化。教科书的编写必然要体现这些变化的要求。

二、教科书的结构

教科书的结构包括显性的知识结构与隐性的思想结构和能力结构。不同的教科书有不同的结构呈现形式。

(一) 课程结构

课程结构是教科书结构的蓝本。

课程结构是指课程各部分内容的关系与组织，构成了课程体系的基本骨架。学科课程结构规定了组成学科课程体系中模块的种类，以及各模块的比例关系、修习方式、设置顺序等。

根据课程的存在形式，我们将课程结构分为课程的形式结构与课程的实质结构。课程的形式结构是指课程呈现形式各构成要素及其相互关系。课程的实质结构是指课程内容的内在联系。

根据课程结构的空间关系，我们将课程结构分为横向结构和纵向结构。横向结构是指不同系列课程（模块）之间的关系。纵向结构是指课程内容在时间安排上的关系。

课程结构是复杂的，具有一定的层次性。微观结构往往又成为宏观结构的一部分。例如，螺旋形课程。

不同领域、模块的课程有不同的结构。

1. 义务教育地理课程内容的基本结构

义务教育地理课程内容主要包括中国地理和世界地理两个模块。各模块内部又分为若干部分，其结构如图 2-1 所示。

2. 高中地理课程内容的基本结构

高中地理课程首先分为必修和选修两大模块群。

必修模块群由“地理 1”、“地理 2”、“地理 3”三个模块组成。三者之间呈递进关系，即“地理 1”是学习“地理 2”的基础，“地理 2”又是学习“地理 3”的基础。

高中地理选修课程由 7 个模块组成。他们分别是“宇宙与地球”、“海洋地理”、“自然灾害与防治”、“旅游地理”、“城乡规划”、“环境保护”和“地理信息技术应用”。各选修模块之间相互独立，不存在互为基础的关系。

高中地理课程结构关系如图 6-1 所示。

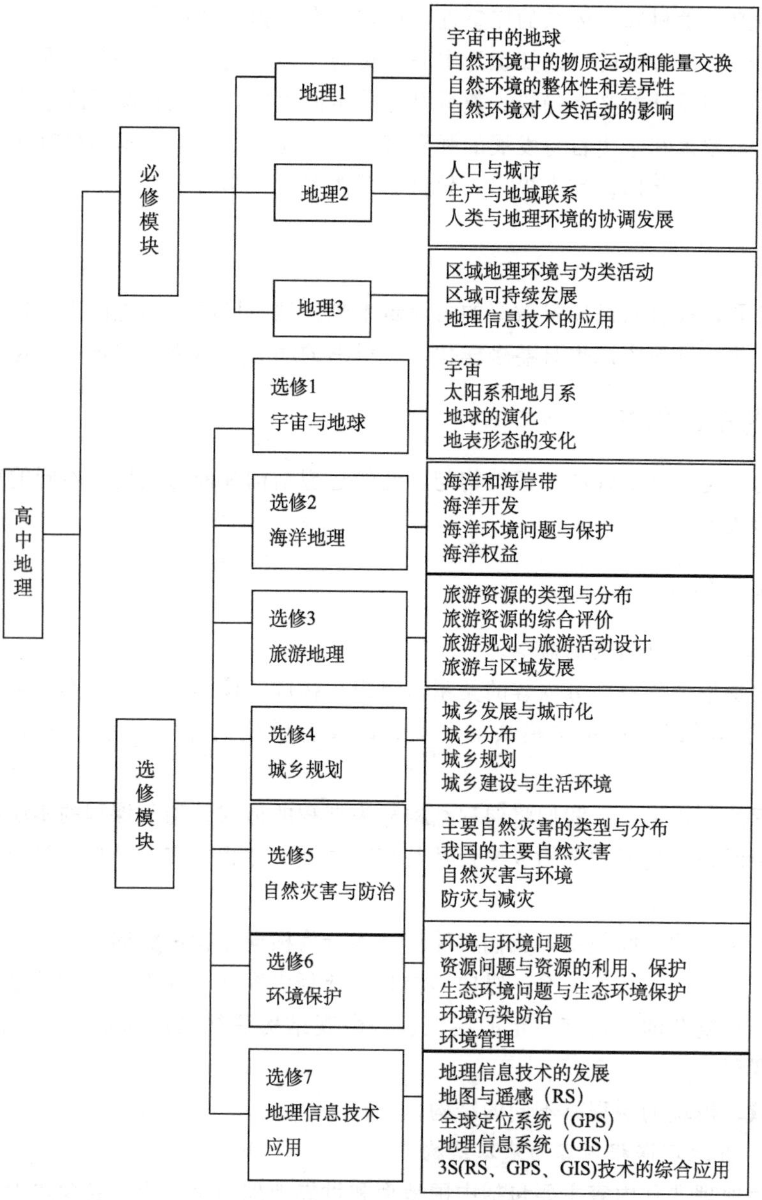

图 6-1　高中地理课程结构示意图

（二）教科书结构列举

不同版本的教科书，有不同的知识结构。以义务教育地理为例，主要内容包括三部分：地球和地图、中国地理、世界地理。各版本内容结构的首要差别是这三部分内容的安排顺序。有的版本是先中国地理，再世界地理，有的则是先世界地理，再中国地理。

新世纪版义务教育课程标准实验教科书《地理》内容体系结构[①]，见表 6-1。

① 王民教育网：http：//www.wangminedu.com/geo%20education/content/geo%20c，2014-3-10

表 6-1　新世纪版义务教育课程标准实验教科书《地理》章节内容一览表

七年级	八年级
第一章　地球与地图	第一章　陆地和海洋
第一节　地球和地球仪	第一节　海陆分布
第二节　地球的自转和公转	第二节　海陆变迁
第三节　地图	第二章　世界气候与自然景观
第四节　地形图	第一节　世界气温和降水
第二章　中国的疆域与人口	第二节　世界气候类型及自然景观
第一节　疆域和行政区划	第三节　气候与人类活动
第二节　众多的人口	第三章　居民与聚落
第三节　多民族的国家	第一节　人种与人口
第三章　复杂多样的自然环境	第二节　语言和宗教
第一节　中国的地势与地形	第三节　聚落
第二节　气温和降水	第四节　学习与探究之二：聚落发展与景观变化
第三节　天气和气候	第四章　区域发展与地区合作
第四节　中国的河流和湖泊	第一节　发达国家与发展中国家
第四章　自然资源与经济发展	第二节　国际联系与国际合作
第一节　水资源及其开发利用	第五章　认识大洲
第二节　土地资源与农业	第一节　亚洲的自然环境
第三节　工业	第二节　亚洲的社会经济
第四节　交通运输	第六章　认识地区
第五章　地方文化特色与旅游	第一节　东南亚
第一节　地方文化特色与自然环境	第二节　中东
第二节　地方文化特色与旅游	第三节　欧洲西部
第三节　学习与探究之一	第四节　撒哈拉以南的非洲
第六章　认识区域特征	第五节　极地地区
第一节　北京	第七章　认识国家
第二节　台湾	第一节　日本
第三节　珠江三角洲	第二节　美国
第四节　黄土高原	第三节　巴西
第七章　比较区域差异	第四节　澳大利亚
第一节　长江沿岸地带	第五节　俄罗斯
第二节　四大地理区域差异	第六节　学习与探究之三：认识埃及

第三节　地理教学内容的选择与组织

教科书是教学的重要参考材料，但是，它不是唯一的参考材料。因此，我们可以根据学生学习水平和教学实际情况选择和组织教学内容。

一、以教科书的基本框架为基础，制订学期教学内容安排计划

根据学期学习时间，以课程标准为依据，参考教科书内容框架，制订学期教学内容安排计划。具体格式见表 6-2。

表 6-2　** 学年第 * 学期 ** 地理教学内容安排进度表

课程名称	课程目标	单元名称	内容标准	教学内容	计划课时数

课程名称，即学期开设的地理课程名称。例如，六三制义务教育七年级地理，再如高一必修地理 1。

课程目标是指本学期的教学目标。例如，高中必修地理 1 的课程目标。

单元名称，一般指章的名称。

内容标准，指课程标准中的“标准”和“活动建议”两部分。“标准”是学生学习必须达到的基本要求，以行为目标方式表述。“活动建议”是为了开展教学活动提供的参考性建议，可根据条件选择，也可自行设计。

教学内容，指教师以课程标准为依据，参考教科书，根据学生的实际特点和自己对教学的理解与把握，确定的教学内容。

二、立足教学实际，构建教学内容结构体系

（一）显性结构

显性结构是指以文字、图画等构建的可视的内容结构。

教科书知识结构是教科书作者根据自己的经验，并考虑到教学的一般性建立的，具有普遍性意义。由于学校的个性，特别是班级的个性，教科书的知识结构不一定就是班级教学的最佳知识结构。因此，建议和倡导教师根据班级学习特征和教师个人的教学特点，对教科书的知识结构进行调整。

凡教学改革成绩卓著的教师，都形成了具有个人风格的教学内容知识体系。

地理知识是地理教学内容的外在呈现部分。在地理知识教学中，我们要努力做到以下 3 点。

1）理清知识脉络，形成一个清晰的知识结构。每一节的教学内容都可分解为若干知识点。各知识点之间都存在着内在的联系。我们要帮助学生找到他们之间的联系，构建各个知识点的知识结构。

2）构建知识点的意义。知识都有其产生的背景与发展演变的过程。因而，每一知识都蕴含着一定的方法与思想。在进行教学的同时，教师要有意识地引导学生去思考这些问题，为进一步深刻理解教学内容打下基础。

3）以知识点为支架，适度拓展知识。知识是相互联系的。我们要指导学生以现有知识为“支架”，根据知识的内在联系，鼓励他们主动地向外延伸、拓展。

（二）隐性结构

隐性结构是指文本中所包含的地理方法和地理思想的内在联系。

1）地理思想方法。地理知识中蕴含着地理思想方法。从地理教学的价值看，地理思想方法比地理知识更重要。任何地理知识的产生都蕴含着一定的地理思想方法，任一地理问题的解决都需要一定的地理思想方法。地理教学中，常用的地理思想方法有综合（系统）分析方法、区域分析方法、地图方法、调查与观察方法、量的研究方法等。

2）地理观念。地理观念是指人脑对地理事物、现象和规律的反映。它是由一系列的地理观点组合而成的，这些观点主要包括科学的人口观、环境观、资源观、发展观、区域观以及与之相应的价值观和人生观等。地理观念是人们正确认识、分析地理事物，解决地理问题的指南，是保护环境、善待生命、热爱地球，最终实现全球可持续发展的思想基础。

三、确立处理具体教学内容的策略

（一）处理好课标与教科书的关系

教科书是以地理课程标准为依据编写的，在此过程中，各版编者对课标的个性化理解不可避免地渗透在教科书中。所以教师宜首先把握地理课程的整体结构，统揽全局，做到“心中有数”。在整体把握课程标准的基础上，整合包括各版本教科书在内的各种教学资源。要对各种教学资源兼容并蓄，细化和完善条目化的课程标准为完整的知识体系。教师在选择和整合教科书内容的过程中，一定要紧扣课标，制订适合学情的教学目标，摆脱教科书的束缚。可以说，地理课程标准是整合教科书的航标灯，统领着整合教科书的全过程（丁生军，2010）。

（二）处理好新、旧知识之间的关系

新知识，即新教科书中的知识。旧知识，即教师头脑中已有的知识。此处的“知识”不仅指地理知识，还指地理教学知识。仅就地理教学知识而言，我们要在继承旧知识精华的基础上，引入、吸收新知识。

（三）处理好各版新教科书之间的关系

在新课程背景下，实行“一标多本”。例如，高中地理新课程教科书有人教版、湘教版、中图版、鲁教版 4 种版本。各个不同版本的教科书由于编者对课标理解的差异、把握角度的不同，都在课标基础上有所创造，着力体现各自的编写特色。这些教科书在知识结构、逻辑顺序、案例选择、呈现方式、教科书组成系统等方面各有千秋。“一标多本”既造成了各版本教科书内容上的差异性，也形成了它们之间的互补性。教师在教学中可以利用这种差异进行互补，以利于教师对教科书内容的理解，丰富教学资源，拓展知识面，提高教学的实效。可以说教科书的差异性本身也是一种资源，教师可以好好地利用。

（四）摆脱教科书的束缚

现在，我们建立一个新的教材观，即包括教科书在内的所有教学材料，仅仅是教学的参考材料，而不是教学的依据。要逐步改变教科书在教学过程中神圣的、不可替代的、权威性地位的观念，变过去的“教教材”为现在的“用教材”教学。应将教科书看作教学活动中重要的而不是唯一的材料和资源。新教科书是培养人才的重要材料之一，而不是固化定型的统

一模具。选用的教科书不是“圣经”，教科书中的文本内容也不再是“圣旨”。这种意识的明确、观念的改变是重要的，也是非常必要的。

教师不能被某一版本的教科书束缚。在每一节备课时，仔细想想哪一节最重要，要达成的教学目标、要培养的能力是什么，再回过头检视所选用的教科书是否足以让学生获得知识，如果足够，则可以再参考其他版本的不同内容，给予加深加广的学习；如果不够，则或可调整教学方法、步调，或选用其他版本较为简单易懂的内容，来让学生获得更好的学习效果。因此，老师在教学的过程中可演变为“选用适当材料来协助学生学习”的引导者角色。通过教师自身的创造力，挖掘和释放教科书所承载的知识和能力内涵，在认真研究课标、教科书的基础上，创造性地选择和整合出适合新课程理念、适合具体学情、适合学生认知规律的教学内容。

（五）教学案例地方化

教学案例，即在教学中，为了减小教学内容与学生经验之间的距离而引入的真实的、典型的、含有一定问题的实际情境或事件。教学案例通过讲述一个故事，让学生明白一个（些）道理，受到一些启发。

在案例教学中，选取案例的基本原则有 4 个。一是针对性，即案例是为教学服务的；二是真实性，即案例必须是真实的情境或事件；三是典型性，即所选取的案例能最有效地帮助学生学习相应的内容；四是熟悉性，即所选案例必须是学生熟悉的。根据第四条原则，我们要尽可能充分研究和挖掘当地的教学案例，并加以利用。

（六）教学内容问题化[①]

地理教学内容是抽象的，也是具体的。我们要尽可能把抽象的内容具体化。具体化的方式之一就是情境化和问题化。情境化是指将抽象的教学内容隐含到生动的情境中去。问题化是指将一般的、枯燥的内容问题化、情趣化。事实上，教学内容情境化的实质也是情趣化与问题化。

因此，教学设计时，要根据课程标准，尽可能将教学内容具体化、情境化、兴趣化和问题化。

在设计教学问题时，还要注意尽可能具有一定的层次性，并递级进行，依次由浅入深、由易到难，多角度、多侧面地发现问题、提出问题和解决问题；要设计一些开放的、发散的、具有挑战性的问题，然后引导学生自主合作探究问题，通过实践、设计、实验等方式验证、应用所学知识，以利于课堂上学生思维的充分拓展和组织课堂教学。具体地讲，我们要遵循下列原则。

（1）问题生活化

教学内容问题生活化，既是体现了“学习有用的地理”理念，又是对理论联系实际的具体体现。

问题生活化，要求我们在教学中立足学生的生活实践和已有知识，根据学生的心理发展

---

① 徐龙强．初中地理教学内容问题化原则．http：//www.pep.com.cn/czdl/jszx/jxyd/jcyj/201008/t20100825_740699.htm.2013-03-22

规律，运用生活中的材料，创设问题情境，设计富有情趣和意义的教学活动和问题，使学生体验到学习地理的快乐。

（2）问题多元化

问题多元化，是指对同一材料，一是要从多角度提出问题；二是提出的问题要有层次性，既有容易的，也有难的，梯级开发这些问题。

提问是开启学生创造性思维能力，引导学生思考的最直接、最简便的教学方法，也是教师借以接受学生反馈信息的一种有效手段。但是，我们要考虑到学生的学习能力和认知发展规律，从不同的视角去观察事物，发现问题。

另外，问题多元化，还有助于增强或强化学生的学习兴趣。多种多样的问题让学生总有新鲜感，具有挑战性，以使学生在参与中得到乐趣，享受到创造的快乐。

在学科教学过程中，教师应尽可能为学生提供可听、可看、可触摸、可感受、可经历、可操作的条件，让学生直接感受鲜活的生活与事实。多层次、多渠道地触及学生不同的智能潜能，不同形式的表现欲望、已有经验。

教师在创设情境和设计问题时，既要考虑提问的目的和内容，又要针对学生的心理特征，选择恰当的方法和手段，以达到教与学的和谐统一，各种感官的综合应用，多元智能的开发和提高。教师的智慧就表现在能够给抽象的结论、古老的事件、遥远的对象注入生命的活力，使学生不仅有所记忆、有所理解，更有所体验、有所感悟。

根据不同内容提出与之相关的问题，不仅充分考虑到初中学生的兴趣特点，利于展开教学，还利于组织学生自主探究学习，培养学生的问题意识，主动思考身边的地理事件，应用地理知识、技能的习惯。

在提问的呈现方式上也要注意多元化，但不是一提多元化就是每节课都要用多媒体，都要制作多媒体课件，而是指在适当选用多媒体课件的基础上，可根据教学内容、个人实际、学校情况，选择某一种利于操作、简单实用的方式，如可以利用录音机或MP3外接有源音箱播放一段录音或一首歌曲，如学习“新疆”时播放《新疆好》，让学生根据歌词获取信息，提出问题。可以用一幅漫画、一段文字，如学习“印度”时，出示印度同龄小孩芭比写的日记和画的画，让学生感知生动的案例，从而了解印度相关的问题。

（3）问题情趣化

课程改革一个很重要的追求就是增强学生的学习自信和积极的学习情感，以自主的方式去学习。为此，课堂教学要情境情趣化，即根据学生的年龄特征、情感因素、认知内需，为学习提供新颖有趣的情境，使学生积极主动地提出问题，激活探究欲望，唤起学习动机，达到以趣激趣的作用。

（4）问题简约化

在课堂教学中，内容越来越多、越来越细的情况经常可见。一些老师认为，该讲的都讲了，怎么考都问心无愧，不该讲的还进行了拓展，怎么说都尽心尽力了，而实际效果并不理想，一问学生，这节课怎么样，回答是很好；有什么收获，不知道。细细一想，其实，我们的教学目标是不是过高，脱离了学生的实际，我们的教学内容是不是过多，使得学生吞食过多，消化不了。我们对考试的理解，是不是没有看到越来越基础、越来越平和的情况出现，而是还在一味地加深加难，在所谓“全面撒网，重点捕鱼”的观念下加大包围，偏离了课程标准要求，不知不觉地从一个极端走向了另一个极端。例如，有些教师似乎总对学生缺乏信心，讲课内容面面俱到，使用某一版本的教科书授课，非得把其他版本教科书的相应内容也加进去，无疑增加了学生负担；另有一些教师由于对课程标准认识上的偏差，教学中注重生活问题的引入，重视活动开展，但不注意双基的落实，课堂上学生气氛活跃，热热闹闹，但是，下课后，学生一头雾水，感觉什么也没学着。因此，我们在课堂教学中，要实行简约化教学，抓根本性的主干问题，其他的则让学生自己通过自主合作探究的方式进行。

地理教学内容是师生开展地理教学活动的媒介，是学生地理发展的基础。我们要根据学生发展的需要，适当地选择教学内容，并合理安排教学内容的学习顺序，开展地理教学活动，促进学生地理能力的发展和地理思想的形成与发展。

思考与练习

1. 你认为地理教学内容包括什么？
2. 选择和安排地理教学内容的原则（策略）是什么？
3. 制订地理教学内容的教学目标应注意的问题有哪些？
4. 当不同版本教科书在同一课题教学内容的处理上有不同意见时，该怎么办？
5. 如何开发和使用生成性地理教学内容？

参考文献

毕华林. 2006. 走向生本的教科书设计. 济南：山东教育出版社，12.
丁生军. 2010. 高中地理教学内容的选择和整合. 地理教学，(16)：46.
樊笑英. 2008. 后现代主义课程观下的地理课程与教学. 地理教育，(1)：4.
林培英，马贺山. 2010. 普通高中地理课程分析与实施策略. 北京：北京师范大学出版社，294-300.
邬志辉. 2003. 课程全球化的四种哲学观评析. 东北师范大学学报（哲学社会科学版)，(6)：115.
中华人民共和国教育部. 2011. 义务教育地理课程标准（2011年版). 北京：北京师范大学出版社，2.

第七章　地理教学模式与教学方法

本章的学习目标：

1. 依据某种教学模式，分析教学模式的组成因素；
2. 能够结合教学案例，阐述教学模式的选择原则；
3. 能够依据现代地理教学方法特征，对一个具体的教学案例进行评析；
4. 能够依据组合的地理教学方法体系，设计一个教学实例，并进行实践。

第一节　地理教学模式

地理教学是教师教与学生学的有机统一。教师教什么、如何教直接影响着学生地理学习的积极性，影响着地理教学的有效性。所以，在地理教学实践中，教师必须关注教学内容和教学方法的选择与融合，按照有效的教学模式实施教学。

一、地理教学模式的内涵

在西语中，“模式（model）”源于拉丁文 modulus，一般是指被研究对象在理论上的逻辑轮廓，是经验与理论之间一种具有可操作性的知识系统，是再现现实的一种理论性的、简化了的结构形式。1972 年，美国学者布鲁斯·乔维斯（Blues Joyce）和玛莎·韦尔（Marsha Weil）出版《教学模式》一书，将“模式”引入教学领域，认为“教学模式是构成课程和作业、选择教材、提示教师活动的一种范式或计划”，其显著特征是阐述教学流程，将教学程序、教学方法、教学手段、教学组织形式融为一体，把抽象的理论转化为具体的操作程序（李朝辉，2010）。因此，我们可以简约地说，教学模式是在一定的教学思想或教学理论指导下所形成的关于教学的理想意图及其实施方案。

由此推之，地理教学模式是在一定地理教学思想和地理教学理论指导下形成的地理教学的理想意图、逻辑结构及基本教学范式。

地理教学模式一般包括 6 个要素：地理教学思想与理论、教学主题、教学目标、教学程序、保障条件和教学评价。这些要素之间有规律的联系就组成了教学模式的基本结构。

二、地理教学模式的发展趋势

20 世纪 70 年代以后，我国地理教育教学界对教学模式的研究逐渐兴起，地理教学模式的发展具有以下趋势。

1. 地理教学模式从单一化向多元化发展

20 世纪 50 年代，凯洛夫的“六段”教学模式是地理学科的主导教学模式；20 世纪 70 年代后，新的教学思想层出不穷，新的科学技术革命给地理教学带来了翻天覆地的变化，加上地理教育教学工作者的努力，地理教学模式出现了“百花齐放，百家争鸣”的多元化局面，除传统的地理教学模式外，“地理综合程序教学模式”、“图像信号法模式”、“地理 CAI 教学模式”等也受到了地理教师的欢迎。

2. 由“以教为主”向“以学为主”方向发展

传统教学模式是从教师如何去教这个角度来进行阐述，忽视了学生如何学这个问题。杜威的“反传统”教学思想，使人们认识到学生应当是教学的主体，由此开始了以“学”为主的教学模式的研究。地理教学模式的发展趋势之一是重视教学活动中学生的主体性，重视学生的参与。例如，引导发现教学模式，关注学生内部学习动机的激发，从而利于知识的迁移以及学生思维能力的发展，是以学生学为中心议题的教学模式。

3. 地理教学模式日益现代化

在地理教学模式研究中，研究者越来越重视引进现代科学技术的新理论、新成果。许多新的教学模式非常重视计算机多媒体、网络等先进技术成果，教学模式的科技含量越来越高，如网络多媒体（web media）地理教学模式、网络探究（web quest）教学模式、虚拟情境地理教学模式等。

三、地理教学模式的选择原则与构建

（一）地理教学模式的选择原则

在地理教学实践中，师生选择教学模式应遵循以下原则。

1. 教学优先原则

“最适合的才是最好的”。地理教学内容是教学模式选择的基础。教学模式能否取得理想的教学效果，不仅要看其理念是否先进，而且更要关注教学模式能否与教学内容“无缝”地结合。地理教师的教学观念影响着教学模式的选择。如果教师坚持采用陈旧的教学观念指导教学，即使选用新形式的地理教学模式，也难以达到预期的目标。例如，一位教师把全班同学分成 8 个小组，大家面向而坐，具备了合作探究的形式，但老师却一直在讲解，不肯离开讲台半步。这很难达到探究学习的效果。

2. 模式综合化原则

地理教学过程是由很多环节组成的，每一环节要完成的教学任务、达成的教学目标是有差异的。所以，地理教学实践中，在不同的教学环节，教师应该依据教学目标、教学内容以及教学环节的特点选择适合的教学模式，并使之有机结合起来，实现教学模式的综合化。

3. 模式现代性原则

在传统教学模式中，地理教学模式的技术手段要么蕴含在教师身上，要么借助一些外在的物质条件演示地理原理，学生接收的信息是有限的。随着信息技术的发展，教学多媒体技术与网络技术在学校教育中普及，孕育着有广阔前景的现代教学模式。这些模式与传统教学模式相结合，形成了更加丰富多样、更加有效的综合教学模式。

4. 模式发展性原则

任何地理教学模式只是为教学实践提供一个范本，适用于一种教学情境，但并不一定适用于所有的教师和教学情境。所以，在教学实践中，教师不能盲目、机械地照搬照用，而应该针对教学内容，依据教师自身的特点、学生的学习风格，在原有教学模式的基础上有所超越和创造。

（二）地理教学模式的构建策略

为提高地理课堂教学的有效性，地理教师应不断学习与尝试各种地理教学模式，并在学习和运用的基础上，基于一定教学理论和具体的教学实践，构建突出自己特色、适合学情的地理教学模式。地理教学模式的构建策略包括以下 3 点。

1. 研究学生，构建基于学情的教学模式

人本主义教学理论倡导尊重、关心、理解、信任每一个学生，旨在发现学生的价值、发挥学生的潜能、发展学生的个性，唤醒每一位学生的主体精神，让每一个学生都做到学会学习、学会管理、学会生存与发展，并培养学生学会学习的能力和可持续发展观念。因此，教学模式构建必须学情化。

例如，“自主式教学模式”的构架思路：预习（设计预习参考提纲，完成自主预习）→选择议题（基于预习自主提出问题）→问题解决（鼓励学生另辟蹊径，突出问题解决的个性）→归纳总结（对学生多样的解决方案进行提炼、升华）→反馈评价（了解学习效果，解决遗留问题）→适量作业（包括预习内容）。

2. 研究学校，构建符合校情的教学模式

学校是先进教学模式诞生的土壤，离开学校的土壤，教学模式只能成为无源之水。所以，模式只有走校情化的道路，才能焕发出勃勃生机，产生效益。

如“学（学会）—研—导—学（会学）”自主教学模式的构建思路。首先，学生先行学习（或预习），发现问题；其次，学生讨论和思辨，研究解决问题；再次，随着学生讨论思辨的展开，教师角色逐步升级，教师通过精要的点拨指导，对问题解决进行提炼和升华，拓宽学生视野，完善学生人格；最后，在学会、研讨、教师指导的基础上，学生能够自主选择、自主调控、自主设计学习，从而形成自主学习的素质。这一系列过程与学校的学习环境密切相关。

3. 研究社会，构建与时俱进的教学模式

在信息社会，知识具有传递方式多样化、传播途径网络化、传播手段现代化和传播速度高速化的特点。在构建教学模式时，不能再固守于传统的单一模式，应该在开放、发展的社会环境中，与时俱进，开发教学模式构建和应用的新资源，实施校园信息网工程和远程信息网工程，实现教学模式的现代化。

第二节　地理教学方法

地理教学方法是地理教学体系的重要组成部分，是地理教育理论研究中十分重要、十分具体的问题。在地理课堂教学中，教师应不断探讨、创设新方法，并从众多的地理教学方法中精心选择最适宜的方法，将其运用于相应的教学过程之中。

一、地理教学方法概述

（一）地理教学方法的概念

教学方法是在教学过程中，教师和学生为实现教学目的、完成教学任务而采取的教与学相互作用的活动方式的总称（钟启泉，2008）。教学方法既包括教师“教”的方法，也包括学生“学”的方法，是教的方法与学的方法的有机融合。

从这一定义可以看出，教学方法具有如下基本特质：①教学方法服务于教学目的，即要以实现一定的教学目的为前提；②教学方法具有双边性，即教学方法始终包括教师的教法和学生的学法，且教法与学法是相互渗透、紧密相连的；③教学方法与教学内容之间存在着必然的、本质的联系，“教学内容的性质决定了应当采用的教学方法，不同的教学内容应采用不同的教学方法”（吴文侃，1996）；④教学方法的种类和形式是多种多样的，没有适用于所有教学情境的万能的教学方法。

基于教学方法的特点，地理教学方法的概念可以表述为，在地理教学过程中，师生为完成一定的地理教学事件所采用的具体方式和手段。此表述特别强调教学方法与教学事件的隶属关系。教学方法可以用于实现单个教学事件，也可以用于实现多个教学事件。为了实现隶属于共同地理教学目标的多个地理教学事件而采用的教学方法组合，构成了地理教学模式。

（二）现代地理教学方法的特征

现代地理教学方法是地理教学理论、信息技术、经济社会发展的产物，是基础教育课程改革背景下的产物，是地理教学实践中为实现教学目的而采取的教与学相互作用的一系列活动方式、手段和技术的总和，具有以下特征。

1. 突出学生主体性

现代教育理论认为，学生并不是空着脑袋走进教室的，就像一些学者打的比方：一个8岁儿童的知识储量并不比一个老教授少。其主要原因是人们获取知识的途径日益多样化，储存知识的方式日益多元化。在此意义上讲，地理教学不能无视学生原有的知识经验和生活经验，而是要把学生现有的知识经验作为新知识的生长点，引导学生从原有的知识经验中“生长”出新的知识经验。地理教师也不是简单的地理知识的呈现者，应该重视学生对各种现象的理解，倾听他们现在的看法，洞察他们这些想法的由来，与学生共同针对某些问题进行探讨，在此过程中相互交流和质疑，并以此为根据，引导学生丰富或调整自己的理解。

2. 关注学生发展性

教学方法总是为完成或者实现一定的教学目标服务的，学生发展是教学的普适目标。因此，“以学生发展为本”就必然成为地理教学方法的根本落脚点。所以，教学方法的变革不仅重视教学过程中学生认知因素的挖掘，而且注重学生学习兴趣的培养、学习动机的激发，注重教学环境情感因素的激发和创造。因此，现代地理教学方法摒弃了传统教学目标追求的单一性，注重教学目标追求的综合性，即不仅重视认知目标的实现，而且重视情感的激发，重视师生互动，重视认知目标和非认知目标的综合达成。

3. 师生交往的双向性

传统的地理教学方法把教学过程完全视为教师教的过程，忽略了学生学的过程，教师是整个教学活动的主宰，学生则完全处于被动地位。这在一定程度压抑了学生学习的主动性、积极性，更谈不上师生之间的对话与沟通。现代地理教学方法既重视教师的指导作用，也重视教师和学生之间的双边互动，提倡师生、生生之间的沟通、交流。这对提高学生参与教学过程的主动性、积极性，培养学生独立获取知识和运用知识的能力，促进学生全面发展具有重要意义。

4. 教学方法的优选性

传统的地理教学方法无论是在理论上还是在运用中，常常把各种教学方法机械地割裂开来，孤立研究或运用，使得教学方法的选择和运用具有较大片面性。现代地理教学理论倡导在对多种教学方法分析研究的基础上，强调教学方法的组合和优化，构建整体化教学方案。地理信息技术的发展为地理教学方法提供了更丰富的表现介质，引发了地理教学方法的变革，使得教学方法的选择突破了原有的空间。这为地理教师选择、优化重组教学方法，发挥多种教学方法的系统功能提供了可能。

二、地理教学方法类型

地理教学方法多种多样，有的是在地理教学理论基础上发展起来的，有的则源自地理教学实践。面对众多的地理教学方法，研究者开始对其进行分类。地理教学方法的分类无所谓优劣，而且在不断发展中。本书依据地理教学实践中常见的教学事件，将地理教学方法分为引起注意的教学方法，呈现教学内容的教学方法，促进新旧知识联系的教学方法，促进知识重建与转化的方法，促进知识迁移的方法。

（一）引起注意的教学方法

“引起注意”是地理教学中常见的教学事件，其目的是引发学习者对学习内容的关注，从而激发地理学习的兴趣和动力。常见的引起注意的方法有以下 4 种。

1. 创设引发认知冲突情境

认知冲突指的是认知发展过程中，原有概念（或认知结构）与现实情境不相符时，在心理上所产生的矛盾或对立。在学习过程中，认知冲突是一个人已建立的认知结构与当前面临的学习情境之间产生的无法同构的矛盾与冲突，是已有的知识与新知识之间存在某种差距而导致的心理失衡。现代心理学研究表明，在课堂教学中设置认知冲突情境，能就造“心求通而未得，口欲言而不能”的时机，激发学生的求知欲。因此，在地理教学实践中，教师要创设一个引发认识冲突的任务情境，使学生的认知失衡；然后引领学生带着问题学习，实现新的认知平衡，从而实现地理知识和地理思维方法的习得。

2. 依据学生发展水平呈现挑战性任务

依据维果茨基的儿童发展理论，教师至少要明白学生的两种发展水平：“现有发展水平”和“最近发展区”，不了解这两种水平，就不可能确定教学可能性与学生发展之间的正确关系。“最近发展区”的概念强调了教学在发展中的主导性、决定性作用，解释了教学的本质不在于训练、强化已形成的内部心理机能，而在于激发、形成目前还不存在的心理机能。要想如此，我们的教学只有跑到发展前面，正如维果茨基所说的，只有跑到发展前面的教学才是好的教学（维果茨基，1994）。这要求教师布置教学任务时，要尽量使任务难度处于中等水平，即依靠学生现有的知识不能独立解决，但在教师和同伴帮助下有可能解决的任务。

3. 唤醒学生情绪反应

在地理教学中，教师应积极创设真实情境或模拟真实情境，激发学生内在的学习需要，从而有效吸引学生参与课堂教学。学生参与教学应该体现在教学的全过程。学生参与课堂的形式是多种多样的，如虚拟的环球旅游、角色扮演、模拟生活情境以及辩论会等，这些活动可以提高学生的思辨能力和口头表达能力，并常在“顿悟”中领会新知识，产生认知上的飞跃。

地理是事关天下的地理。由于时空的限制，学生不可能事事身临其境。但是，由于现代技术、特别是现代教学技术的发展，教师可以借助网络多媒体把遥远的地理景观、地理问题“拉”到学生面前来，让学生产生“身临其境”的感觉，从而激发学生地理学习的情绪反映。例如，在学习“青藏高原区”时，一首“青藏高原”的音乐视频引领学生感受“世界屋脊”的高大雄伟、波澜壮阔，以及丰富而独特的自然和人文景观。实践证明，充分发挥网络多媒体的辅助教学作用，学生的课堂注意力会有明显提高。

4. 学生自主完成任务法

在地理教学中，教师给学生呈现问题或任务，以及完成任务所需的相关材料，但具体如何解决，要由学生自己开动脑筋，或者自己作出选择，这也可以唤醒学生地理学习的注意力。

借助问题解决完成任务。教师在教学中，根据地理教学目标的要求，设计一个（或一系列）具有层次性、趣味性、难度阶梯性的问题，组织学生解决问题。同时根据学生反馈的信息，启迪学生思维，逐渐养成问题解决的习惯，提高自主学习的能力。例如，学习“温室效应”的相关内容时，可以设计以下问题：①温室效应产生的原因是什么？②大气中 CO_2 含量增加的原因是什么？③大气中 CO_2 增多导致全球变暖会产生什么后果？个人在生活中应该有什么好习惯？学生可以从大气的受热过程原理出发来探究这些问题，得出结论。

学生动手制作与实验完成任务。杜威曾提出把儿童的本能和兴趣作为教育的起点，主张使学习过程成为在一定情境中积极参与、主动探索、相互合作的过程，从而实现经验的不断改造和重组（杨小薇，2005），倡导“在做中学”。在地理教学中，需要学生动手做的内容非常多，如制作等高线模型、背斜向斜模型、地球仪模型、地图绘制以及其他一些地理景观模型，学生在动手制作过程中，可以加深对地理事物特征的理解和记忆。在地理教学中，地理实验也是吸引学生注意力、完成教学任务的重要方法，也是得出和验证科学结论的重要源泉。

（二）呈现地理教学内容的方法

呈现教学内容是将学习内容呈献给已经做好学习准备的学生。这是地理教师向学生有效传递地理信息的基本教学技能。地理教师呈现教学内容的方法主要有讲述、示范和多媒体呈现三种方法。

1. 课堂讲述呈示法

讲述是指教师以口头语言向学生呈现、说明知识，并使学生理解知识的行为。美国教学研究专家弗兰德斯（N. A. Flanders）在对大量课堂观察研究的基础上提出了“三分之二定律”，即讲述性课堂时间的 2/3 是教师讲话，教师讲话时间的 2/3 是向学生讲话而不是与学生对话。对我国中小学课堂观察后也发现了类似结果，教师讲述平均占课堂时间的 65%左右（施良方和崔允漷，1999）。在接受学习中，课堂讲述是教师传递教学信息与完成教学任务的主要方式。

2. 地理示范呈示方法

地理示范方法是教师通过示范或操作地理事物发生发展的模型过程，提供给学生理解地理事项发生发展的规律，从而学会地理技能，记忆和运用地理知识的方法，是地理教学方法的重要组成部分。

地理示范引起学生注意、学习的程序如图 7-1 所示。

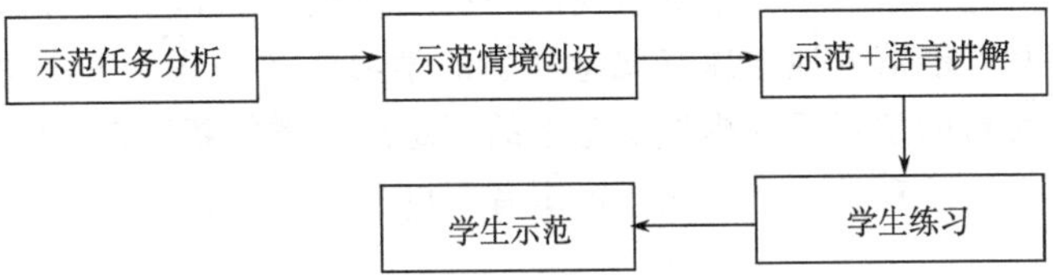

图 7-1　地理示范的流程示意

第一，教师要对教学任务进行分析，明确学生必须具备的基础知识、技能，确定有待示范的内容。第二，教师要选择示范方式，并创造示范情境，让学生有细致观察的机会。第三，教师操作示范，同时向学生展示完成任务的内部思维过程。第四，指导学生练习，增进理解，避免失误。第五，学生示范。研究表明，由学生来示范教学内容效果更好，这是因为同伴作为榜样，会使学生很容易发现自己与榜样之间的相似之处，从而增强自我效能感（王小明，2005）。

3. 视听媒体呈示内容方法

利用视听媒介呈示地理教学内容可以使学生的感官得到延伸，视域得到拓展，把远离学生生活、学生难以感觉到的地理事物、地理现象、地理事件等直观、形象地呈现在他们面前。随着地理教学现代化技术的发展，运用视听媒介已经成为提高教学成效的重要途径。在地理教学实践中，有效呈现教学内容、促进学生学习是一个具有挑战性的过程，因为教学需要实现多重目标。教师在选择教学视听媒介时必须考虑选择何种媒介、以何种形式、在什么时机向学习者最有效地提供最相关的内容，同时要关注视听媒介的色彩、运动、声音、触觉、文字等要素与相关内容的结合，见表 7-1。

表 7-1　视听媒介的类型及运用时机

要素	运用时机
视频	如果教学主题是明确的可观察到的目标，或者这个目标要求是“识别”、“鉴别”、“分类”等，或者是执行一个任务等；或学生学习模式以“视觉”为主；或学习内容主要是符号、规则，或者通过分类、图表来界定概念
颜色	教学主题需要色彩方面的区分；或需要进行复杂图表的解释；或学生的学习动机较低落时
运动	教学主题需要学生识别或者模仿运动时；教学主题需要解释运动物体的功能
声音	声音是教学主题不可缺少的一部分；或需要激活一个真实的包括声音在内的情境；或创设一个大家乐于接受的氛围
触觉	需要对教学材料的质地或者运动做出识别和界定时
文字	教学的主要目标是学习概念、规则、原理；或教学的主体比较复杂或者抽象；或教学需要呈现精确的信息

（三）促进地理新旧知识联系的方法

促进地理新旧知识间的联系是地理教学中至关重要的教学事件，是整个地理教学过程的核心。“温故而知新”，任何新知识都不是独立存在的，它必然与其他知识有着这样或那样的内在联系。只有建立了这样的联系，找到新旧知识联结的支点，新知识才能被理解、被习得。促进地理新旧知识联系的方法主要有 3 种。

1. 先行组织者方法

先行组织者是指先于学习任务本身呈现的一种引导性材料，比原有知识有更高的抽象、概括和包容水平，并且能清晰地与原有观念和新的学习任务关联（王小明，2005）。运用先行组织者的目的是为新的学习任务提供观念上的固定点，增加新旧知识间的可辨别性。按照先行组织者的作用，在地理教学中，先行组织者可以分为 3 类，见表 7-2。

表 7-2 先行组织者的类型及特点

类别	特点	教学实例
陈述性先行组织者	与新的学习产生一种上位关系，为新的学习提供适当的类属者	教师运用被污染的河水、冒着浓烟的烟囱、城市中成堆的垃圾，引导学生产生“环境问题”的概念，而后学习大气污染、水体污染、固体废弃物污染等新知识
比较性先行组织者	目的在于比较新材料与认知结构中相类似的材料，从而增强新旧知识之间的可辨别性	“印度”一节：老师说中国陆地面积为 960 万 km^2，印度不到 300 万 km^2，印度却是亚洲耕地面积最大国。引导学生反思这一问题。而后通过对两个国家形成耕地的光、热、水、土地等自然条件进行比较解决问题
知觉性先行组织者	用具体形象的模型作为组织者，直观、形象，通过类比方式更能促进学生对新知识的理解	如学习日、地、月三者的运动关系时借助三球仪；借助地理园学习相关的自然或人文地理知识；或借助真实的地理景观学习相关的地理知识

2. 精加工提问方法

精加工提问是一种向学生提出问题，以促使学生将新旧知识以及新知识内部各成分联系起来的方法。精加工提问一方面能够使新旧知识取得联系，增进对新知识的理解；另一方面经精加工的信息进入已有知识网络后，在以后需要唤起时易于检索。因此，精加工提问方法是在意义理解的基础上进行的信息加工策略，是高效率获得陈述性知识的基本条件之一，对于学习者的学习有非常重要的作用（张大均，1997）。精加工提问是对新信息附加内容的过程，既可以是对信息的扩展和延伸，补充细节，也可以在知识间进行类推或逻辑上的推理，其目的在于促进学生建立新知识内部的联系，或者激活原有知识，并促进新旧知识的整合。

3. 记忆术方法

在地理基本知识、基本事实和地理概念的学习中，人为地在知识之间建立起机械联系，对要记忆的内容进行组织，建立联结，以有利于记忆和唤醒，这就是记忆术方法。据佩维奥研究，记忆术发挥的机制可以归结为三方面：一是双编码；二是组织；三是联想。许多记忆术涉及在成分之间形成强烈的联想，更强的联想保障了更优越的回忆（王小明，2005）。在地理教学中，虽然说从心理学理论视角对地理知识的记忆方法研究的成果较少。但是，帮助学生记忆地理知识的技巧还是很多的。常见的技巧有：借助谚语、古诗词或古语引出、记忆新知识，如学习气候时，引用古语“橘生淮南则为橘，橘生淮北而为枳”等；用自编顺口溜记忆新知识，如用“头上顶着黑龙江，脚踩曾母暗沙岛，嘴喝两江汇合水，帕米尔上摆摆尾”记忆我国地理四极等；借助成语理解、记忆地理规律，如运用“飞沙走石”学习风力搬运的特点，用“杀鸡取卵”理解对自然资源的不合理开发等。

（四）促进地理知识转化的方法

地理知识转化是指地理陈述性知识转化为地理程序性知识的过程。一般来说，一些陈述性知识（如地理概念、规则等）通过变式练习后可以转化为程序性知识，提升解决地理问题的能力。最常用的促进地理知识转化的方法是练习法。

练习应能唤醒学生的感性经验。通过教师个人的认知、理解，经由准备、表征、选择、调整和适应等过程，以适当策略把知识转化成适应学生特质的、可以吸收的材料；通过教师引领的练习行为，把知识与学生经验联结起来。例如，在“水污染”教学中，带领学生到学校附近的河流，让学生亲自观察、访问、讨论水质的历史和现状，切实唤醒其感性经验。练习应该是有反馈的练习。只有当学习者从练习结果或过程中得到反馈信息，并能据此纠正错误时，练习才是有效的，才能对学习起到促进作用。反馈是提高学生学业成绩最重要的外部条件之一。

（五）促进地理知识迁移的方法

迁移是“先后两种学习的相互影响”（皮连生，2005）。在地理教学中，运用迁移规律指导和改进地理教学，对于发展学生智力、培养学生能力、激发地理学习兴趣具有重要意义。

地理知识迁移的目的是促进习得的知识在其他情境中的运用。根据迁移发生的机制，地理教学中常用的促进知识迁移的策略有以下 3 个。

1. 建构良好的认知结构，为知识迁移作准备

迁移是知识点之间的灵活转换和应用，影响迁移的一个重要因素是学生有没有形成认知结构，是否具备知识转换的场所和条件。

现代认知心理学认为，认知结构是实现新旧知识间相互作用的场所。通过知识网络的构建，在新旧知识间和所学知识与新问题间建立起实质性的联系，使新知识（新问题、新情境）同化、纳入到原有的认知结构中，并在这个结构中确立其合适的位置。这样，在不自觉中实现了知识的迁移和运用。

开展有意义学习，提高对所学知识的理解程度，构建具有清晰、概括、包容性的认知结构，是实现知识迁移的根本前提和基础。在地理教学中，要强调有意义学习，强调学习不是为了零散地掌握单个知识点，而是为了实现知识间的贯通性理解。只有这样才能为知识的迁移、应用奠定基础和准备。

2. 加强地理基本概念和原理的教学，提高迁移能力

地理基本概念和原理具有很高的迁移价值，是影响地理知识迁移的主要因素。因此，地理教学要重视地理基本概念和原理的教学，指导学生准确理解每个概念的内涵和外延，适时引导学生对概念进行分类整理，明确概念从属关系，逐步构建起以核心概念为中心的有效地理知识的概念群和概念体系。

例如，在学习发展中国家与发达国家时，学生在知道发展中与发达国家特点的同时，要知道中国、巴西、印度等属于发展中国家，美国、日本、德国等属于发达国家。形成这些概念体系之后，就能提高学生知识迁移的能力，顺利解决地理问题。

3. 转换地理问题情境，将问题类化，促进迁移

这是实现地理知识迁移的关键。地理问题情境是指问题的呈现方式，问题的呈现方式与认知结构越接近，越有利于知识的迁移和运用。在具体训练过程中，要注意问题情境的转换，常用的转换方法是“变式”。

“变式”是转换问题的呈现情境和样式，以使其与学生所构建的认知结构相接近，为知

识迁移和问题解决做准备。在变式中要注重加强一因多果、一果多因问题的研究，充分利用一题多变、一题多解，多角度训练解题思路，提高学生的应变能力。例如，给出一组等值线图，从多个方面变换条件，进行思维训练：①假定为等高线图，判断山脊、山谷；②假定为等压线图，判断高压脊、低压槽；③假定为等温线图，判断是何种洋流影响所致或是何种地形影响所致；④假定为等降水量线图等。

三、地理教学方法的优选组合

（一）教学方法优选组合的理论基础

什么是最优化？简单地说，就是在规定的时间里取得最好的教学效果。巴班斯基指出："教学过程最优化是在全面考虑教学规律、原则、现代教学的形式和方法、该教学系统的特征及内外部条件的基础上，为了使过程从既定标准看来能发挥最有效的（即最优的）作用而组织的控制"（王俊翔，2005）。

巴班斯基所讲的"最优化"是具体条件下的最好方案，它的精髓在于具体问题具体分析。另外，巴班斯基认为，"最优化"不等于"最理想"，因为最理想的结果指的是全体学生都表现出优异的学习成绩，智力发展和品格修养都达到最高水平。而这里指的是，在已有条件、教师的可能性、该班以及个别学生现有知识水平的基础上，要达到最大可能的结果。

最优化的标准是什么？巴班斯基认为，在当前普通学校条件下，教学教育过程最优化的标准有两个：一是教学效果最优化，即每个学生的教养、教育与发展 3 个方面都达到一定水平，即学业成绩、思想品德和一般发展达到最大可能的效果。二是时间消耗最优化，即学生和教师都遵守相关领域所规定的课堂教学和家庭作业的时间定额。超过规定的时间定额，就会出现学生与教师过度疲劳现象。从此标准可以得知，减轻学生负担和学生的全面发展是教学过程最优化思想的前提。

在地理教学实践中，教学方法的选择需要考虑多种变量，不要片面认为哪一种方法是最好的，哪一种方法是最差的。要科学、合理地选择和运用教学方法，要求教师能够在现代教学理论的指导下，熟练把握各类教学方法的特性，综合考虑各种教学方法的各种要素，合理选择适宜的教学方法，并能进行优化组合。

（二）地理教学方法的优选组合课例——以"欧洲西部"教学为例

本节主要内容：众多的国家、稠密的人口、发达的经济；欧盟在世界政治和经济的重要地位和作用；工业以制造业为主，农业以畜牧业为主，发展畜牧业有优越的位置、地形、气候条件；旅游资源丰富，旅游业繁荣（黄振庆，2007）。

1. 教学目标

（1）知识与能力方面

认识欧洲西部地区的位置、范围；了解本区的地理环境特征；学会分析欧洲西部地区地形、气候特征；分析欧洲西部工业区的分布特点；欧洲农业以传统的畜牧业为主的原因；了解本区主要旅游资源及其分布；进一步提高学生读图、分析问题的能力。

（2）过程与方法方面

1）运用地图、统计图表分析欧盟的重要地位和作用。

2）通过图表和相关资料，比较发达国家与发展中国家的工业差异，通过收集资料和调查说明制造业在本区工业中的主导地位。

3）通过读图分析本区位置、地形和气候，总结欧洲西部发展畜牧业的优越条件。

（3）情感、态度与价值观方面

树立人地和谐的发展观，并从欧洲西部区域经济联合发展的成功经验中获得启示。

2. 教学设计

1）国家众多、人口稠密、经济发达是欧洲西部的突出特征。可以根据学生已有知识，通过提问、回顾、计算、读图查找等方法，突出欧洲西部的经济特征及对世界经济的影响。

2）引导学生分析讨论欧盟成员国密切联系示意图、欧盟在世界贸易中的地位及与我国的经贸来往等来了解欧盟的地位和作用；引导学生观察图表和调查本地来自欧洲西部的产品来分析制造业在本区的主导地位；让学生写一篇关于发达国家工业发展经验及启示的短文，加深理解欧洲西部工业发达的特点及成因，达到学以致用的目的。

3）以欧洲人爱吃乳产品和牛羊肉这一生活习惯，引出发达的畜牧业；分组读图、讨论；分析欧洲西部的位置、地形和气候特点，引出畜牧业发展的有利条件；引导学生进一步掌握读图分析、解决地理问题的基本方法和能力。

4）通过分小组查找资料，合作探究、交流，播放录像或 VCD 光盘和出示相关材料，了解欧洲丰富的旅游资源和繁荣的旅游业。

以上案例，主要采用了讲解法、谈话法和直观法（充分利用地图、统计图表、影像图片显示等），辅之以调查法、观察法、比较法、小组讨论探究法、练习法等进行教学，是多种教学方法优化组合的范例。

第三节　教学模式与方法实践案例——案例情境复合型教学模式

一、案例情境的内涵

案例教学最早于 1870 年在美国哈佛大学兴起，最先应用于法学界和医学界。案例教学应用于普通教育学是 20 世纪 70 年代以后的事。虽说案例应用于教学，效果很明显，但在教学实施中，案例与习题、议题、活动及阅读材料等有没有区别，却是一个较少有人思考的问题，甚至出现了混乱。

教学案例和教学材料有什么区别？郑金洲教授认为，简单地说，一个案例就是一个实际情境的描述，突显了案例的真实性和情境性。夏志芳教授认为，案例教学中的案例一般是基于教学的需要和教学目标，由在实际中所收集和撰写的原始材料、案例报告或案例研究等组成的教学案例，突出了案例的教学性。还有研究者认为，案例就是一个包含有疑难问题的实际情境的描述（许滢倩，2007），强调了案例能够引起思辨的功能和真实的特性。

总的来看，案例情境能让人感觉到一种“视觉”的冲击和情感的洗礼。如果想让学生沉浸在案例情境中，体验其中的酸甜苦辣，和案例情境中的主人公同欢喜、共忧愁，并习得必要的知识，形成正向的情感，案例情境必须是一个既有筋骨又有血肉的情境：真实、生动、具体，充满人性气息，更具教育意义。

二、案例情境复合型教学模式的程序

（一）案例情境复合型教学模式流程图

案例情境复合型教学模式流程图如图 7-2 所示。

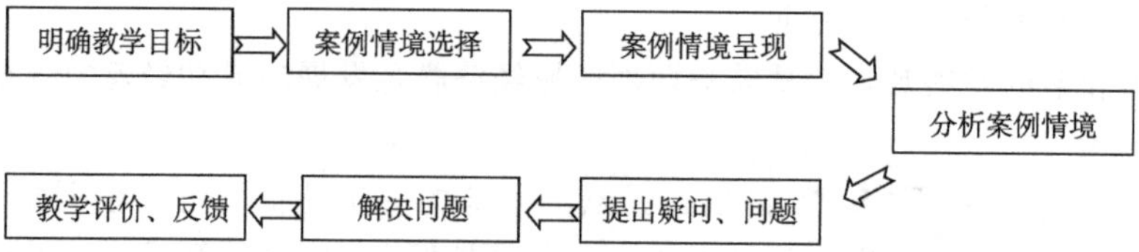

图 7-2　案例情境复合型教学模式流程示意

（二）案例情境复合型教学模式流程说明

案例情境复合型教学模式最重要的一步是明确教学目标。地理教学目标是地理课程目标的细化，因此，在设计教学目标时不能照搬课程目标，要对课程目标分解、细化，要和学生的生活情境和生活经验联结起来。

根据细化目标选择案例情境。选择的案例情境要具备案例情境的特征，其中要内含情感价值观上的冲突，让学生在价值判断中学会价值选择。

案例情境呈现，即选择合适的方式把案例情境呈现到学生面前。在地理教学中，案例情境呈现的方式是多样的。在课堂上，教师可以借助朗读、录音、录像、电影等呈现案例情境。例如，在学习“全球变暖”相关问题后，组织学生观看电影《后天》，让学生讨论温室效应可能引起“新冰期”的原因，培养学生的发散思维能力。另外，还可以引导学生进入实际生活情境去体验真实的案例情境。

案例情境分析，即对案例情境中的情节进行剖析，特别是对能引起学生情感冲突的内容进行分析。在分析过程中，列出相应的疑问和问题。

解决问题是一个过程，或者说学生解决真实生活问题的一种模拟，就像现在地理教学中较为流行的“模拟法庭”、“模拟卖场”一样。当然，在地理自然实践活动和社会实践活动等真实案例情境中的体验，更有利于解决一些真实问题。

教学评价是案例情境复合型教学模式中的重要一环。过去的教学评价过度关注学生知识的掌握程度，其主要功能是甄别和选拔。新的地理课程理念强调评价的发展功能，即通过评价获取促进学生改革学习方式、促进教师专业发展的信息。

三、在感动中唤醒：案例情境复合型教学举例

在高中地理“人地关系思想”一节教学中，教师给学生提供如下的案例情境。

案例情境：“月亮”上的女孩①

19 世纪初，美国加州发现了金矿。人们为挖矿、建房，毫不吝惜地砍伐当地的红杉。

① 邱德仑．“月亮”上的女孩［EB/OL］．http：//www.lsysw.cn/news/news.asp? id=44.2013-11-20

尽管如此，直至20世纪40年代，加州还有红杉林59万hm^2。当然，这并非人们对自己的异类怀有怜悯之心而手下留情，而是面对这些庞然大物，当时人们靠斧头尚力不能及。20世纪60年代，林业机械化速度突然加快，巨大的机械手、飞速旋转的电锯向这侏罗纪留下的遗产下手了。

北加州有一块3000多亩[①]的红杉林，林地属于太平洋木材公司。公司欲将这片红杉变成绿色的美元，于是以极快的速度砍伐这片古老的森林。而且，每砍去一片树林后，浇上柴油，放火焚烧荒地。这种极度砍伐行为，被环保人士称为“清砍”。清砍过后，土石裸露，水土流失，周围一片荒秃。

朱丽娅·希尔是阿肯色州一个平凡的女孩子。当她走进这片红杉林时，森林的美深深打动了她。她感觉在这庄严宏伟的森林圣殿里，她的整个内心开始迸发发生一种新的生命力。她激动得流下了眼泪，眼泪化为喜悦，喜悦化为欢乐。

然而，看到这些数千年才得以长成的巨木，在极短的时间内被电锯锯倒，神圣庄严的古老所在，被贪婪蹂躏成土石裸露的废墟，希尔的心情万分沮丧。这时，她感受到一种莫名的“召唤”在等待着她，尽管她并不确定那“召唤”是什么。

当地环保组织“地球第一”为保护一株高约80m、直径约5m、被称作“月亮”的巨大红杉树，进行了有组织性的“树坐”。“树坐”是环保人士最后的诉求，是用人命保护树命的最后手段。1997年12月10日，希尔勇敢地爬上了“月亮”。1月底，希尔已经在树上“坐”了一个多月，而加州也进入了最寒冷的冬季。“地球第一”的成员感到她应该从“月亮”上下来。理由是，从来没有人“树坐”过整个冬天的。他们也担忧，如果她受伤了，将使整个活动蒙上一层阴影。

“不！我绝不会下来！只要我还有能力让这棵树挺立着，我就会待在这里不走！”时间进入严寒的冬季，气温急骤下降。而她所有的御寒装备，并不是专为低温度天气设计的。她的脚被冻伤，使得她的移动困难。连续六七个夜晚，她无法入眠，她感到自己在被一点点地消耗掉，她感到疲惫，似乎崩溃了……

由“圣婴”引起的暴风雨，已肆虐了数天。而且一个飓风也将袭击这个地区，到时希尔如果不下树，恐怕会有生命的危险。但如果因害怕飓风而下树，这将破坏她的承诺：“月亮”没有得到确定安全的保证前，她将永不下树。

飓风终于来临了。暴风雨折断了树枝，吹掉了架在高空的帐篷，希尔感觉像一只飘飞在暴风中的蝴蝶。她抱着树祈祷说：“我想为你坚强下去，我想为整片森林坚强下去，求你帮助我吧！如果我死了，我也会死在我认为是对的地方！”磨难使希尔悟出一个生活的哲理，那就是“放开一切”地去执著，去追求。如果能够这样，别人就再也无法支配你了。

日子一天天过去，100天，半年……太平洋木材公司仍拒绝谈判。不过他们也放弃了恫吓或威胁的手段，采取一种新的策略——等待。公司的女发言人说：“她爱留在那里多久，就留多久！”太平洋木材公司的董事长坎培尔则说：“得更明白，让她留在那里，直到她疲惫不堪而下来！”

虽然保护“月亮”及其周围森林的谈判没什么进展，但希尔的影响却越来越大。各个媒体探访不断，很多知名人士为她的行为所感动，千里迢迢地赶来看她，甚至一些知名歌手、

① 1亩≈666.67m^2

明星也前来助阵，并在汉伯特举行了一场募款音乐会……

太平洋木材公司虽然表面拒绝协商，但他们心里有数：要“等赢”这位不屈服的女孩，恐怕是遥遥无期。他们知道，这样耗下去不只输了公司的形象，而且拖得越久，也越增加希尔的知名度。

一向不屑与所谓“环保强盗”接触的坎培尔先生，不得已于1999年12月18日和希尔签署了正式合约：太平洋木材公司必须永远保存“月亮”及其周围约200英尺内缓冲区的树木；而希尔则要付给太平洋木材公司5万美元，再由该公司将这笔钱转捐给汉伯特大学作森林研究之用，并规定希尔不得再踏入太平洋公司的土地。但如果她要探访“月亮”，可以提前两天申请，公司不得拒绝。

自1997年12月10日到1999年12月18日，希尔共“树坐”738天。在其中，她信守了对“月亮”的承诺：“月亮”没有得到确定安全的保证前，她将永不下树。她做到了！

在离开“月亮”的前一个夜晚，希尔爬到她最喜欢的一个枝干上，倚靠在“月亮”的怀抱中。皎洁的月亮高挂空中，照着林中的雾气，闪动着微微的光芒。她知道，这是她最后一次看这样的美景了，她的眼泪不禁流了下来。

希尔胜利了，在记者会上，希尔语重心长地说：“我们到了必须有所改变的时候了，我们不能再‘清砍’森林了，我们不能再喷洒除草剂了，我们不能再将柴油倒在森林里了（注：在清砍后作燃烧用）。我们需要善待环境，我们必须知道这是上帝的恩赐，我们需要感激上帝的恩赐！我们也不能再在陡坡上砍伐树木而危及山下的居民了，因为那是比金钱更重要的东西！”

（一）课前准备

1. 教师的课前准备

一般来说，教师的课前准备始于教学设计。对于案例情境体验教学来说，在选定案例情境以后，教师至少要做下面的工作。

第一，先行体验。要让学生在案例情境中有所体验，教师必须先行体验，这样才能建立与学生交流的情感平台：要想让学生感动，自己必须先被感动。如何先行体验呢？视自己为一个平凡的阅读者（不是育人的教师），通读案例情境，和同行或者同龄人交流，分享观点。例如，教师把“‘月亮’上的女孩”发给几个同事和朋友，回复最短的只有一个字——傻。让学生感动的是这么一段：

我非常佩服希尔的做法，也非常支持希尔的做法，希尔用自己的生命捍卫的不仅仅是一棵树，她捍卫的是整个地球环境。但这样的“傻事”我不会做，我没有希尔的勇气，我虽然很讨厌太平洋木材公司的做法。但是，如果让我像希尔那样做，我就会考虑这样做会给我和我的亲人朋友带来什么后果，我也害怕自己承受不了来自各方的压力，身体上的痛苦可以承受，但精神上的压力无法承受。我缺少决绝的勇气，更没有决绝的实力。

第二，精读案例情境，寻找教育点。教育点的寻找是依据教学目标的。在精读案例情境过程中，对重点句子、关键词进行显化，对案例情境中的关键矛盾和问题进行注脚，或设计成让学生讨论的问题。例如，针对“林业机械化速度突然加快，巨大的机械手、飞速旋转的电锯向这侏罗纪留下的遗产下手了”，让学生对“技术发展”谈谈看法等。

第三，选择教学中呈现案例情境的方式。目前呈现案例情境的方式是多样的。例如，大屏幕投影、教师或者学生的朗读、播放录音、书面呈现等，还有“抄黑板”。也可以多种方式结合进行。“‘月亮’上的女孩”案例情境的呈现采取的是发放文字材料，挑选学生朗读，然后小组分析讨论。在讨论过程中，组内还会有学生朗读、品味。

第四，预想可能出现的其他问题及解决办法。例如，对某一想法学生观点分歧过大怎么办？或者大家都同意一个观点，没有冲突怎么办？

2. 学生课前准备

在有些案例情境教学中，学生可能要准备较多的东西，包括社会调查、查阅文献、网上信息筛选等。一般来说，在案例情境教学中，学生要做两方面的准备。

一是个人准备，仔细阅读案例情境，根据自己的经验寻找适合自己特色的情境角色。在“‘月亮’上的女孩”的教学中，多数学生选择“希尔”的角色，也有学生选择“地球第一”的角色，个别学生选择“太平洋木材公司”的角色。

二是小组准备。小组合作学习是提高案例情境教学有效性常采用的形式。学生分组可以采取三种形式：同质小组，大家意见一致，然后和持相反意见的小组进行辩论；异质小组，此处是指持不同意见的学生在一起对某一问题进行探讨，目的是分享不同的意见；随堂分组，不是根据对教学内容的意见分组，而是学生根据自己的意愿（兴趣、喜好、友情等）分组。

（二）“人地关系思想演变”教学实录（片段）与分析

师：今天我们学习一篇短文：“月亮”上的女孩。（学生有些骚动，谁呀？嫦娥吗？）各组组长上来把这篇短文给大家分发一下。

师：请大家快速阅读这篇文章。划出看到就使你感到心动的词或者句子。然后组长汇总一下。我也划几个，一会儿我们比较一下，看看我们之间有没有代沟。

（学生快速阅读，并划出自己感兴趣的词句，5 分钟后）

师：我们现在请杨蕾同学给大家朗读这篇文章，大家仔细听，看看杨蕾充满感情的朗读会给大家刚才的想法带来什么变化。

（杨蕾同学的朗读获过奖，这里想给学生创设一个语言情境。由学生朗读更有感染力。杨蕾进入了角色，朗读真的很精彩，读到后面，语音有些哽咽，眼中有泪花。我带头为她的朗读鼓掌。——了解每个学生，真诚地表扬）

师：真的感谢杨蕾的朗读。好，现在请各组组长把大家划出的词句汇总一下。相同的词用“正”的笔画来表示次数。结果见表 7-3。

表 7-3　案例情境中师生印象最深的词句统计

词或句	选择人数（总人数 42）	教师的选择
清砍	42	承诺
树坐	42	放开一切
圣婴	39	“林业机械化”句
“林业机械化”句	31	人命换树命
森林的美	28	森林的美
人命换树命	28	—
承诺	24	—

师：呵呵，差异很明显，看来还是有“代沟”的。

生1：老师，你为什么把“承诺”放在第一位呢？“放开一切”怎么理解？

师：我一会儿谈谈我的想法。首先我还是想听大家选择的理由。那你就说说你的选择吧。

生1：我选择了“林业机械化、清砍、人命换树命、环保强盗、森林的美”，没有顺序的。选择“林业机械化”的原因，是对以前看到的“科技是一把双刃剑”有了更深刻的理解；选择“清砍”是想到了历史上学的日军在中国的“三光”政策，残酷之极，就像文中说的导致土石裸露、水土流失；选择“人命换树命”是感觉到环保看似是一场游戏，其实有时残酷得像战场一样……

（有生“起哄”：老师，你不能让他一个人说完呀）

生1：我要说完了，大家没得说怎么办？

师：你说表格中没有的吧。

生1：那就是“环保强盗”，看到“强盗”一词，想到绿林好汉、杀人越货。但在本文中出现，说明了环保人士对环保的无限痴迷，甚至有一种无奈，以近于疯狂的行为、甚至生命的代价来保护环境。

生2：老师，我感觉有问题呀，文中说这片红杉林属于太平洋木材公司的财产，他们有处置权的。环保人士为什么“要拼命保护别人的财产”？

师：你也选择了“环保强盗”，而且想法和生1不一样，是吗？

生2：是。太平洋公司有权处理自己的财产，环保人士有点“拼命三郎”似的保护别人的财产，或者破坏别人处置自己财产的权利。

（这个想法出乎意料，看生2的表情，也有“拼命”维护自己观点的意思。要不要理他呢？如果不理睬会怎样呢？估计他会“蔫”在那里。如果理睬，该怎么入手呢？还好，有生“迎战”了——关注每位学生的变化）

生3：我好像读过这样的新闻，某单位砍伐了自家的树，受到了政府部门的罚款。我们种树绿化的是祖国的土地，砍伐树就等于破坏祖国绿化了。

生4：森林和土地可以私有，但是森林对土壤、气候、水土保护的影响是大家的。所以，森林是不能随便砍伐的，即便是自家的。

（学生能有如此认识，已经很可贵了。在此期间，我悄悄利用校园网进行了相关搜索，搜索到“‘自家’树随意砍伐也违法”的短文。）

“自家”树随意砍伐也违法①

2004年9月27日，河南省镇平县人民法院刑事审判庭里，年过半百的靳某说：“我依据和村委达成的协议购买了原隶属村集体的树木，树木所有权归我，我将自己的树木锯掉，一没偷，二没抢，没想到会犯了罪，现在才知道砍树木要事先办理采伐许可证。”

家住该县高丘镇的靳某以务农为生，2003年3月该镇靳坡村因电网改造，村委与靳某达成书面协议，将村属柳树、杨树77棵卖于靳某，靳某支付了价款。4月10日靳某将数棵影响电网架设的零星树木砍伐，2004年7月份靳某组织人员将其余70余棵砍伐，销售获款600元。

① 杨正武．自家树随意砍伐也违法．[EB/OL]．http：//www.ndcnc.gov.cn/datalib/qikan/2005/2005_08/.2014-2-13

2004 年 8 月 10 日镇平县林业管理部门接到举报，立即派员前往现场进行勘验，通过现场树桩进行测量计算，认定靳某在未办理伐木许可证的情况下，两次砍伐树木 77 棵，共 $27.32m^3$。2004 年 9 月 10 日镇平县人民检察院向法院提起公诉，镇平县人民法院审理后认为，靳某滥伐林木数量较大，其行为构成滥伐林木罪。鉴于靳某已退出赃款，认罪态度较好，依法从轻判处靳某有期徒刑 1 年，缓刑 1 年并处罚金 2000 元。

根据《刑法》第 345 条第 2 款，犯滥伐林木罪，数量较大的处 3 年以下有期徒刑，拘役或管制，并处或者单处罚金，数量巨大的处 3 年以上 7 年以下有期徒刑，并处罚金。

生 2：这样呀，我知道了。

（这可谓是案例情境中的案例情境，而且教育效果显著，学生不仅明白了植树造林是绿化祖国，而且明白即使是砍伐自家的树也必须经过相关部门的批准，对保护森林资源有了一定的法制意识）

师：现在我想知道大家选择“树坐”和“圣婴”的理由。谁说说看？

生 5：我选择的有“树坐”和“圣婴”。第一眼看到“树坐”想到小时候骑在一棵老梨树的树杈上吃梨的样子（这时有学生插话说“我想到了童话故事里的‘树屋’”，我拒绝不了这句话的诱惑，对该生报以微笑，继续看着生 5）。读完文章后，确实感觉希尔的“树坐”一点也没有浪漫的感觉，感到的是一种悲壮。选择“圣婴”是不懂这么一个美丽的词怎么和暴风雨连起来了。

师：哦，不好意思，在“地球上的大气”里我们学过一个词“厄尔尼诺”，可能我没有告诉大家，它的西班牙语意思是“圣婴”。

（学生恍然大悟的样子，但我还是惦记着树屋的话题——关注每位学生）

师：李彤，你给大家谈谈“树屋”吧，小时候你有树屋吗？

生 6：没有。但我很羡慕。童话里的主人公常常在树上有自己的树屋，里面藏着属于他们的秘密，他们有忧愁时可以在那里和小动物，或者随便别的来自森林的物体诉说，有喜悦也可以和它们分享。森林是他们的世界。我还选择“森林的美”也是这个意思。

师：好的。大家小时候可能读过许多童话，像格林童话、安徒生童话等，我们发现里面的很多故事发生在森林里，如“白雪公主”“小红帽”等等，几乎所有人类的灿烂想象、美德的传奇都发生在森林里。而现在的儿童喜欢的童话如“变形金刚”、“机器猫”等多和机器、打斗有关。不知道大家怎样想的，我更怀念发生在森林里的童话故事。有人说，没有森林的童话就像脱水的河床、被榨干的池塘一样，干涸得厉害，萎缩得厉害。也有人说，森林的毁灭，可能意味着宣扬真善美的“童话时代”的毁灭。

师：这也是我选择“森林里的美”的想法，供大家参考。

师：选择“承诺”的也有很多同学，谁来说说看法。

生 7：我选择“承诺”，首先想到的是“一诺千金”，答应的事情是一定要做到的，这是诚信的表现。现代社会不敢给予“承诺”，或者给予承诺，却不守诺，都是缺乏责任感的一种表现。

师：假如你给予他人一种承诺，就是说一定要做到的。希尔给予“树”的承诺，是不是可以不必那么认真呢？

生 7：也不一定。不过我个人认为“人命换树命”还是不值得的。因为人的生命只有一次。

生 8：文中“人命换树命”只是形容在经济社会中环境保护的艰难。实际上，就如文中所说，即使她受伤了，也会使保护红杉的活动蒙上阴影的，更不用说失去生命了。

师：有道理。我也这样想，生命只有一次，是世上最珍贵的。我们也许可以讲究一些策略。例如，借助于媒体等。从大家的讨论来看，现在我们至少达到两点共识：①森林是我们人类宝贵的资源；②不管在什么情况下，一定要珍爱自己的生命。

生 1：老师，你还没解释“放开一切”呢。

师：你还真不依不饶，呵呵。在台湾美育领域有一种境界叫“放下”，即甩掉对外界条件的依赖。完全甩掉又不可能，但可以降低，越降低，人的心灵自由空间越大。类似于“无欲则刚、有容乃大”的意蕴。在佛学领域，修行者常说“放下执著心，无欲无求，心静自然”也有这层意思。日常生活中也有一个词“舍得”，也有这方面的意思。但“放下”不等于没有追求，“放下”是为了拓宽心灵的自由度，更好地追求更高尚的东西。在台湾美学领域，“放下”也只是第二境界。

生 9：My god! 这么复杂。那其他境界是什么？

师：四个境界依次是“诚实、放下、纯熟、曼妙”，有兴趣我们课余再聊“纯熟、曼妙”的含义。

师：通过“‘月亮’上的女孩”这篇文章，我们知道了环保工作的重要性和艰巨性。同时我们也对“人的生命更加重要”达成了一致。所以，有些事情，靠愤怒和悲伤无济于事，我们应该将内心的愤怒转化为一种抗争的策略和意志，化为一种爱心，一种对大自然、对人类，对一切美好事物没有条件的、开放性的爱心。爱心、意志再加上策略，我们的世界将会更和谐……

这节运用案例情境教学模式的实践虽然还略显生涩，但以案例情境中的“关键词句”为导引，借助师生平等的交流，唤醒学生沉睡的经验，使学习与生活发生联结。在这种联结中，学生对“科学和技术”有了辩证意识，体验到了森林带来的美的享受和感动，认识到了生命的价值，理解了承诺的意义，学会了对美好事物的关怀和关爱，等等。也许这就是案例情境教学模式的实践价值。

思考与练习

1. 什么是教学模式？教学模式与教学方法有什么区别？
2. 阐述地理教学模式选择与构建的原则与理念。
3. 阐述现代地理教学方法的特征。
4. 结合具体地理课堂教学实例，分析案例情境的基本特征。
5. 选择中学地理一节内容，设计适宜的教学模式与教学方法。

参考文献

黄振庆. 2007. 地理教学方法的优化组合. 教学探索，9.

李朝辉. 2010. 教学论. 北京：清华大学出版社，163.

理查德·I. 阿兰兹. 2007. 学会教学. 丛立新译. 上海：华东师范大学出版社，372.

皮连生. 2003. 学与教的心理学. 上海：华东师范大学出版社，106，177.

皮连生. 2005. 教育心理学. 上海：上海教育出版社，289.

邵瑞珍，皮连生. 1998. 教育心理学. 上海：上海教育出版社，399.
施良方，崔允漷. 1999. 教学理论：课堂教学的原理、策略与研究. 上海：华东师范大学出版社，174，192.
王俊翔. 2005. “教学过程最优化”思想探析. 比较教育研究，11.
王小明. 2005. 教学论——心理学取向. 上海：上海教育出版社，95，181，187.
维果茨基. 1994. 维果茨基教育论著选. 余震球译. 北京：人民教育出版社，403.
吴文侃. 1996. 比较教学论. 北京：人民教育出版社，276.
许滢倩. 2007. 放慢教学速度——由澳大利亚地理教材中的一个案例所想到的. 现代教学，12.
杨小薇. 2005. 教育研究方法. 北京：人民教育出版社，27.
杨治良. 2005. 实验心理学. 杭州：浙江教育出版社，262.
张大均. 1997. 教学心理学. 重庆：西南师范大学出版社，165.
钟启泉. 2008. 课程与教学论. 上海：华东师范大学出版社，193，273.
佐藤学. 2004. 学习的快乐——走向对话. 钟启泉译. 北京：教育科学出版社，190-191.
Hiller J H，Fisher G，Kaess W. 1969. A Computer Investigation of Verbal Characteristics of Effective Classroom Lecturing. American Educational Research Journal，6：661-675.

第八章　地理教学过程

本章的学习目标：

1. 能依据具体教学内容，阐述教学过程的特点，分析教学过程的本质；
2. 能依据教学案例，分析教学过程主要要素间的关系；
3. 能够对你熟悉的两个教学案例，分析教学过程优化的标准；
4. 能依据具体教学案例，分析地理课程三维目标的实现。

第一节　地理教学过程概述

教学过程是教师和学生协同活动的过程，是学生在教师指导下，依据课程计划和课程标准的要求，积极主动地掌握系统文化科学基础知识和基本技能，提高身体素质、心理素质和社会文化素质，并形成一定思想品德和心理品质的过程（钟启泉，2009）。地理教学过程是教学过程的下位概念，既有教学过程的一般特征，又具有地理学科的特点。本节主要探讨地理教学过程的含义、特点与本质。

一、地理教学过程的含义与特点

（一）地理教学过程的含义

任何事物都是作为一个过程展开的，地理教学也是一个过程。地理教学过程是涉及多因素的复杂系统，既具有丰富的文本内容，也有很大的动态性。因此，不同学者站在不同的视角给予地理教学过程不同的定义。例如，刁传芳站在社会发展以及教师主体的视角认为，地理教学过程是为满足社会需要，通过地理认知活动促进学生身心发展的、可以控制的教育过程；王树声站在社会及学生发展的视角认为，地理教学过程是为了满足社会需要，通过地理认知活动使学生得到发展的一种教育过程；陈澄站在师生交互作用的视角认为，地理教学过程是地理教师教和学生学的相互结合、相互作用的统一活动过程。

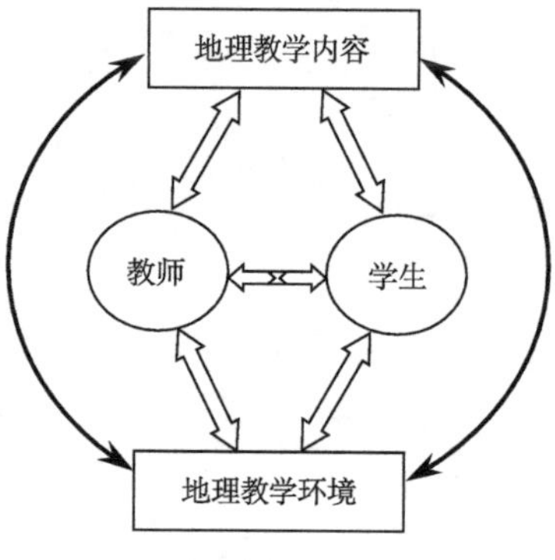

图 8-1　地理教学过程的构成因素

由此可见，在地理教学实践中，地理教学过程具有多种形式。但这些形式都具有共同的特点，即地理教学过程是师生协同活动的过程。本书站在学生主体的视角认为：地理教学过程是学生在教师指导下，依据地理课程计划和课程标准的要求，积极主动地掌握地理科学知识和技能，达成过程与方法目标，形成一定的地理情感、态度和价值观，并外显为良好社会行为的过程。在这样一个学生主体、教师主导的过程中，学生的学、教师的教必须以地理教学内容为媒介。因此，学生、教师、地理教学内容、地理教学环境是构成地理教学过程的主要因素，这些要素相互作用、相互结合，构成复杂、多变的地理教学过程，如图 8-1 所示。

（二）地理教学过程的特点

地理教学过程是一种特殊的认识活动，既具有人类认识活动和一般教学过程的特征，又具有地理学科的特点。这主要表现在以下 4 方面。

1. 以阐明人地关系、可持续发展理论为教学宗旨

人地关系是自人类起源以来就存在着的客观关系。地理学从产生时起便是研究人地关系的科学。尽管涉及人地关系研究的并不限于地理学，但以地域为单元，着重研究人地关系地域系统的唯有地理学。中科院院士吴传钧曾指出，对人地关系的认识，向来是地理学的研究核心，也是地理学理论研究的一项长期任务，始终贯彻在地理学的各个发展阶段。从 19 世纪末叶兴起的近代地理学发展到第二次世界大战后的现代地理学，虽然其中心研究课题随着时代的进展有所转化，但地理学的基础理论研究不会偏离人类和地理环境的相互关系这一宗旨（吴传钧，1991）。人地关系理论不仅作为地理学的基础理论影响着地理学的发展，而且对地理教学也有直接的、重要的指导意义。

在基础教育阶段，地理教学过程要阐明的人地关系概念中，“人”是指在一定地域内、一定生产方式下从事各种生产活动或社会活动的人，“地”是指与人类活动有密切关系的地理环境（彭补拙，2008）。

2. 以地图为地理教学过程的第二语言

地图和地理学的发展是密不可分的。可以说，没有地图就没有地理学，没有地图也就没有地理学科。地图是最直观、最简明的地理“书”，是地理教学过程中不可缺少的工具。运用地图展开教学，已成为地理教学最常用、最重要的方法。

地图可以准确再现地理位置的空间分布关系。地图可以借助地理坐标准确再现地理事物的空间分布，用各种符号表现多种多样的地理事物，在较小的空间范围内容纳大量地理知识，从而在地理教学过程中突破时空局限，引导学生观察、认识与分析地理事物。

地图可以激发学生的地理学习兴趣。中学生正处于兴趣转型时期，该时期的学生兴趣既有与具体、生动、形象的直观事物相联系的一面，又有对抽象思维和地理现象的本质、成因感兴趣的一面。地图的运用正迎合了学生这两方面的兴趣特征。多姿多彩的地理图像和表现方式，不仅唤起了学生的直接兴趣，也可使学生在教师引导下，探究现象背后的原因，使兴趣由表层走向深层，由直接转入间接，从而改善地理课堂结构，使地理教学过程呈现一种有张有弛、有节奏感的课堂结构美。

3. 以建立地理空间概念为教学先导

地理学是研究地理环境空间结构形成与发展的科学。地理教学过程要帮助学生建立地理事物空间分布的概念。任何地理事物的空间分布最终都要落实到一定的地域，而地域总是具有一定的自然、经济、文化特征，从而给地理事物打上地域烙印。脱离了地域特定条件的分析，就会脱离对地理事物空间分布的正确认识。因此，唯有正确认识地理事物空间分布的地域性，才能理解“因地制宜”这一地域发展原则的理论依据和实践意义。

4. 视地理田野教学活动为教学过程的重要组成部分

地理田野教学活动是地理教学活动的重要组成部分，它不仅是课堂教学的补充和延伸，

也是一种理论与实践相结合的教学形式。

地理田野教学活动是培养学生地理情感的重要途径。地理田野教学活动的开展，使得教师和学生离开教室，走向社会、走向大自然，这是对青少年学生进行情意教育的重要路径。学生在进行野外考察或社会调查活动中，壮丽的山河，富饶的物产，古老而又散发着青春气息的古代工程，雄伟壮丽的各项现代工程建设，丰美的草原，飞速发展的现代化城市，都可以激发青少年学生爱自然、爱祖国的激情，从而培养学生积极向上的地理情感。

总之，中学地理教学过程是以学习地理知识为基础，通过书本与实际相结合的途径，使学生在知识、技能、情感、态度与价值观诸方面共同发展的特殊认识过程。

二、地理教学过程的要素

如上文所述，地理教学过程是多因素在多层面中相互作用、相互组合的复杂过程，反映的是教师、学生、学习内容、教学媒体等要素之间的组合关系。其中，地理教师、学生和教学材料是地理教学过程的最基本因素。

（一）地理教学过程中的教师

地理教师同其他学科教师一样，是受社会委托，以培养学生为职责的专门的教育工作者。地理教师在传授地理知识与技能、开发学生智力、养成学生个性、提升学生情意等方面具有不容忽视的作用。地理教师的角色多样化是现代地理教师的突出特点。

地理教师是地理教与学的组织者。地理教师通过课堂教学和其他教育形式，向学生传授地理基础知识和技能，发展学生智力，提升学生情意。因此，地理教师是地理教与学的组织者。

地理教师是学生完善人格的塑造者。在情意教育方面，地理教师通过人地关系教育、国际理解教育和国情教育，帮助学生形成正确的人地观念、全球化观念，养成热爱家乡、热爱祖国的情感，从而形成完善的人格。

地理教师是地理教育工作的反思者。地理教师要不断地借助新的教学理念对自己的教学行为进行反思，分析其中的不足，提出调整方案，使自己的教学行为适应学生学习的需要，从而努力提升教学实践的理论层次，使自己成为研究型、学者型教师。只有在教育教学实践中不断反思自己的教育教学，对自己的知识与经验进行重组，才能适应新的变革。

地理教师要做学生学习的合作者。在地理教学过程中，地理教师要由过去教学中的“掌控者”转为学生学习的合作者。要完成这一角色转变，教师首先要善于交往。交往的本质是师生通过平等对话、全息互动，交互发挥主体性，体现师生间人格的平等。其次，教师要善于发挥学生的主体性，加强师生互动，构建师生学习共同体。在这样一个学习共同体中，教师在教，也通过对话在学；学生在学，也在对话中施教。在这样一种对话情境中，师生携手相伴，共同前行。

（二）地理教学过程中的学生

学生是地理教学过程的规划者。过去的学生是间接知识的被动接受者，现代教学理论要求学生要成为一个主动学习者，成为教学的规划者。这主要体现在：学会对教学任务和材料进行分析；能够结合自己与材料的特点，选择学习策略；能够根据自己的特点制定适合自己的学习程序和方式，选择合适的学习辅助手段，明确学业求助策略等。

学生是地理学习的总结者和反馈者。过去的地理教学过程中，教师是学习过程的总结者。现代教学理论要求学生要转变为学习过程的总结者。这要求学生对学习过程的表现进行评价、对学习结果进行检查、对学习成功与失败的原因进行分析。同时，还要求学生成为地理学习的反馈者，把自己总结与反思的结果反馈给教师，以帮助教师反思与总结自己的教学过程，完善自己的教学计划。

学生是地理教学过程的合作与交流者。新地理课程强调学生在交流和合作中学习。为了有效交流与合作，学生首先要树立师生平等观，主动与教师交流，视教师为一种重要的学习资源和学业求助对象。同时，学生要增强合作意识，积极参与合作学习，学会在合作中探求知识。因此，学生必须从过去“接受式”的学习环境中解脱出来，转变自己的学习方式，积极参与合作学习，成为地理学习过程中的合作与交流者。

（三）地理教学过程中的教科书

地理教材是地理课程标准的具体化，是实现地理教学目标的重要内容及方法载体（黄京鸿，2011）。广义上的地理教材是指地理教学的一切载体，狭义的地理教材是指地理教科书。新课程改革理念下的地理教科书应体现如下理念。

1. 教科书中的内容选择：主客观统一

按照知识选择的主客统一观，地理教材内容的选择要坚持双源性：一是地理学科知识，二是师生生活体验。地理学科知识要体现地理学科的特点，在地理教科书中应以文字、地理图表等形式，呈现地理科学的永恒知识，反映地理科学的最新发展，从而使学生获得共同的地理知识。同时，要坚持地理教材内容的生活实践性，树立“生活化地理”理念。这意味着地理教材要面向生活、面向社会、面向实践，提供机会让学生动手操作、体验，“把你的手弄脏”，从而使学生获得属于个人的体验知识。

2. 教科书视野中的学生：充满个性、创造性的主体

在地理教材设计中，承认学生的主体地位并促进学生主体性的发展，关注学生在地理教育教学过程中的积极性、自觉性、能动性、创造性等主体意识，并最终设计出以学生发展为本的教材，这是基础教育课程改革的要求。因此，地理教材设计要最大限度地满足学生的兴趣和需要，贴近学生的生活，克服过去单纯以学科知识为中心的教材设计取向，关注学生个性的养成、潜能的开发、能力的培养、情意的发展。

地理教材设计要保护和鼓励学生的创造天性，重视学习过程和学习结果的创造性和个性化，这是地理教材设计中以人为本的基本准则。过去地理教材设计强调地理学科永恒性知识，精选确定、无疑的知识或理论，这在一定程度上限制了学生质疑、求异的心理取向，忽视了学生创新精神和实践能力的培养。

3. 教材视野中的教师：教材的个性化解读者

地理教材是教师加工的对象。现代教学论认为，教材编制的主要目的，不是为教师提供“法定”文件，让教师屈从于教材的要求，而应最大限度地满足教师的专业创造，满足教师的教学创新，定位在为教师的教学服务。地理教材的编排方式应考虑教师的主动创造性，改变过去将所有地理事实和原理直接呈现的编写模式。在内容编排上要给教学“留白”，有意识地引导教师能动地、个性化地解读教材。

三、地理教学过程的本质

（一）地理教学过程是学生主动建构地理知识的过程

依据认知心理学的观点，学生知识形成的过程是外来信息与学生原来知识相互作用并顺利进入原有认知结构的过程；建构主义学习观也认为，学习不应该被看成是对教师授予知识的被动接受，而是学习者以自身已有的知识和经验为基础主动地建构知识体系。所以，学生地理知识的获得不应是被灌输和随意塑造的过程，而是学生根据自己的经验，自主地、积极地从教学环境与师生互动中，建构新的认知结构的过程。依据认知心理学、建构主义的研究成果，地理教学过程应该是学生从师生共同创设的教学情境中发现地理问题，提出地理问题，分析地理问题，通过自主、合作、探究等学习方式，在教师指导和帮助下，解决地理问题，并建立新的认知结构的过程。

（二）地理教学过程是师生课堂教学交往过程的统一

地理教学过程是教的过程与学的过程的统一。即教学过程既不是单纯的教授过程，也不是单纯的学习过程，它是教师的教授活动与学生的学习活动的统一（钟启泉和汪霞，2011）。教师的教与学生的学相互依存，相互支持，相互转化；教师与学生互相促进，相伴成长。这种师生的交互作用应该贯穿整个地理教学过程。

地理教学过程是师生以课堂教学为媒介的沟通与交往过程。没有沟通、交往就不可能有教学。在交往活动中，师生“作为拥有各自不同语言文化和沟通文化的前代和后代，作为成人与成长中的新一代，作为各自在现代社会中生存的个人，在沟通与沟通关系中进行心灵的碰撞，从而提供了发现世界、发现自我乃至相互发现的契机”（钟启泉，2001a）。

（三）地理教学过程是学生知识习得与人格完善过程的统一

地理教学过程是一种特殊的认识过程，其任务、内容和整个活动都是学习者认识世界或对世界的反映，具有间接性、教育性特点，目的在于使学生获得关于客观世界的印象，从而掌握地理基础知识、基本技能，以及有关地理科学的研究方法。同时，地理教学过程不只是传授地理知识和技能的过程，它还是传递“爱”与“关怀”的过程，这集中体现在热爱家乡、热爱祖国、热爱大自然、对多元文化的理解、对自然的人文关怀等方面。所以，“爱”与“关怀”是地理教学过程不可或缺的内容。这也正是地理情感、态度与价值观目标的核心（袁孝亭，2006）。

地理教学过程还是养成正确的地理情感、态度与价值观，帮助学生提高地理素养，从而完善学生人格的过程。当师生在教学过程中探讨全球相互依存、多元文化、人口问题、资源问题、环境问题，以及人与地理环境的关系时，总会在认知与情感交互作用的过程中，产生积极的情感态度与价值观。

总之，地理教学过程不仅是学生习得地理知识和技能的过程，而且也是帮助和促进学生成长、形成完善人格的过程，是两者的有机统一。

第二节　地理教学过程的优化

教学过程优化理论是前苏联教育家巴班斯基提出的。他认为教学最优化是在全面考虑教学规律、原则、现代教学的形式和方法、该教学系统的特征，以及内外部条件的基础上，为了使过程从既定标准看来发挥最有效的（即最优的）作用而组织的控制（巴班斯基，2010）。地理教学过程最优化即在一定地理教学条件下寻求合理的教学方案，使教师和学生花最少的时间和精力获得最好的教学效果，使学生获得最好的发展。

一、地理教学过程优化的提出

地理是研究人类与地理环境关系的科学，引导着我们去认识环境，教我们去适应环境，改造环境，促使人类与环境协调发展。科学家钱学森先生曾指出：地理科学是关系到社会主义建设的大问题，国家必须重视地理科学，建立地理科学体系，发展地理科学（马蔼乃，2002）。所以，地理科学是我们学习生存的科学，是我们生活的工具，是每一个公民必备的素养。地理教育的重要性显而易见。

然而，由于传统观点及应试教育的影响，在当下的地理教学过程中还存在着“教师为教学唯一的中心”、“课本是教学的圣经”、仅重视地理知识的传授与习得等突出问题。显然，这种教学过程忽视了学生的主体性，忽视了学生的学习兴趣和需要，不仅影响着学生的成长和学生个性的发展，背离教育发展的需要，而且也对地理科学的发展带来严重影响。因此，地理教学过程优化势在必行。

二、地理教学过程优化的标准

巴班斯基指出，“最优的”是“从一定的标准来看是最好的”意思（巴班斯基，2011）。因此，教学过程最优化要求同时考虑效率与效果。这给教学过程最优化赋予了明确的标准，即要求在一定的具体条件下，以最少的时间和精力取得质量最优良的教育效果。巴班斯基认为“如果不确定最优化的标准，也就不能谈什么最优值”（巴班斯基，2010），也就无法判定教学过程是否优化。具体到地理教学过程，主要有以下几方面的判断标准。

（一）优化的地理教学过程要有明确的目标

教学目标是教学设计、实施和开发过程中所体现的教育价值的基本要求，是教育目的与培养目标的具体化。所以，在地理教学过程中，目标确定十分重要，不仅有利于教学目标与课程目标、培养目标的衔接，还有助于教学内容的选择与组织，并可作为教学过程是否优化的评价准则。所以，优化的地理教学过程必须有明确的目标，并准确具体地表述。

（二）优化的地理教学过程要能促进学生发展

优化的地理教学过程要充分考虑学生的年龄特征、知识水平、身心发展等特点，设计符合教材实际需要和学生接受能力的教学方法和教学手段，以促进学生的全面发展。因此，地理教学设计、实施及评价等都应该全面考虑学生的认知水平、生活经历、兴趣需要等方面，以设计和开展适于学生发展的教学过程。

（三）优化的地理教学过程要有符合学生接受能力的信息量

巴班斯基提出："在拟定上课所力求达到的最后结果时，还必须考虑实际具有的教学时间。超出时限对学生掌握知识的深度和广度作非分的要求，意味着教学上的另一种形式主义"（刘舒生，1990）。地理教学过程的时间和空间是有限的，学生在有限时空内的接受能力也是有限的。所以，优化地理教学过程的信息量多少、难易、密度等要以学生的接受能力为依据。如果过分强调信息量的丰富性、高难度和高密度，势必会超过学生的接受能力，产生较高的多余度，违背教学之量力而行和可接受性原则，达不到教学效果。信息量过少同样会造成资源的浪费。

（四）优化的地理教学过程要给予学生参与教学的机会

现代教育理论要求教师冲破传统教育观念的束缚，树立现代学生观，尊重学生的身心发展规律，确认学生在教学活动中的主体地位，体现学生在学习中的主动性。这要求教师改变过去的教师掌控式教学，调动学生参与地理学习的积极性。学生参与教学应该体现在教学的整个过程中。例如，在教学设计中，鼓励学生收集教学信息；在教学过程中，鼓励学生运用地图、模型，或者自己收集的相关信息分析和探究地理问题；在教学评价中，学生可以通过自己评价、师生互评等活动，发现自己的优点，寻找自己的不足。这些学生参与的活动，不仅可以扩大学生的知识面，培养学生的地理能力，也为学生正确认识、表达和展现自己的才华提供了机会。

（五）优化的地理教学过程要有通畅的互动反馈渠道

教育传播理论认为，课堂教学过程是一个信息流动的过程，是一个由教师对教学信息进行编码、加工，通过一定的通道和媒介作用于学生，再将信息反馈回教师的一个完整的过程（王旭媚，2003）。由此可见，反馈是地理教学过程不可或缺的环节。过去的地理教学反馈主要是借助考试、测验、作业等形式对教学效果进行评价，忽视了教学过程中师生间的反馈。互动反馈地理教学是指以教师、学生之间的相互即时反馈为基本教学纽带，使反馈贯穿整个地理教学过程，以调动教师教与学生学的积极性和主动参与性，从而改变反馈的延时评价功能为师生间的即时对话。

三、优化地理教学过程的途径

（一）树立系统化意识，整体优化地理教学过程

地理教学过程是由教师、学生、教学内容、教学媒介等基本要素组成的，这些要素相互联系、相互作用，构成具有复杂结构的有机整体。因此，站在系统论的视角，地理教学过程优化不是单个因素的优化，而是师生交往、课程标准、教科书、教学方法、教学手段、教学评价等方面的整体优化。

（二）提升地理教师素质，是优化地理教学过程的关键

地理教师是地理教学的重要实施者，是地理教学过程优化的关键主体。所以，提高地理教师自身素质是地理教学过程优化的关键。

提高地理教师对地理学科的理解和热爱。地理学科是启迪爱国、经世致用、连接着人类未来的伟大学科，从事地理教育是一件责任重大、意义也十分重大的事，爱国教育、环境教

育、全球化教育都是以地理教育为启蒙的（王树声，2011)。对地理学科的深刻理解和热爱是引领学生养成地理情感、态度与价值观的重要特质，也是优化地理教学过程的关键。

地理教师要树立新的学生观。地理教师要学会转变教育教学观念，改变过去“教师为中心”、“学生是客体”的教育观念，做到以学生为主体，尊重学生的情感个性、需要与发展的愿望，鼓励学生的创新精神，采用有利于学生发挥主体作用的教学思路与方法，在每个教学环节上充分考虑学生的需求，尊重学生的个体差异，尽可能满足不同学生的学习需要，创设民主平等、共同发展的师生关系。地理教师不仅要做一个地理知识与技能的传授者，还要成为学生学习地理的参与者、指导者、促进者和合作者（郭炳胜和张卫青，2009)。

（三）优化教学设计，这是优化地理教学过程的起点

教学设计是教师依据地理学习和教学理论，依据教学对象的特点，以及自己的教学理念与风格，遵循教学过程的基本规律，对教学活动进行的规划、安排和决策。优化地理教学设计是优化地理教学过程的前提。主要包括教学目标的优化设计、教学内容的优化设计、教学结构的优化设计、教学媒体的优化设计和教学情境的优化设计。

（四）优选教学内容，这是优化地理教学过程的基础

地理教学内容是指教学过程中服务于教学目标达成、师生交互作用中动态生成的素材及信息。这要求地理教师突破教科书的束缚，在钻研课程标准的基础上深刻领悟教科书，并进行二度开发，找到适合学生学习的切入点，从而优化地理教学过程。

（五）优选教学媒体，这是地理教学过程优化的提升点

地理教学媒体是传递地理教学信息的工具，它直接沟通地理课程的教与学两个方面。教学媒体的选择和运用，必须紧密结合具体教学内容和学生特点，服从课堂教学的整体安排，以充分发挥教学媒体在促进学生主动学习方面的教学功能。地理教学媒体无所谓优劣。只要切合教材内容，适合学生特点，不管是传统的地理教师语言、地理板图、板画、标本模型等媒体，还是现代化的教学仪器、遥感影像、航空照片等，都有其最适宜表现的内容。只有运用得适时与适量，才能达到优化地理教学过程的效果。

（六）优化教学结构，实现地理教学要素的最佳组合

地理教学结构是为了完成一定的地理教学目标，在时间和空间上，各种地理教学要素的排列和组合，是实现教学目标的载体。地理教学目标的确定、教学内容的组织、教学方法和媒体的选择、教学起点与评价的设计等，最终都要到体现在具体的地理教学结构上来。因此，地理教师需要对地理教学过程结构做一个整体的安排，如教学各环节的先后顺序、所需时间、合适媒体的选择等，从而体现出教学过程的科学性、整体性和协调性。

总之，优化地理教学过程并非是教学单一环节的改革，而是着眼于教学各个环节进行的整体改革。由于整个教育形势的发展，教育职能的变化，地理教学任务、课程教材、教学目标、教学内容都在进行改革，教学方法、教学形式与教学效果评估也随之而变。地理教师应该辨清改革形势，转变教育思想以适应形势发展，更新知识和观念，自觉参与改革实践，以地理教学过程优化为落脚点，实现地理教学质量的真正提高。

第三节　地理教学过程的实现

从实质上来讲，地理教学过程是“以学为本”。因此，地理过程的实现要倡导建立一种平等合作、对话理解的情感情境，为学生的全面发展和健康成长创造有利条件。体现在地理教学实现中，地理教学应该以地理基础知识的实现为中心，关注过程与方法目标的实现，重点关注学生地理情意目标的实现。

一、地理基础知识的实现

地理基础知识是我们认识生存环境的空间维度、理解人们与环境相互影响途径的重要知识背景。地理基础知识是未来公民必备地理素养赖以生长的土壤，掌握地理基础知识有助于学生终身欣赏和认识这个世界。

（一）地理基础知识的组成

地理基础知识是中学地理教学的基本内容，是地理素养的基本组成部分。依据地理知识本身属性，地理基本知识可以分为地理感性（又称事实知识）和地理理性知识，如图 8-2 所示。

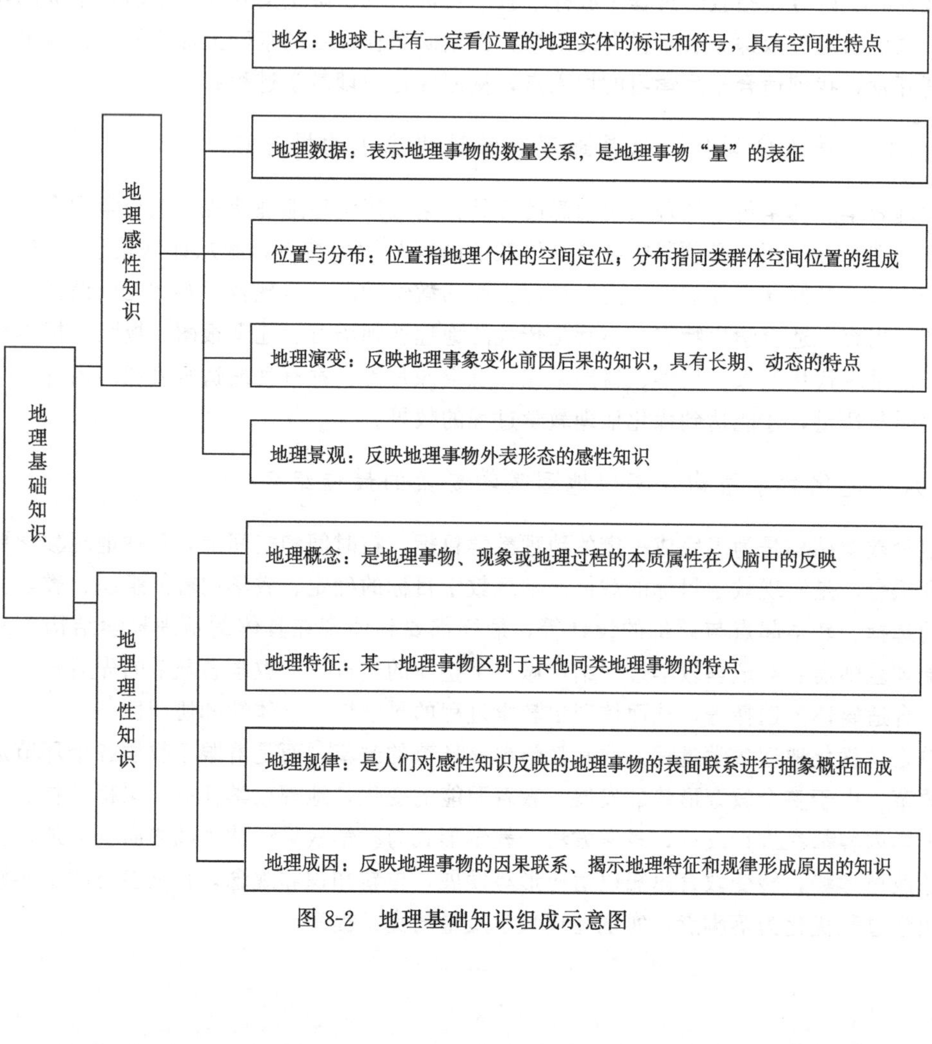

图 8-2　地理基础知识组成示意图

（二）地理基础知识的实现

1. 地理感性知识的实现

地理感性知识（事实知识）是反映地理事物外部特征和联系的地理知识，具有直观、生动、具体的特点，主要包括地名知识、地理数据知识、地理位置知识、地理分布知识、地理演变知识、地理景观知识等。

（1）地名知识的实现

地名是地理教学系统重要的组成部分之一，是地理知识教学的基础部分。然而，从世界到国家再到地区存在着繁多的地名，构成了不同等级的地名系统。在教学中，掌握所有的地名是不必要的，教师应依据地理标准，分清主次，有计划地进行地名教学。地名要再现在地图上。在地图上，地名是以注记的形式存在的，同时与地名实体分不开。在教学中，只有把地名所代表的实体落实到地图上，才能帮助学生实现空间记忆。

（2）地理位置与分布的实现

地理位置与分布是地理感性知识教学中的重要内容，尤其是在区域地理教学中有大量的地理位置与分布知识需要学生掌握。在进行地理位置与分布教学时，教师要充分运用地图，从地理事物方位、相邻位置入手，引导学生辨析地理位置，再通过析图、绘图、填图等强化手段学习地理位置与分布。

（3）地理景观知识的实现

地理景观知识教学是要在学生头脑中建立不同地理事物和现象外貌特征的过程。在地理景观知识的教学中，常用的方法是观察和想象。

地理景观的观察包括实物观察和模像观察。实物观察手段包括观察地理标本、野外地理观察、社会调查、地理参观访问等，有助于获得具有真实性、鲜明性、生动性的感性材料。模像观察是指借助于地图、略图、黑板画、地理模型、地理图表等手段来直观地理景观，有助于突出地理事物的本质特征，把不易感知的地理要素突出出来。

教师通过形象生动的文字或语言描述地理景观，帮助学生运用想象建立地理事物的表象，这是景观的想象。例如，一位教师在讲解“极光”时：极光像是一条横卧高空的变色龙，最初像是彩虹，一会儿变成紫红色，一会儿又变成淡蓝色，变成浅绿色。极光的形态很诱人，有的似帷幕下垂，有的像火焰跳动，有的似彩练腾空，有的如轻纱淡抹……千姿百态，变幻莫测。学生在这种生动优美的语言描述中，似乎能“看到”或“感觉到”极光的美妙与神秘，从而得到丰富的想象与美感，并真正理解极光。

（4）地理演变知识的实现

地理演变知识是指反映地理事物和现象发展变化过程的地理感性知识，可分两类：一类是反映自然地理事物和现象发展变化过程的自然地理演变知识，如水循环、大气环流等组成地理环境各种物质循环性演变的知识等；另一类是反映人类活动和社会不断发展结果的人文地理演变知识，如人口演变、国家政区演变、城市聚落演变、农业生产演变等。

地理演变是地理事物在时间轴上的演变现象，而地理景观则是地理演变“轨迹”上的一个点。地理演变是一种地理现象，学习地理演变知识时可运用观察法和参观法，但会受到地理演变缓慢性和骤变化的限制。如果应用能够体现地理事物演变过程中某一历史阶段的地理画片、模型、幻灯片、电影，以及地理信息技术等手段进行教学，则会收到显著效果。例如，在学习咸海变化时，教师借助谷歌地球演示 1973 年、2000 年和 2007 年咸海的面积变化图，就会起到语言达不到的效果，如图 8-3 所示。

图 8-3　1973 年、2000 年和 2007 年咸海的演变

2. 地理理性知识的实现

地理理性知识是反映地理事物本质特征和内在联系的地理知识，通过比较、分析、综合、归纳、演绎等抽象思维活动而达成。地理理性知识主要由地理概念、地理特征、地理规律、地理成因知识组成，是地理知识实现的重点和难点。

（1）地理概念的实现

地理概念是认识各种地理事物的基础，区分不同地理事物的依据，也是进行地理思维的“细胞”（袁孝亭，2006）。地理概念的学习意味着学生掌握同一类地理事物的共同本质属性，其实现有两种重要形式：概念形成和概念同化。

地理概念形成。按照奥苏泊尔的有意义学习理论，概念形成是一个从辨别例证出发，逐渐发现概念属性的过程，是学生在对大量地理事物观察的基础上，通过比较、分析等思维活动，抽象出该类地理事物共同的关键特征，从而习得地理概念。概念形成的心理机制可以用奥苏泊尔提出的上位学习模式来解释。

地理概念同化。概念同化是指通过直接下定义的方式来揭示某类地理事物的共同特征，从而习得地理概念的过程。按照奥苏泊尔的有意义学习理论，概念同化是从上位到下位的学习，因此所需要的条件与概念形成不同。它要求学生认知结构中具有同化新概念的适当的上位结构，而且，这一上位结构越清晰，新的下位概念的同化就越容易发生。在教学实践中，教师可以用下定义的方式将概念的本质特征呈现出来，同时举少量例证说明、证实这一本质特征，然后学习新的下位概念。例如，“塔里木河的内流河特征”的学习过程可以按图 8-4 设计。

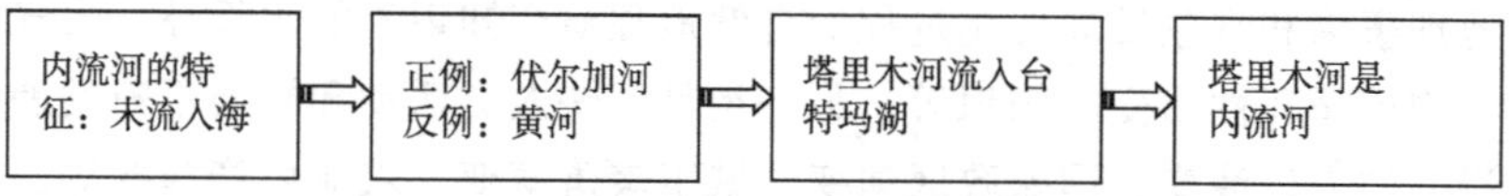

图 8-4　地理概念同化案例示意

（2）地理特征知识的实现

地理特征知识是地理知识的重要组成部分。地理特征知识可以分为自然地理特征和人文

地理特征。自然地理特征主要包括地理位置特征、地形特征、气候特征、水文特征、植被动物特征，以及这些要素之间相互联系、相互影响形成的相关地理特征；人文地理特征主要包括农业、工业、聚落、交通、人口特征及其之间的排列组合特征。地理特征知识的实现主要是从大量的地理材料中提炼地理特征，并用以解决相关问题的过程。学会用综合的方法表述地理特征。地理特征的表述具有综合性。例如，西亚的气候特征可以用“炎热干燥”来综述，既表现出其水热数量特征，又反映其热带荒漠气候类型；西亚的经济特征可以综述为“世界的油库”和灌溉农业，突出其经济部门特征。

（3）地理规律知识的实现

地理规律知识是揭示地理事物本质和结构的理性知识。中学地理教材拥有知识点众多的地理感性知识，如何将看似琐碎的地理感性知识统整起来，并纳入学生的地理认知结构之中，是地理规律知识学习的重要任务。因此，地理规律知识的学习是灵活掌握地理知识的前提。地理规律知识学习的方法主要是地图法。

地理规律，特别是地理分布规律往往可以在地图上呈现出来。如果学生能够在读地图的体验中揭示出某一地理规律，则更能加深对地理规律的理解。例如，在学习我国地势的三级阶梯状分布趋势时，首先指导学生从分层设色地形图上读出三级阶梯状地势特点，然后指导学生绘制我国的地形剖面图，从而让学生在体验中理解我国的地势变化规律。

（4）地理成因知识的实现

在地理课程中，不管是地理理性知识，还是地理感性知识，都有其形成机理。理解地理成因，掌握地理成因的探究方法，能够促进学生进行创新性地理学习，促进地理知识的迁移运用。地理成因知识实现的常用方法是综合方法。

在地理教学中，地理成因往往是多因素共同作用的结果，应加以综合分析，并在多种因素中确定和突出主导因素。例如，分析气候类型的成因时，纬度高低、距海远近、地形变化、洋流寒暖、大气环流等，都会对气候形成产生影响。但形成什么样的气候类型，还要看主导因素的影响。

地理成因知识的实现一方面有助于对地理基础知识的掌握，实现从感性知识到理性知识的飞跃；另一方面有利于提高学生的思维能力，激发地理学习兴趣，改变地理学习只见“地”不讲“理”的状况，有利于弘扬科学精神、探索精神和创新精神。

二、地理过程与方法目标的实现

地理课程标准将“过程与方法”视为地理课程目标的一个重要维度，这是新一轮地理课程改革的亮点之一。准确理解和把握“过程与方法”，对于地理知识的掌握和地理技能的形成，对情感态度与价值观的养成，都具有促进作用。

（一）对地理过程与方法目标的理解

1. 对地理“过程”目标的理解①

地理课程标准目标体系中的“过程”是对“科学研究”的一种“仿真”，强调学生要像

① 本段文字参阅袁孝亭教授的“准确理解地理过程与方法目标中的‘过程’与‘方法’”，本文刊登在《地理教育》2009年第1期中，略有改动

科学家那样亲历科学探究的过程，但又不能与科学家的探究画等号，它强调的是让学生经历类似于科学研究的过程，以获取知识，领悟科学的思想观念、科学家们研究自然界所用的方法而进行的各种活动。其实质在于要使学生感知、体验科学家是如何把“科学的过程”仔细、恰当地应用到问题解决中来的。

地理科学的基本过程可分解为地理观察、地理分类、地理交流、地理推断、地理预测和认识空间-时间关系等基本要素，其包含的主要内容和主要活动例证可归纳为表 8-1 所示的内容。

表 8-1　地理科学的基本过程

过程要素	描述	例证
地理观察	使用所有感觉来辨别地理现象的性质、特征；有初步的观察能力	描述地理景观、地理事物的显著特征和标志、地理现象变化过程等
地理分类	根据预定的一组性质将地理事物和现象分类	根据一组共同性质将地理要素、地理部门、地理区域等分类
地理交流	以地图、略图、地理图表等形式编辑信息，详细描述地理事物和现象	从图、表、地图等中获得地理信息并解释
地理推断	对一组条件提出比观察结果更多的东西；区分观察结果和推断结果，改变推论以适应新的信息	从文化景观的形态特征推断它形成的地理环境；根据农业地域类型推断其形成的区位条件
地理预测	从一组事件预测出未来事件，使用图表来解释和推断猜测	天气预报；预测全球变暖所导致的环境问题
认识空间-时间关系	描述地理事物的空间位置关系；描述地理事物和现象随时间推移而出现的动态变化过程及规律	描述地理事物的空间位置关系、地理事物和现象空间上的成因联系、地理空间分布格局；说出气温和降水的时空分布规律等

综合的地理过程可分解为地理问题的形成、研究地区的确定、形成假说、资料的收集与分析、假说的验证、得出结论、表达与交流等要素。其整体有机地综合为一体则是学习科学的过程。在这一过程中，学生描述地理事物、提出地理问题、阐明解释、验证这些解释并和别人交流其观点，参见表 8-2。

表 8-2　综合的地理课程过程

过程要素	描述	例证
提出地理问题	在观察、调查、阅读等情境中发现地理问题，尝试提出可以通过地理科学探究来解决的问题	从“它在哪里”、“它是什么样子”、“它是什么时候发生的”、“它为什么在那里”、“它产生了什么作用”等角度提出地理问题
形成假设	假设就是对一些地理问题、现象的猜测，但它并不是普通的猜测，而是在一定依据的基础上进行的推理。提出假设之后，是一定要搜集证据进行验证的，否则，就不能称之为假设	根据已知的地理原理和地理事实，收集相关信息，将以有的地理知识与问题相联系，对未知的地理现象及其规律性作出假定性的说明

续表

过程要素	描述	例证
资料的收集、整理、分析	收集：通过各种途径、形式搜集数据资料，决定收集资料的范围和要求，并制订相应计划。整理：选取资料制成图表、表格等；运用其他媒介手段进行统计、归纳。分析：运用统计等方法分析，运用地图手段进行推理和得出结论	进行访谈和野外调查，以搜集地理信息；利用天气数据，画出气候图；利用地图认识世界同一纬度诸区域的气候相似性和差异性
得出结论	分析、观察实验结果，与猜想和假设进行比较，做出解释；收集更多的证据支持解释，检查解释、过程、方法是否存在问题，提出改进措施	利用地形图和人口分布图，分析特定自然灾害（如泛滥受害房屋）的受灾人数
表达与交流	用语言、文字、图表等方式表示探究的过程和结果；倾听和尊重他人的不同见解，并交换意见	读图说出某个区域的地理位置；运用草图、表格和图像表达地理现象

2. 对地理“方法”目标的理解

科学方法是在学习和研究科学问题过程中，发现问题、提出假设、做出解释论证、解决问题等所遵循的途径和使用的手段。由此可见，“过程与方法”目标中的“方法”是针对科学方法而言，不能等同于教师的教学方法和学生的学习方法。从以上表述可以发现，地理科学方法主要涉及地理观察、地理实验、地理调查、地理比较、地理分析与综合、地理归纳与演绎等方法。

在地理教学实践中，“过程与方法”目标是一个有机整体，而不是“过程”与“方法”的简单拼凑。“过程”与“方法”相辅相成，“方法”在“过程”中获得，“过程”因“方法”的运用而顺利进行。“过程与方法”的基本要义是：要十分重视让学生经历地理科学研究过程，在自主、合作、探究性的学习中发现、总结和掌握知识的规律和学习方法。

（二）地理过程与方法目标实现的策略

1. 创设问题情境，在解决问题中训练地理科学方法

地理科学方法教育的意义在于训练学生的智力技能。在教学实践中，教师首先要告知学生地理科学方法的作用、适用范围、相关原理、步骤，让学生模仿、操作并加以体会；其次，要创设问题情境，鼓励学生积极探索，发现与解决问题，分享、表达和交流运用科学方法解决问题的体会，特别是解决问题的步骤、过程和方法，从而帮助学生有意训练和归纳使用科学方法的要领。例如，为实现“说明洋流对地理环境的影响”的教学目标，教师设计了“1978 年 3 月，一艘叫‘阿摩科—卡迪兹’号的油轮在英吉利海峡附近失事，使得 2.95 亿升原油泄入海中。你认为洋流会给这次海上石油污染带来什么影响”的教学情境，鼓励学生探究洋流对污染物净化与扩散的影响。

2. 借助地图，在归纳规律中培养地理科学意识

地图是地理教学中重要的信息源和工具，它为地理教学提供地理事物空间格局、空间过程及空间联系的相关信息。通过引领学生阅读地图，可以带领总结相关地理规律，并在总结规律中养成科学意识。例如，关于洋流的教学，首先展示世界洋流分布图并设置问题：阅读世界表层洋流的分布图，图中洋流分为哪几类？它们的流向怎样？大陆东西岸暖流、寒流的

分布有什么规律？其次，观察南、北半球中低纬度海区的大洋环流，看看两个海区洋流的运动方向有什么不同，为什么？最后，归纳世界洋流的分布规律。

3. 优选媒介，在多彩情境中培养学生标信息意识

除教学方法外，不同教学目标的实现往往需要不同的教学媒体或教学用具。科学规范过程与方法目标的行为条件中，往往隐含着对教学媒体或教学用具的要求。

让学生学会运用地理资料、图表等媒介是实现“过程与方法”目标的关键和重要手段。此外，地理教学要强调地理信息技术媒介在地理学习中的应用。一方面，要充分利用信息技术手段，加强信息技术与课程教学的整合；另一方面，要积极营造有利于学生形成地理信息意识和能力的教学环境。

4. 优化方法，合作探究中选出地理科学能力

地理“过程与方法”目标的实现，很大程度上取决于教师能否有效选择合适有效的教学方法。新课程倡导自主、合作、探究的学习方式，重视对地理问题的探究。为了能更充分地达成“过程与方法”目标，教师应结合教学内容特点和学生实际，采用注重探究学习、合作交流学习的方法来组织教学，以帮助学生形成地理科学精神和意志。

在地理合作探究性学习活动中，学生不但需要收集和处理大量的地理信息，发现和分析地理问题，还需要将大量的信息资料转化为地理图表、小论文、活动报告等形式的学习成果等。这些都是地理新课程期望实现的“过程与方法”，也是地理科学能力的体现。因此，在立足学校和学生实际的基础上，组织开展相关的学科研究性学习或专题研究活动，是实现“过程与方法”目标、培养学生地理科学能力的重要途径。

三、地理情感态度与价值观目标的实现

现代教学论认为，学习过程是以人整体的心理活动为基础的认知活动和情意活动相统一的过程。没有认知因素的参与，学习任务不可能完成；没有情意因素的参与，学习活动既不能发生也不能维持。“情感、态度与价值观”作为地理课程的必要目标，体现了地理教学认知与情意的统一，也凸现了情感、态度与价值观在地理教学中的作用。

（一）地理情感态度与价值观目标的内涵

情感、态度与价值观的内涵十分丰富，一般包括对己、对人、对自然及其相互关系的情感态度、价值判断以及做事应具有的科学态度与精神。布鲁姆曾指出，情感领域是指认知领域和动作领域以外的、和情感联系比较紧密的那些变量，如兴趣、动机、态度等。

1. 地理课程目标中的情感

在心理学上，情感是指“人对事物的态度的体验，是人的需要得到满足与否的反映。情感有别于人的认识活动，它具有特殊的主观体验，显著的身体、心理变化和外部表情行为”。在个体发展中，情感形成常常表现出两极对立的特性，即每种情感都可以找到与它对立的情感，如“喜欢地理”与“讨厌地理”、学习地理很“快乐”与学习地理很“郁闷”等，可以简单称之为消极和积极的情感。

情感内涵丰富，而且表现出一定的层次性结构。按心理学对情感的分类标准，可将情感分为道德感、理智感和美感三个层次（蔡笑岳，2000）。对每一类情感，又可细分为若干次级情感，每种次级情感还可分为若干方面（周家骥，2002），见表 8-3。

表 8-3　社会情感的分类与层次

情感	道德感	责任感	对己；对人；对国家、对集体
		关爱感	对己；对人；对国家、对集体
		荣誉感	对己；对人；对国家、对集体
	理智感	乐学感	兴趣；好学；乐学
		成就感	完成任务；超越他人；超越自我
		自信感	对知识学习的自信；对方法的自信；对能力的自信
	美感	自然美	感知、欣赏；追求；创造
		艺术美	感知、欣赏；追求；创造
		科学美	感知、欣赏；追求；创造

2. 地理课程目标中的态度

1993 年，美国学者刘易斯·艾肯把态度定义为“带有赞同和或不赞同偏向性评价事物的倾向，通常反映在认知、情感和行为的表现中”（艾肯，2008）。这一定义认为态度有三种成分：认知成分、情感成分和行为成分，并以不同的反应模式表现出来。同时也说明人的行为与认知水平、情感密不可分。

袁孝亭教授认为，态度是主体对对象所持有的一种具有内在结构的相对稳定的心理倾向（袁孝亭，2006）。一般来说，这种心理倾向是内隐的，通常只能通过人对对象的积极的或消极的评价，或者外显的行为加以推导。

也有研究者认为，态度是影响个体行为选择的内部状态，一般认为态度由情感成分、认知成分和行为后果所构成（加涅，2002）。其实这个定义与袁孝亭教授及刘易斯·艾肯的定义有异曲同工之妙：态度对行为的发生具有一定的、来自内部的指向作用。例如，若一个人对环境具有积极的态度，就会表现出保护环境的行动。

3. 地理课程目标中的价值观

价值观是 20 世纪末兴起的人本主义心理学人性观的核心概念，也是人本主义心理学的重要组成部分。人本主义心理学认为，价值观指人对价值的种种看法、观念，是价值的观点体系，亦即理论化、系统化的评价意识（车文博，2003）。如何确定主体需要，路径只有一个，那就是实践。所以说，实践是价值形成的现实基础。

人本主义心理学家还把价值观视为人生哲学的范畴，认为它是给人的生活以意义与目的的一种定向框架。价值观是人格组织的基础，是人格结构的主要成分，给人以独特性。价值观是人的心理健康的重要标准（车文博，2003）。人本主义心理学家把无价值感视为是一种病态，并强调应当帮助他们形成价值观。

价值观是人格组成的基础，是人格组成中相对持久的信念和判断事物的标准。在日常生活中，这个信念和标准可以帮助人们对某种行为方式和客观事物做出判断。例如，当人们说“乱扔垃圾”是“坏”行为的时候，或者说“垃圾分类放置”是“好”的行为的时候，其头脑里必定有种关于垃圾处理“好坏”的某种信念、标准和期待，从而对这件事的好坏抱有一定的基本态度，这就是所谓“价值观”特有的思想内容。因此“价值观”有时可以称为“好坏”的判断观。

（二）地理课程蕴含着丰富的情感、态度与价值观成分

1. 地理课程目标中的情感成分

中学地理课程蕴含着丰富的情感内容。有研究者认为：“情感不仅指学习兴趣、学习热情、学习动机，也是指内心体验、情操陶冶”（陈澄和樊杰，2004）。通过地理学习，要帮助学生形成真诚的爱祖国、爱家乡、爱自然环境、形成地理审美情趣的积极情感。以高中地理为例，地理课程所蕴含的情感内容见表 8-4。

表 8-4 高中地理蕴含的情感成分

项目	项目	高中地理有关情感成分的主要内容
地理课程中的情感	学习兴趣	学生由衷喜欢地理，能初步认识到地理学科在生活、在人生中的价值
	爱国情感	学生能在感悟地理国情、中华民族灿烂文化、中国在国际上的地位日益提升过程中产生民族认同感
	审美情趣	地理世界充满着千姿百态的自然美和人文美；地理时空充满着和谐美；地理理论充满着韵律美
	国际理解情感	地球是人类的天堂，地球人应在生活中学会互相尊重、互相理解、互相宽容，相互关心和交往，和谐共处；形成全球意识
	是非观念	学会价值判断，逐步形成较高的是非标准，并能根据是非标准修正或提高自己的行为

2. 地理课程目标中的态度成分

地理课程目标中的态度目标是地理情意素养的重要组成部分，为合格的现代公民所必需。态度目标的达成过程，是把求真求实的科学态度内化到自己的认知结构中去，并用以指导自己行为的过程。以高中地理为例，地理课程所蕴含的态度内容见表 8-5。

表 8-5 高中地理蕴含的态度成分

项目	项目	高中地理有关态度教育的主要内容要求
态度	学习态度	乐于探索生活、生产实践中的地理背景和地理原理，有将地理知识、原理运用于日常生活、生产实践的意识；有愿意将自己的地理观点与他人分享的愿望；愿意参加地理观察、调查、野外观测、制作等地理实践活动
	科学态度	按照地理科学的内在要求，自觉按照地理科学的研究方法，实事求是地发现地理问题，并努力解决地理问题
	对自然和人文的态度	对自然界千姿百态的自然美和人文美具有好奇、欣赏和关心之情；学会与包括自然世界的他者和谐共处；养成热爱和保护自然和人文资源的生活态度；尊重自然规律和人文特点

3. 地理课程目标中的价值观成分

如前文所述，价值观有时可以称为“是与非”的判断观。例如，经济发展与环境保护关系的判断，节约资源与奢侈生活的是非判断，人口增长与地球压力关系的判断等。而且，在做出判断的基础上，做出适当的反应行为。这些行为、思想及情感的有机融合就成为一个人的价值观。地理课程目标蕴含着丰富的价值观成分。以高中地理为例，地理课程所蕴含的价值观教育内容见表 8-6。

表 8-6　高中地理蕴含的价值观成分

项目	项目	高中地理有关价值观教育的主要内容要求
价值观	人地和谐价值观	人口观：重视提高人口素质，健全人的意识
		环境观：良好的环保观念和自觉的环保行为
		资源观：合理利用与保护资源，关注资源开发和破坏问题
		人地观：尊重自然规律，实现人地关系的和谐
	可持续发展价值观	满足现代人需要；不损害后代人发展需要；实现人与人之间、人与其他生物之间、地区之间的公平

4. 情感态度与价值观目标具有层次性

如若按照布鲁姆《教育目标分类学·情意领域》的目标层次对地理课程情意目标进行解析的话，可以看出地理情意目标的层次是按照“接受—反应—价值判断—组织—价值性格化”的方向由较低层次向较高层次递进的，见表 8-7。

表 8-7　高中地理课程标准中情意目标的层次

情意目标	主要特点	例子
接受	学生愿意接受和留心某些现象和刺激	对地理课程不讨厌、感兴趣，愿意参加与地理问题有关的学习活动
反应	学生积极注意和投入到现象中，有归属感	积极参加地理学习活动，能主动提出有深度的地理问题，主动质疑、发言，乐于参加讨论、合作
价值判断	学生确信现象的价值，内化并持有某种价值观念	对地理事件能够提出自己的观点，并做出价值判断，有地理审美情趣和鉴赏力
组织	把价值观念组织成为一个系统，树立起支配作用的观念	树立人地和谐相处的价值观，具有对社会和自然环境的责任感，有国际理解、“地球村”的意识
价值性格化	信念、概念、态度整合为完整的世界观，整合为人完整的个性	有乐观向上的态度，有自信心；有良好的生活行为习惯；能与他人合作解决地理问题；能够按照自己的理解去诠释人地关系

而且，各目标层次不是孤立的，较高目标层次是建立在已实现的较低目标层次的基础之上的。也就是说，学生只有从心理上“接受”了地理课程，不讨厌地理问题，才能认真参加地理学习活动，对地理问题产生积极“反应”，做出价值判断，形成一定的价值观，并最终形成完整的个性。这种情意目标的层次结构为教师设计情感、态度与价值观目标，选择实现情意目标的内容，培养珍爱生命和环境的兴趣、态度、鉴赏力、价值观和情绪状态等的情感和意志，提供了一种很好的思路。

（三）地理情感、态度与价值观目标的实现

为了实现地理课程情感、态度与价值观目标，在教学实践中教师应关注以下策略。

1. 教师要提升自身情意素养，自觉落实情意目标

要实现情感、态度与价值观目标，地理教师必须要加强自身修养，具备积极的情感、正确的态度与价值观，切实掌握地理情感、态度与价值观内容，使情感、态度与价值观教育成为教师真实情感的自然流露，从而有效地培养学生积极向上的情感。所以，教师提升自身情

意素养是实现情感、态度与价值观目标的关键。

研究学生情感认知规律是教师提升自身素养的重要途径。心理学研究表明，情意目标达成的心理过程是一个层层递进、紧密衔接的情感心理内化、升华和外显的过程。所以，地理教师要深入学习心理学相关研究成果，理解情感、态度与价值观的教育过程，熟知学生的情感认知规律，自觉、适时、有效地进行情意教育。

2. 教师要钻研课程标准和教材，挖掘其情意内容

地理课程标准是规定地理学科的课程性质、课程目标、内容目标、实施建议的教学指导性文件，体现了国家对学生在地理知识与技能，过程与方法，情感、态度与价值观等方面的基本要求，蕴含着丰富的情感、态度与价值观因素。地理教材是用以向学生传授知识、技能和思想的材料，是地理课程的核心教学材料。地理教学中的情感、态度与价值观教育，就是教师依据地理课程规定的培养目标和地理课程标准的情感、态度与价值观目标对学生实施的情意教育。所以，在地理教学实践中，教师要根据地理课程标准中规定的情感、态度与价值观教育要求，挖掘地理教学内容中蕴含的情感、态度与价值观教育因素，结合知识传授和技能培养，有目的、有计划地进行情感、态度与价值观教育。

3. 教师要重视课堂教学，发挥其教育主渠道作用

课堂教学是师生双方相互交流、相互沟通、相互启发、相互补充的共同活动，是中学地理教学组织的基本形式。通过课堂教学来进行地理情感、态度与价值观教育，能够保证教育内容的完整性和时间运用的有效性，能够保证教师主导作用的发挥和各种辅助教学手段的运用，从而保障地理情感、态度与价值观教育的科学性和有效性。因此，课堂教学是地理情感、态度与价值观教育的主要场所，也是中学地理情感、态度与价值观教育的主渠道。在地理课堂教学中，地理教师要善于把情感、态度与价值观教育同地理基础知识与基本技能传授有机融合起来，并融入到过程与方法目标的实现中，找到情感、态度与价值观教育的切入点，适时有效地实施情感、态度与价值观教育。

4. 教师要加强地理实验活动，促进情意目标的形成与发展

地理实验是一种运用器材和设备把所要学习的地理事物、现象及其变化过程在课堂中表现出来的教学方法。地理实验的顺利进行，需要学生在调查设计、准备器材、实验操作、观察记录、分析讨论、归纳总结等各个环节中分工合作，这既可以给学生提供自主学习的机会，也可以帮助学生树立团队合作的观念。同时，由于地理实验是一种科学的研究方法，本身是一个严格的科学过程，要想获得成功，必须严谨求实，逻辑有序地安排各项活动，这对培养学生科学求实的态度和严谨的科学作风大有裨益。同样，地理实验的过程也是一个磨炼学生意志，培养学生科学世界观的过程。浓厚的地理兴趣、实事求是的科学态度、严谨细致的工作作风、坚忍不拔的意志等，是素质教育的基本要求，也是情感、态度与价值观教育的主要内容。

5. 教师要优选评价方法，提升学生的情感、态度与价值观

在地理教学实践中，情感、态度与价值观目标受到忽视的主要原因之一是其评价难度大。情感、态度与价值观目标的评价不是为了甄别和选拔，而是为了促进学生身心发展。所以，现行的测量、考评很难准确评定学生情感、态度与价值观目标的达成情况。有学者提出，一旦情意评价的结果与学生的名誉、分数、奖惩和升学等实际利益联系起来，学生就很

可能防御性地在评价者面前掩饰自己的行为，在自我报告中不表达自己的意见和想法，从而使教师无法客观地评价学生的情感、态度与价值观，甚至可能迫使学生变得日益虚伪（朱雪梅，2009）。所以，改进评价方法，关注学生情感、态度与价值观的发展，是提升学生情感、态度与价值观的重要途径。

观察、沟通、问卷调查、利克特量表、强迫选择等是有效评估情感、态度与价值观目标的方法。值得注意的是，任何一种方法都有优势和局限，情意评价的方法也是一把“双刃剑”，如果使用不当可能带来消极的后果。教师在情意评价实践中不要“为了方法而方法”，更不要追求利害关系，要善于根据实际情况，谨慎选用合适的评价方法及组合，使情意评价真正发挥促进学生发展的作用。

思考与练习

1. 阐述地理教学过程的特点。

2. 有人说，地理教学过程是学生主动建构地理知识的过程。你认可这一观念吗？阐述你的理由。

3. 地理教学过程是多要素共同作用的过程。地理教学过程中的主要因素有哪些？在地理过程中承担怎样的角色？

4. 地理教学过程优化的含义是什么？优化地理教学过程的策略和标准有哪些？

5. 选择中学地理课程中的一节内容，设计并表述该内容的三维目标，并介绍实现这些目标的策略。

参考文献

蔡笑岳. 2000. 心理学. 北京：高等教育出版社，77.

车文博. 2003. 人本主义心理学. 杭州：浙江教育出版社，398，401.

陈澄，樊杰. 2004. 普通高中地理课程标准（实验）解读. 南京：江苏教育出版社，62.

郭炳胜，张卫青. 2009. 论新课程背景下高中地理教师素质的提高. 内蒙古师范大学学报（教育科学版），12.

洪婷. 2006. 地理“过程与方法”目标的价值追求. 地理教育，3.

黄京鸿. 2011. 新课程地理教学论. 重庆：西南师范大学出版社，74.

刘舒生. 1990. 教学法大全. 北京：经济日报出版社，625.

马蔼乃. 2002. 钱学森论地理科学. 中国工程科学，1.

彭补拙. 2008. 资源科学概论. 北京：科学出版社，1.

王树声. 2011. 做高素质、高水平、创新性的地理教师. 中国教师，12.

王旭媚. 2003. 多媒体数学课堂教学中信息量的优控. 中学数学教学，5.

吴传钧. 1991. 论地理学的研究核心——人地关系地域系统. 经济地理，3.

吴金财. 2011. 高中地理过程与方法目标及其设计、实施与评价. 地理教学，22.

尤·克·巴班斯基. 2010. 教学过程最优化——一般教学论方面. 张定璋译. 北京：人民教育出版社，55-56.

尤·克·巴班斯基. 2011. 论教学过程最优化. 吴文侃译. 北京：教育科学出版社，191.

袁孝亭. 2006. 地理课程与教学论. 长春：东北师范大学出版社，177，216，223，224.

钟启泉，汪霞. 2011. 课程与教学论. 上海：华东师范大学出版社，191.

钟启泉. 2001a. 对话与文本：教学规范的转型. 教育研究，3.

钟启泉. 2001b. 为了中华民族的复兴，为了每位学生的未来. 上海：华东师范大学出版社，276.
钟启泉. 2009. 课程与教学论. 上海：华东师范大学出版社，154.
周家骥. 2002. 情感目标与评价的研究. 心理科学，6.
朱雪梅. 2009. 地理情感态度与价值观教学目标的实现. 中学地理教学参考，6.
Lewis R. 艾肯. 2008. 态度与行为. 何清华译. 北京：中国轻工业出版社，3.
R. M. 加涅. 2002. 学习的条件与教学论. 皮连生译. 上海：华东师范大学出版社，62.

第九章　地理教学方案

本章的学习目标：

1. 掌握地理教案编写的内容和格式；
2. 理解地理教案编写的原则和注意事项；
3. 了解地理教学方案的形式，掌握电子教案的制作与应用方法；
4. 能够根据本章所述，独立完成一份地理教案。

第一节　地理教学方案的内容

一、地理教案概述

制定地理教学目标，分析地理教学内容，研究地理教学方式与方法，这些最终都要落实到地理教案上来。下面我们了解教案的定义及其所包含的内容。

（一）地理教案的定义

地理教案又称地理课时计划，是地理教师为地理课堂设计的教学方案。教案是地理教师备课的结晶，是地理教师上课的具体计划，是地理课堂教学的实施方案，将地理教学设计的各个环节以某种形式固定下来，是教师课堂教学的“行动纲领”，也是地理教师实现教学目标、完成教学任务的根本保证（袁书琪，2001）。如果地理教师没有一个切实可行的教学方案，就如打仗没有作战计划、表演没有剧本一样，最终必定会影响地理教学的效果。传统的地理教案设计侧重于教师如何教，而对于学生如何进行学习没有很好的关注。在课程改革的推动下，新的地理教学理念要求教师要转换角色，教案要因“学”而写，写出个性，写出新意，突出地理教案的实效性与应用价值。地理教案可以反映出一位教师的教学观念、教学风格，以及教师对于课程改革的认识及执行情况，也能体现出一位教师对于课堂的独特见解。

（二）地理教案的构成

地理教案是教师上课的重要依据，一份比较正规的地理教案应该条理清晰，内容相对完善。一份地理教案通常应包括如下内容：①上课学校和班级；②上课时间和教师姓名；③课程题目、课时和所用教材、教具；④课的类型（新授课、练习课、实践课、复习课等）；⑤教学目标；⑥教学重难点；⑦学情分析；⑧教学方法；⑨教学过程（主体部分）；⑩课后记（课后分析、教学札记、课后反思）。

以上教学目标、教学重难点、教学方法、教学过程、课后记等内容会在本节第五部分详细讲述，不在此赘述。

教师在编写教案的过程中，不必完全拘泥于所给定的形式，可以根据实际情况添加或者删除部分内容。因为不同班级、不同时期学生学情不同，课的类型不同，不同时期所使用的教学方法和教具不同，所以一份教案不能一直沿用，要敢于打破原有框架束缚，常用常新。

二、教案的价值

我国著名数学家、教育家苏步青教授说过，教育是一门科学，科学是需要研究的，研究者的主体是教师，教师既是实践工作者，也是理论工作者，教案就是教师的作品之一，优秀的教案，应当说是一篇教育科学理论与实践相结合的创造性劳动成果，是提高教育教学质量的保证。华东师范大学课程与教学研究所崔允漷教授认为，教案的价值不仅反映在它是课堂前教学的准备，教案作为教师教学思想轨道的记录，也是教师认识自己，总结教学经验的重要资料，而如果能够记录下来，教师教学中对原计划的变更，遇到突发事件的处理情况，自己通过施教所获得的体会和感悟，则可以帮助教师总结积累经验，形成教育理论，教师能否像医生写病历那样写“教历”，记录下课堂教学中有价值的东西，从而真正做到备课充分，在教会学生学习上下工夫，达到关注学生的学习方法、学习习惯、学习效果的境界。

综合两位教育家的观点，我们应当认识到，教案的编写对于教师的专业成长来说是十分重要的。教案的价值可以概括为两个大的方面，一方面是教学前的预见性，在教案编写以前，要详细分析学情，分析教学方法和教学目标，预见教学过程中可能存在的问题，制定解决问题的办法，以保证教学任务的完成；另一方面是教学后的总结性，教师的教案并不是在课堂教学以后就可以束之高阁，教案是教师心血的结晶，也可以被看为一篇教学研究文献，对于这样的研究文献，需要研究者细细修改，而且要总结出存在的问题，得出自己的结论，这结论就是研究者本身的财富。如何体现教案在教学后的总结性？从上一部分所列教案的内容来看，教案的课后记部分可以承载这项重要任务。认真写三年教案，未必能成为一个优秀教师，而认真写三年教学札记，一定能成为一位有思想的老师。一位教师有了自己的教学思想，距离“教学名师”就不远了。

三、地理教案编写应遵循的原则

编写教案是教师的基本功之一，无论是年轻教师还是有经验的教师，都应该重视教案的编写。教案是设计者教育思想、智慧、动机、经验、个性和教学艺术性的综合体现。在地理教案的编写过程中应该遵循以下原则。

1. 地理性

编写地理教案，最重要的是教案要有地理性。这里所提的地理性，不仅是知识的地理性，而更应该是所反映思想的地理性。地理学所研究的核心问题是人地关系问题，同时，地理学是自然科学和人文科学的交叉学科，具有明显的综合性和区域性。无论讲述什么内容，教师的教案中要有对于人地关系问题的认识与关注，如以可持续发展的思想统领教案，从解决人地之间问题的角度来进行知识的学习，教案中要充满对自然奥秘探究的科学思想，也要包含对人文精神追求的人本思想。

2. 创新性

地理教师要在自己钻研地理课程标准和教材的基础上，广泛地涉猎多种教学参考资料，向有经验的老师请教，不要照搬照抄，要取其精华、去其糟粕，对别人的经验要经过消化、吸收，同时要独立思考，形成自己的观点，然后结合个人教学体会，巧妙构思、精心安排，从而写出自己的教案。要充分利用各种教学资源，听取名家的指点，吸取同行经验，使教学内容变成脑海中的教案，再形成书面教案，继而到课堂实际讲授。课堂讲授以后，还可以在教学反思的基础上对教案进一步修改，以备日后参考。在地理新课程改革的背景下，要地理教师做到“课程内容具有开放性、课程资源具有开放性、课程实施具有开放性”（王民，2003），这就要求地理教师在编写地理教案时既要体现出包容性，又要体现出自己的创新性，这才是一份合格的地理教案。

3. 差异性

不同地理教师的知识、经验、特长、个性是千差万别的，他们面对的学生更千差万别，而地理教学工作又是一项创造性的工作。因此编写地理教案也就不能千篇一律，要发挥每一个教师的聪明才智和创造力。教师的教案要结合本地区的特点，融入乡土地理知识，同时，要结合每个班级学生的不同情况，因材施教。地理教案要充分体现开放性和动态生成性，从而赋予课堂教学以灵活性和多元性。教学的个性化，必将落实在富有个性化的课堂教学设计上，而这种个性化的课堂教学设计势必体现在教师的教案之中。

4. 艺术性

教学是一门科学，也是一门艺术，艺术总是带有鲜明的个性。地理教案，是既有理性色彩又具备诗意手法的教学蓝图，是既有科学思想也有人本思想的教学研究，是教师文化底蕴、个人智慧和教学艺术的结晶。教师的教学风格是教师在长期教学实践中逐步形成的教学观点、教学技巧和教学作风的独特结合，是教学艺术个性化的稳定状态之标志。所谓教案的艺术性就是构思巧妙，让学生在课堂上不仅能学到知识，而且得到艺术的欣赏和快乐的体验。所以，开头、经过、结尾，要层层递进，扣人心弦，达到立体教学效果。例如，地理学科内容可以包括大量的德育和美育教育，通过德育和美育教育，可以促进学生全面发展，提高学生的审美水平，提升学生的地理素养，这就是教学艺术性的一种很好体现。

5. 可操作性

教师在编写教案时，要充分考虑从实际需要出发，要考虑教案的可行性和可操作性。例如，地理教师在书写教案中的教学目标时，一定不能将教学目标制定得过高。教学目标过高，学生努力跳一跳也摘不到“桃子”，则教师无法完成既定的教学任务，容易对自己的教学水平产生怀疑，学生也会因为达不到教师的要求而失去信心。因此，教案的编写，尤其是教学目标的制定，一定要让学生跳一跳，能够摘到“桃子”，也就是说一定要具有很强的可操作性。例如，在《普通高中地理课程标准（实验）》中，对于内外力因素与地表形态之间的关系这一知识点的规定是这样的：“结合实例，分析造成地表形态变化的内、外力因素”，这里的行为动词是“分析”，也就是要求学生达到理解这一知识点的水平，这就区别于了解和应用的水平要求，同时，又有一定的限定条件，结合实例说明即可，这就有了很强的可操作性。如果这一标准去掉“结合实例”这一限定条件，则其可操作性就大打折扣了。

6. 动态性

由于教学面对的是一个个活生生的有思维能力的学生，每个人的思维能力是不同的，对问题的理解程度也是不同的，所以学生常常会提出不同的问题和看法，教师又不可能事先都估计到。地理教学的内容又有很明显的“广阔性和复杂性”（陈澄，1999），“动态性”又是地理学科核心特征之一，因此很难在课前预想所有的情况，教学进程常常有可能偏离教案所预设的轨道。由于以上原因，教师不能死抠教案，压抑学生的思维积极性。要根据学生的实际改变原先的教学计划和方法，满腔热忱地启发学生的思维，针对疑点积极引导。为达到此目的，教师在备课时，应充分估计学生在学习时可能提出的问题，确定好重点、难点和疑点。学生能在什么地方出现问题，大都会出现什么问题，怎样引导，针对这些问题，要考虑几种教学方案。出现打乱教案的现象，也不要紧张。要因势利导，耐心细致地培养学生的进取精神。

四、编写地理教案时应注意的问题

（一）教案必须反映地理课程标准的要求

从2000年开始，国家新一轮基础教育课程改革全面启动，地理基础课程也在本轮改革中迈进一个崭新时期。2001年和2003年教育部分别颁布了《全日制义务教育地理课程标准（实验稿）》(2011年教育部又对此课程标准作了修改，颁布了《全日制义务教育地理课程标准（2011版）》)、《普通高中地理课程实验标准（实验）》，根据新课程标准编写的地理教材也在全国通用。地理教师在编写教案之前，应该认真地钻研课程标准和教材，吃透课标，熟悉教材，要准确把握地理学科特别是所讲述章节的教学目标和要求。对于有教学经验的老教师而言，他们经历了从地理教学大纲到地理课程标准的转变，课标中体现的地理教学新理念、新思想，老教师应该更加细细研读，并作为编写地理教案的基础依据。

（二）教案要体现出完整、清晰的授课思路

教案是教师结合课程标准、教学材料、授课要求，以及相关的材料所进行的“二次创造性劳动”，它融入了教师自己的理解、体会和见解，具有鲜明的教学特色。一般来说，对于新教师，最好写详细的讲稿式教案，把授课内容包括开场白、衔接语、问题举例，以及板书等都要反映在教案中，这样教师可以获得很好的教学效果，避免和减少临场发挥时可能出现的错误。而对于经验丰富的老教师，可以只写出教学的提纲。但是无论是提纲式教案还是讲稿式教案，都不是对教材内容的照抄照搬，而是依据教案编写原则而制订的“创造性劳动成果”。

一份好的教案，应该能够体现教学内容和教师组织教学的特点，还能够体现出教师完整、清晰的授课思路。教师要有很好的对教学内容的驾驭能力，善于将教材内容归纳、总结，以便于解决施教过程中可能出现的若干问题，并通过严密的逻辑思维使这些问题形成相对完整、连续的知识体系，以利于教学活动的展开。在各个知识点之间的衔接方面、重难点突破方面是教案编写时应特别关注的问题。使学生不仅知其然，且知其所以然，难点内容在一次教案编写中要避免过多的出现，如果难点内容过多，学生不易掌握，且容易产生畏难情绪。

（三）教案的语言必须规范、准确

教师在编写教案和进行授课时，都要时刻注意规范、准确地使用语言。地理学具有很强的科学性和严谨性，地理教师无论是在教案书写还是课堂中，都要注意地理术语的使用。因此，地理教师要在语言文字上多下一些工夫，做到语言通顺、精练和准确。并且书面用语和口语要结合使用，避免一堂课都是很高深的地理专业术语，要善于把专业术语转化为学生可以接受的相对较通俗的语言，这有助于学生很好地掌握教学内容。但同时，地理教师要注意，有些地理概念必须准确使用，如在教学中要区分“荒漠”和“沙漠”的使用，要注意

“东边”和“东部”的区别。地理教师无论是在教案语言中，还是在课堂语言中，都要注意科学规范地应用术语，正确地进行逻辑推理，用语不拖沓重复，力求用最简洁的语言表达丰富的教学内容。

（四）教案应该及时更新

教案是教师备课的智力成果，教案是否合格与教师的知识结构、授课经验和具体的教学要求息息相关。一份地理教案完成后应该根据教育水平和教学要求的不断提高，根据地理信息的时时变化，根据教学的实际反馈情况进行不断完善，这样，教师的教学技能、课堂上的教学氛围才能改善。身处知识爆炸时代，那种“几十年来一本教案”的做法早已不合时宜。特别是随着教育观念的不断革新，教学方法的创新，要求地理教师不断钻研教育理论和教学方法，使自己编写的教案内容和教学方法与时俱进。另外，地理教师还应考虑到教材内容的相对滞后性，对于那些发展更新较快的热点内容也要及时跟踪，以更好地适应现代教育环境。例如，可以在教学中融入与地理问题相关的时事热点问题，让学生感觉地理就在自己身边，学习地理知识有助于很多问题的解决。

五、如何编写地理教案

明确了教案所包含的内容和地理教案编写时应该遵循的原则和注意事项，我们来看一看如何编写一份地理教案。作为教师教学的计划，教案的撰写要求十分严格，所要书写的内容也非常多。根据当前中学地理教学存在的主要问题，下面我们着重对以下几项展开讨论。

（一）教学准备

教学是有目的、有计划的活动，在进行教学之前，教师需要进行必要的准备，做到头脑中有计划，这样才能有条不紊地进行教学活动，找到教学的方向感，在教学中有自信，能游刃有余。教学准备主要指教师的备课，以前的备课主要是备教材、备学生、备教法，中学地理的教学“以教师为主导，以知识为本位”(李家清，2009)，在现代的教学准备中，要强调对课标的理解，对学情的分析，对教具的适当使用，对教学过程设计的分析，在教学准备成熟以后，再进行地理教案的编写工作。完成教案以后，教师在课前也要进行教学准备，如课堂中可能会用到的一些教具（如挂图、实验器材、资料等)，可能用到的学具（学习任务单、工作清单)，还有就是课堂教学使用的一些电脑软硬件等。

（二）教学目标的确定

高中地理新课程教学目标是指通过有目的的教与学实践活动，地理教师期望学生所达到的学习标准或发生的行为变化。是否能够有很好的教学效果，教学目标的确立很重要。教学目标是一种行为目标，美国课程专家加涅的学习结果分类理论认为，行为目标的陈述具有四个基本要素，即行为主体、行为动词、行为条件和学习水平。由于教师缺乏相关方面知识的理论基础，在对目标进行陈述时往往缺乏科学的把握，目标的编制缺乏规范。教师习惯于把教的过程或教授的内容作为教学目标，而不是从学生的角度制定目标，如“使学生树立……观点”、“培养学生的动手能力”，应该改为“每个学生要……”、“学生应该……”。还有就是行为动词运用不当，要尽量避免用“懂得”、“提高”等含义不能被明确理解的词，可以使用

"能指出"、"能区分出"、"能说出" 等这样可量化和操作的词。

教学目标在本质上来说是新课程理念指导下现代课程与教学观的具体实施，是落实课程目标的关键，通过对课程目标的理解，把它转化为具体的、可操作的教学实际。课堂教学目标的科学设计必须遵循全面性原则、系统性原则、可操作性原则、具体性原则、层次性原则和科学性原则。在教学实践中，教师关于教学目标的制定大都呈现出抽象的状态，空泛而普适。因此，根据地理新课程标准的规定，我们在确定教学目标时应从知识与能力，过程与方法，情感、态度与价值观三个维度来考虑，在教案设计过程中，课程标准的解读一定要到位，三维目标的制定要合理，尤其强调情感、态度与价值观的重要作用。通过教师的精心设计，将三维目标有机整合在教学过程中，从而促进学生的全面发展，这样才能使自己的教学有方向、有目标、有效果。

（三）教学重点和难点的确定

教师在备课的过程中，对教学内容的处理往往集中在教学重点和难点的确定上。这是因为随着现代科技的发展，人类在漫长的历史进程中积累了众多知识，尽管教材在编制的过程中对教学内容已经筛选，但内容仍然很庞杂，且中学地理教学中存在教学任务重与教学课时少的矛盾，故要求教师在教学过程中，分清主次，区别轻重，突出重点，突破难点。教材在编制的过程中，其知识和技能体系具有相对稳定的内在逻辑联系。这就需要教师在讲授前深入领会和掌握教学过程中的重点，正确确定教学难点，要避免盲目性和随意性。

在新课程理念的指导下，教师在确定教学难点时，除了深刻理解课程标准，还应当充分考虑作为认识主体的学生，同时也应该结合自身的实际情况，即教师和学生的素质和能力。例如，对同一项教材内容，有的教师较易讲清楚，不成为难点；而有的教师较难讲请楚，成为难点。同样，对同一项教材内容，有的班级大多数学生较难理解，成为难点；而对于有些班级，可能大多数学生较易理解，不成为难点。因此，教学难点具有相对的不稳定性。教学的重点与难点的确定，要依据课程标准、教学目标、学生实际、知识内容的情况来确定，既有区别又有联系，有时二者是统一的。

（四）教学方法的选择

教学方法是教师和学生为了实现共同的教学目标，完成共同的教学任务，在教学过程中运用的方式与手段的总称。教师应当采用灵活的教学方法，由浅入深，循序渐进，针对不同的授课对象，合理安排授课内容。教学是教与学的双边活动，应该因时、因地、因人、因事采用不同的方法。根据教材内容及学生的实际，设计课程的类型和内容，拟定采用的教学方法，并对教学过程的程序及时间安排都做出详细的记录，每节课都做到"有备而来"。在教学中，不同的教学环节应该选择不同的教学方法，针对不同的教学内容和教学目标，将多种教学方法灵活运用，这样学生才会亲其师信其道。地理教学方法种类繁多，一堂课往往要通过多种教学方法的组合才能较好地完成教学任务。在一份教案中要尽量根据不同的教学目标和教学内容运用多种教学方法。此外，在新的教学理念指导下，传统讲授式教学过程模式已经无法适应地理教学的需要，探究式、案例教学式、导学案式等教学模式越来越受到重视。一份好的教案，要特别注重地理教学模式的选取。

总之，教学方法的选择要有利于调动学生学习的积极性，有利于智力开发，提高学生的各种能力。教师在备课的过程中不仅仅要重视在课堂中教师准备说什么，而且还要重视选择了这种教学的方法，学生可以学到什么。

（五）教学过程

教案中的教学过程是教师设计一堂课的具体活动计划，它是教案的主体部分。传统教案中的教学过程这一环节，大多是书本知识要点的再现，没有加工、没有思考。新课程下的教学过程设计，不仅要求体现教学目的、重点和难点，而且还要求在撰写的过程中考虑教材内容和学生的实际情况，对教学过程中的具体步骤、内容和方式均要写清楚，以保证课堂教学活动顺利完成，要能突出教师对课程标准的准确把握，不是不经思考地照抄照搬。同时，教学过程设计要体现出教师是学生学习的合作者、引导者、组织者，师生之间是一种平等、友好的关系。教学过程的编写要注意教师角色的转换和学生在教学中的主体地位。

在设计教学过程时，要注意课堂教学结构的确定。一节课是由若干部分组成的，每个部分都完成一项具体的教学任务，也就是我们所说的教学环节，课堂教学结构就是指一节课所包含的教学环节及各个教学环节进行的顺序。

在设计教学过程时，教师要注意课堂的呈现方式和教学媒体的选择都要多样化。多样式的知识呈现方式和多种教学媒体的综合利用有利于学生保持课堂的新鲜感，持续吸引学生的注意力，有利于教学工作的开展。

在编制教学过程时，教师要花工夫去钻研、思考教学，考虑到课堂教学中的各种不确定因素，要认识到学生作为一个个活生生的个体，是具有主观能动性的人，他在走进课堂之前已经带有自己的知识、经验、思考、疑问、灵感。教师在组织课堂活动时，应将这种情况考虑进去，使课堂教学更具丰富性。无论多么完善的教学设计都会在课堂教学中不断变化、调整，都会在师生互动中生成新问题。因此，教师设计教学过程时，要考虑学生的反应，应重在策划、设计教学活动，下工夫思考怎样创设教学情境、设置问题、确定活动主题，以及激发学生学习兴趣的方式、方法等，但不要预先设计课堂上学生的行为，要留给学生发挥主观能动性的空间。在教学内容的设计中，要科学、巧妙地进行设问，新课程倡导培养学生自主、合作、探究的学习方式，要培养学生分析、解决问题的能力。在教学设计时，尽量不要告诉学生是什么，而是以问题的形式间接呈现，这对学生探究能力的培养至关重要。提问要与学生的特点、生活实际经历相关，有目的、有层次地设计难易适度的问题，努力创设认知冲突情境，引发学生的探究欲望。教材的知识结构富有逻辑性，在设计教学内容时要有知识线索，要有一条线将它们串在一起，教学活动不是零散的、孤立的。

（六）板书设计

板书是教师在备课中构思的艺术结晶，是教师的微型教案，好的板书不仅在内容上概括总局，而且在形式上因内容的不同而各具特色。好的板书可以很好地体现教材编写者的文路，教师的教学思路。板书是对教学内容的加工和提炼，板书内容的构成直接影响板书质量和教学效果。它在教学过程中把教师、教材、学生和教学目标、教学方法等几大要素联系起来，在教学过程中起到很重要的作用。

因此，教师应对板书进行精心设计，应根据教材的内容、教师的设计技巧和学生的适应程度来设计板书。因为即使同一教学内容，不同的教师、不同的对象，可以设计出不同的板书内容来。板书一般可分为系统性板书和辅助性板书两种类型。系统性板书是对教学内容的高度概括，如讲课提纲、基本内容、重要结论等；辅助性板书是根据教学需要，将一些重要概念、名词术语或重要的时间、地点及其他需强调的内容，简要地写在黑板一侧。系统性板书一般写在黑板重要位置上，相对保持时间长些，辅助性板书往往边写边擦。板书内容设计应根据课程标准和教学目的，以及学生的接受能力，采取不同的设计方法。常用的有以下四种。

1）内容再现法。内容再现法是浓缩、再现原文内容的设计方法，在大多数情况下相当于教学提纲，简单明了，重点突出，它是一种常用的方法。

2）逻辑追踪法。根据课文本身的内在逻辑性和系统性设计板书内容的方法。用这种方法设计板书，有利于培养学生分析问题的能力。

3）推论法。层层推理设计板书内容的方法。这种方法可以经过推理，得出结论，可以比较清晰地反映论证过程。

4）思路展开法。根据课文内容，通过联想、假设进一步扩展课文思路的设计板书内容的方法。

（七）课后记

美国心理学家波斯纳曾归纳出教师成长的公式：“成长＝经验＋反思”，这足以看出教学反思的重要性。一般说来，教学反思有三种类型：教学前反思，教学中反思，教学后反思。

1）教学前反思。主要是指教师在教学开始前，根据自己的教学经验，结合学生的实际情况，对教学目标和教学过程进行的预想。

2）教学中反思。是指教师在教学活动过程中进行反思。这种反思有助于提高教师的教学调控和应变能力。教学过程是一个动态的、复杂的过程，教师应善于捕捉教学中的灵感，及时地调整教学策略，达到最佳的教学效果。

3）教学后反思。是指教师在教学活动结束后，对整个教学过程的回顾、分析。主要记录自己的教学体会和失误，记录学生在学习过程中表现出来的困惑。它是教师对课堂教学自我反馈的重要途径，具有即时性和批判性。

教师在上完课后，对教案进行了实际的检验，在教学的过程中获得了真实的教学反馈，对于这些教学反馈，教师应该进行认真的分析、思考和总结，对于在教学过程中出现的问题要及时地进行修改，根据学生的实际学习反应进行完善，为教案编写水平的提高奠定基础。《礼记》中记载：“学然后知不足，教然后知困。”在知道困难以后进行反思，才能更好地进行教学。反思是教师着眼于自己的活动过程来分析自己某种行为、决策，以及所产生的结果的过程，教师反思自己的教学主要从教学过程中的闪光点进行反思，从教学过程中的遗憾点进行反思，要抓住学生的错误点、抓住教学的疑惑点、抓住设计的空白点进行反思，从教学方法、教学内容、教学组织形式等方面探索新的突破口。反思不是一句口号，它需要在一定的教学反思材料上进行总结、提炼，升华为一定的结论。教学总结便是这种活动的结果，它是教师积累、总结经验、发现问题的凭据，对于改进教法、提高教学质量有很大的帮助。教学总结的写法不拘一格，主要有以下内容和方法。①记载教学任务的完成情况。实际教学的效果与备课的预想之间必定存在差距，教师应该及时记录实际课堂教学中对原计划的变动情况，以及达到的效果等。②记载教学方法情况。记录这堂课中教学方法的成功之处与存在的问题，教学步骤所作调整的原因，以便进一步深化和完善以后的教学。③记载教学方法指导情况。教师着重对学生预习、自学、阅读、总结、思维训练的指导方法进行记载，找出存在的问题和解决问题的方法。④记载课堂上的突发事件及处理情况。⑤记载自己通过施教所获得的体会和领悟。

真正意义的教学反思是教学经验积淀的主要途径，写教学反思贵在及时，重在坚持，不要为反思而反思，学习、反思的过程对提高自己的教学水平和科研能力大有益处。经常地反思自己的教学，可以做到扬长“补”短、精益求精，把自己的教学水平提高到一个新的高度。

第二节　地理教学方案的形式

一份详细的教案包含的内容很多，几乎把整节课可能发生的事情都要写下来。现在，除了正式的公开课，一般不要求教师将教案书写的过于详细。目前，教师都是参考不同教材、教学资料，按课程标准的要求，根据自己学校和所教授班级的具体情况编写教案的。按照教案的形式，可以分为下列四种。

一、摘录式教案

这种形式的教案主要是以在教学过程中所使用的教材为主要的讲课内容，完全按照课程标准的要求来安排各项教学活动，但是它比较容易忽视教学方法的选择，缺乏教师的创新和与生活有关的事例，对课堂时间的利用不是很充分，学生也只是学习教师所讲授的课堂知识，对于学习的内容没有独立的见解和可以发挥的余地，也提不出教材外与本课程有关的问题，很难参阅相关的参考书或资料进行更深层次的学习。这种教案，教师一般花费的时间比较多，比较认真细致，总是担心课堂无话可说，课堂讲述部分尽可能充分。这一教案形式比较适合新教师，对于课堂上是否讲解、是否板书，以及板书的详略等都有说明。

二、双教案式

双教案式就是教师准备了两份教案：一种是详案，这种教案编写的比较详细，对于这节课要讲解的内容都事先在笔记本或在教材上注明简单的解题步骤、推演公式、补充或眉批注解。关于要讲解的具体内容基本都会写上，教案旁边尽量也留有空白，以备日后充实，此类详案一般可以使用较长时间。另一种是简案，简案是一种编写相对简单教案的方法，在详案基础上对要讲解的内容作了比较精心的概括和选择，突出重点、难点，推演过程尽可能精炼，否则会加重学生负担。在此简案中也标明了哪些知识需要以板书、板画的方式呈现，并且设计好板书、板画位置。在课堂中尽量少在黑板上呈现过多的内容，尽可能使课堂有条不紊，清楚易懂。简案每讲一遍就换一次，这样做，似乎工作量很大，但能很好地组织每堂课的教学，合理、经济地利用课堂每一分钟。

三、提要式教案

使用这种提要或大纲式教案的教师，一般对授课内容比较熟悉的教师。对授课内容比较熟悉，已经讲授过多遍，只写提要式教案，就能口若悬河，滔滔不绝。当然教师讲授的内容也在不断更新。但是即使是这种情况，教师也应该认真备课，实践证明无论教师对自己这门课程理解得多好，具有如何丰富的经验，每次都必须认真地备课，必须深思熟虑地进行教案修改和充实，更新内容，提高讲课质量，这堂课才能获得良好效果。

综上所述，写教案的形式可多种多样，且对每位教师要根据自己的实际情况来决定，具体情况不同，不能一概而论，盲目套用某一种形式。

随着计算机技术的发展和普及，计算机不断进入寻常百姓家，教师办公自动化已成为现实。特别是近几年计算机在教学领域的普遍应用，对计算机的掌握和使用已成为教师必须拥有的基本技能之一。掌握现代化科学技术是新形势对现代教师的一个基本要求。在这样的基础上，电子教案应运而生。

四、电子教案

电子教案是将传统教案中的内容转换成计算机能处理的数字信息格式后存储于记录介质（如硬盘、光盘、U 盘等）中的一种形态。同其他的电子出版物一样，在观看阅读时必须事先装入计算机中，由显示器输出，与传统教案相比，电子教案具备以下几方面的特点。

1. 扩大了教案的使用范围

电子教案可以与电子计算机相连接，将要讲授的教学内容投影到荧屏上。这样就可以直接用于教学，基本上取代了传统的粉笔板书，它可以以文字、图片和视频的形式来展现教学内容，成为了教学内容呈现的又一重要形式。从这个角度上看电子教案也属于一种简单的 CAI 课件。

2. 有益于教案的修改和完善

对于有经验的教师来说，在编写教案的过程中对教案的修改和订正是经常的。电子教案在编辑上的优点是显而易见的，对内容的插入、删除和改写非常方便，尤其是对文字的操作，使得对占有资料较多的教师来说更是提供了方便。

3. 便于携带、交流

与纸张相比，电子存储介质储存信息的容量要大得多。特别是近年来“U 盘”价格的大幅下降，为我们保存资料提供了一种更好的途径。当前，一些云盘软件的陆续出现，甚至省去了携带“U 盘”的过程，降低了文件受病毒感染的可能性，对于教师使用电子教案提供了更大的方便。

4. 具有生动、形象的多媒体效果

电子教案可以借助一些使用方便的工具软件，编辑制作出具有专业水平的图形、图像，并且可以根据需要配上语言和音乐。借助生动形象的多媒体呈现方式，可以提高课堂效率，达到良好的教学效果。

5. 可以制作投影片和幻灯片

电子教案的内容能够直接用于投影片或幻灯片的制作，对于电化教学形式非常实用。在这里，教师要注意，教案是详细的教学计划，而类似于 PPT 课件的幻灯片则是提纲式的教学内容大纲。课件的作用不能代替教师的讲解，课件制作要简单明了，而不是大段文字的罗列。

对于编写好的电子教案，既可以在日常各种教学活动中与其他教师进行分享，还可以选择一些教育网站进行发布，与大家交流学习，提高自己的教学水平和知名度。在新一轮教学中，教师可以对原教案仔细推敲，对教学内容进行插入、删除和改写，不需要重写教案，使教师从抄写教案的繁重文字处理中解脱出来，节约时间更好地研究教法，以提高教学效率。

第三节　地理教学方案案例分析

教案书写的最终目的是为了达到良好的教学效果。在当前的形势下，传统式地理教案和比较新式的地理教案都广泛存在于中学地理教学中。下面就以目前常用的地理教案为例分析其合理性与不足。

一、传统式地理教学案例

传统式地理教案一般分为教学目标、教学重点、教学难点、课型、教学方法、教学过程、板书设计和课后记等，一般不包括前文所涉及的学情分析内容。教学过程一般分为复习旧课、引入新课、讲解新课、巩固新课和检查反馈等内容。下面以初中地理“大洲和大洋”一节的教案为例对其进行分析（刁传芳，1994）。

案例 9-1　“大洋和大洲”教学案例（片段）

【教学目的】

1. 使学生掌握海洋与陆地分布的基本概况以及大陆、岛屿、半岛、海等基本概念，掌握七大洲及其分界线。使学生了解海陆形成的基本理论——板块构造学说，并记住六大板块的名称和分布。

2. 通过本节课的学习，培养学生初步掌握读图和用图的方法，掌握画大陆轮廓略图的技能。

3. 在学习“大陆漂移和板块运动”的理论知识中，使学生认识地球表面也是在不断运动的，从而进一步理解唯物主义的基本观点。

【教学方法】

讲授与问答相结合的方法

【教学重点和难点】

重点：有关海洋、陆地的基本概念及其分布，七大洲及其分界线。

难点：板块构造学说。

【教学提纲】

第一节　大洲和大洋

一、海洋与陆地

1. 海陆的分布

2. 大陆与大洲

3. 洋与海

二、海陆的形成

1. 大陆漂移学说

2. 板块构造学说

教学过程（片段）：

海陆的形成——板块构造学说

板块构造学说是在大陆漂移学说和其他学说的基础上，于 20 世纪 60 年代提出的。

大陆漂移学说

展示投影片：大陆漂移的三个阶段。

指导阅读：请同学们阅读课文第 38～39 页的前两段，思考回答下列几个问题。①魏格纳是怎样提出大陆漂移学说的？②大陆漂移学说的主要观点是什么？③大陆漂移学说的主要证据是什么？④在大陆漂移过程中，面积缩小的大洋和面积扩大的大洋分别是什么大洋？

教师总结：魏格纳为了研究大陆的漂移，献出了宝贵的生命，这是一种科学献身精神。今天，人们已经接受了魏格纳所提出的“海陆分布是因为大陆漂移的结果”。到了 20 世纪 60 年代，人们通过进一步研究，认为大陆的漂移是因板块运动造成的，从而提出了板块构造学说。

布置作业：绘制海陆轮廓简图，并注意掌握绘制技能，在绘图中复习本节知识。

（一）教案评价

这是一节传统的地理教案设计，在教学目标的设置中，还没有强调划分出新课改倡导的三维目标划分。在本教案提出的三条教学目标中，强调知识内容的学习，且目标比较明确，学生学习有的放矢，而对于过程与方法，情感、态度与价值观的学习则没有很强的意识。但是本节传统地理教案的设计内容紧凑，授课内容环环相扣，起承转合运用恰当，知识内容步步深入，可以使学生在较为有限的时间内比较迅速地、有效地接受系统完整的大洲和大洋的地理知识。这种地理教案设计下的地理课堂，地理教师主导作用明显，地理教学挂图的使用较多，地理课堂在师生提问与回答、教师总结性发言中进行，课堂教学效率高，然而学生处于被动地接受知识状态，学生不是课堂的主体，课堂气氛一般比较沉闷，不利于调动学生地理学习的积极性，也不利于学生三维目标的达成。由于这种教学模式简单方便，所以一直长盛不衰，即使在新课改的大浪潮中，该数学模式依然能够在中学地理教学中有很大的生存空间。

（二）教学建议

结合我国中学地理教学的实际情况，这样的教学模式还会继续存在于大部分的地理课堂中，这样的教案设计和课堂教学也是新入职中学地理教师的必修课，是进行其他教学模式的基础。广大的地理教师在书写传统地理教案和进行课堂教学时，不仅应注重学生对于知识内容的掌握，而且应特别注意过程与方法，情感、态度与价值观的培养。在课堂中尽量使用能够调动学生积极性的讨论、探究等方法进行教学，加强师生之间的互动，由传统的以教师为主导的课堂转为以学生为主体的课堂，同时选择多样的知识呈现方式，避免学生出现对于单一知识呈现方式的疲劳。

二、案例式地理教学案例

地理案例教学是通过对一个具体的地理教学情境的描述，引导学生对案例进行讨论的一种地理教学方法。这是一种在教师的精心策划和指导下，根据教学目标和教学内容的需要，采用地理案例组织学生进行学习、研究、锻炼能力的方法。案例教学法强调学生在教学中的主观能动作用，不但重视知识的传授，而且更重视知识的应用。这种方法不单单指向于“教”，而且也涵盖“学”在内，要求学生有更多的参与。下面以一位江苏昆山的中学老师设计的地理教案为例进行分析（王晨光，2012）。

案例 9-2　“产业转移——以昆山为例”教学案例（片段）

【课标解读】

课标要求“举例说明产业转移及其对区域地理环境的影响”。“产业转移及其对区域地理环境的影响”是要达成的知识目标，“举例”要求采用案例教学的方法。

【教学目标】

1. 结合昆山实例，了解产业转移的概念，理解影响产业转移的因素。

2. 通过角色扮演，体验、归纳产业转移对区域发展的影响。

3. 了解昆山之路，传承昆山精神，热爱家乡、建设家乡。

【教学难点】

影响产业转移的内部交易成本因素。

【教学重点】

产业转移对区域发展的影响。

【教学方法】

合作探究、角色扮演。

【教学过程（片段）】

一、课堂导入

来到昆山，我心里的敬意油然而生，佩服昆山人。因为昆山创造了社会经济发展的一段传奇。20 世纪 80 年代中期，昆山还是个农业县，很落后，在苏州六县中经济排名倒数第一。请看今天昆山：苏南小城昆山，以占全国万分之一的土地，集聚了全国近 1/50 的外资和 1/9 的台资，创造了全国 2.8%的进出口总额，被列为全国 18 个改革开放典型地区之一，多年蝉联全国百强县之首，走出了一条闻名遐迩的“昆山之路”。昆山的崛起是一个奇迹！今天我们尝试从地理学科产业转移的角度，在更广阔的时空范围内去观察昆山的发展历程，总结昆山经验，传承昆山精神，把昆山建设得更加美好。

二、昆山发展历程

1. 敢为人先

1984 年昆山创办了一个工业区。当时省里的领导不理解，不支持，农业县搞什么工业！怎么办？再加两个字——昆山县“自费”经济技术开发区。昆山人自筹资金搞开发区建设，这在当时引来了许多质疑和嘲笑。

承转：昆山最先吸引的是上海的企业，后来逐渐吸引外资和台资企业。

2. 难忘瞬间

1）1988 年，日本苏旺你株式会投资创办了全省第一家外资公司（公司主要生产各种劳保用手套，产品全部返销国外）。

2）1990 年 10 月，昆山首家台资企业顺昌纺织有限公司正式投产。

探究：以上两家企业为何迁移到中国大陆来？

认识产业转移概念：产品的生产要经历研发、设计、制造及市场销售等环节。产业转移是企业将产品生产的全部或者一部分转移到其他国家或地区。市场经济中，产业转移是企业自发的行为，目标是扩大销售，降低成本，最终增加利润，产业转移是企业在生产要素和市场条件变化时的适应性选择。

猜猜看：根据下列条件猜昆山的一家著名企业。①台资企业；②在座的各位都消费过其产品；③食品企业；④方便面饮料很著名。

承转：昆山“统一”是统一集团在内地投资规模最大、投资项目最多的企业。

探究：统一企业到大陆来，主要看中国内地的什么条件（市场）?

学生列举类似的昆山著名企业（如捷安特自行车、樱花卫厨、正新轮胎、三得利啤酒等）。

3. 快速发展

1991年，与当时全国14个正宗的国家级开发区相比，昆山这个自费开发区居然排第三位。

4. 开拓创新

付出就有回报。昆山人的务实肯干，终于得到了认可，1991年1月被列为省重点开发区，1992年8月经国务院批准成为国家级开发区，2000年设立昆山出口加工区。这是我国第一个出口加工区，为这件事，昆山努力争取了整整三年。出口加工区位于国家级昆山经济技术开发区内，规划建设面积2.86km^2，2007年完成进出口总额315.78亿美元，其中出口208.52亿美元，平均每平方公里进出口超过100亿美元；2007年笔记本电脑产量为3800万台，占世界产量的近40%，数码相机产量为1000万台，手机、导航仪产量为1000万台。

探究：目前，我国国家级经济技术开发区有54个，还有大量的国家级高新技术产业开发区、高科技园区。21世纪以来，在中国全面开放的背景下，昆山有何魅力，能独领风骚，成为海内外客商竞相投资的一方热土?

看视频1，小结——昆山有亲商、安商、富商的服务理念，电子信息产业有良好的配套条件。

看视频2，小结——昆山有主动、高效的行政服务。

5. 转型升级、“腾笼换鸟”

看新闻，学地理：资料“产业微笑曲线”。

“产业微笑曲线”（图9-1）表明：在产业链中，附加值更多聚集在两端，即设计和销售，处于中间环节的加工、制造附加值最低。

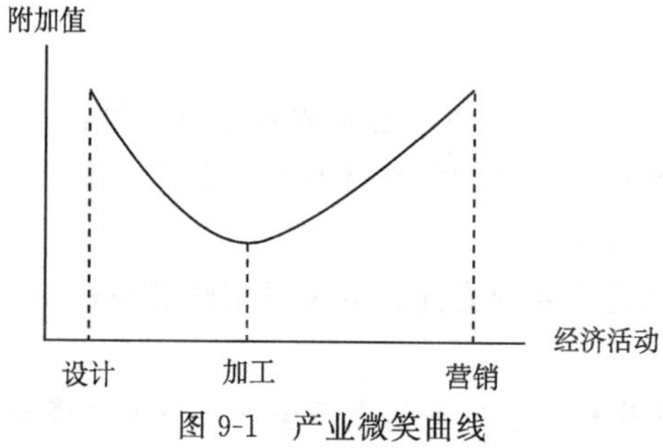

图9-1　产业微笑曲线

探究：借助微笑曲线，说明为何要从“昆山制造”走向“昆山创造”、“昆山服务”?

承转：昆山的产业升级被形象地称作“腾笼换鸟”。昆山的土地大都已经被早来的企业占据了，笼子如何腾出来？原来的企业如何安置?

资料：苏旺你公司是一家生产劳保用手套的日资公司，也是1984年昆山引进的第一家外商独资企业。2006年，昆山中国苏旺你有限公司谋划了第二次搬迁，这一次它搬到了苏北，把昆山作为中国区总部，负责研发等工作，而把劳力密集的加工环节转移出去。与它有着同样情形的还有25家劳力密集型的外资企业。从2004年底开始，备受土地紧张、能源短缺困扰的昆山市由政府出资实施“腾笼换鸟”计划，陆续搬迁改造资源消耗型工业企业，腾出土地用来发展高科技、高效益、低污染的产业。

探究：“笼子”是如何腾出来的？外迁的主要是哪些企业？

角色扮演，各抒己见：昆山企业向经济相对落后的苏北地区转移，对昆山和苏北都有多方面的影响。通过角色扮演，尝试从不同的角度来感悟产业转移的影响。

承转：视野放大一些，看国际产业转移例子。20世纪50年代以来，东亚是世界上国际产业转移最明显的地区。

6. 全面协调，魅力昆山

今天的昆山有两张名片，一是百强县第一名，二是中国最具魅力城市。昆山不仅经济发达，还做到了社会、环境保护的全面协调发展。

看美景、猜地点、感受魅力昆山：欣赏昆山美景图片，竞猜拍摄地点。

活动1：学生配乐朗诵2004年昆山获得中国最有魅力城市的颁奖词。古老的昆曲声中，演出的是迅猛发展的经济；悠闲的生态环境，嫁接出世界经济格局中重要的现代产品。这是一座刚柔相济、兼容并包、以人为本的城市。昆山，以其充满活力和动力的发展底蕴，创建着中小城市众多之最的辉煌业绩，成为2004年中国最有魅力的城市。

三、课堂总结

活动2：创建昆山之路的过程中，昆山人展示了哪些值得我们继承和发扬的优秀品质？写关键词相互交流。展示昆山精神：开放、融合、创新、卓越。

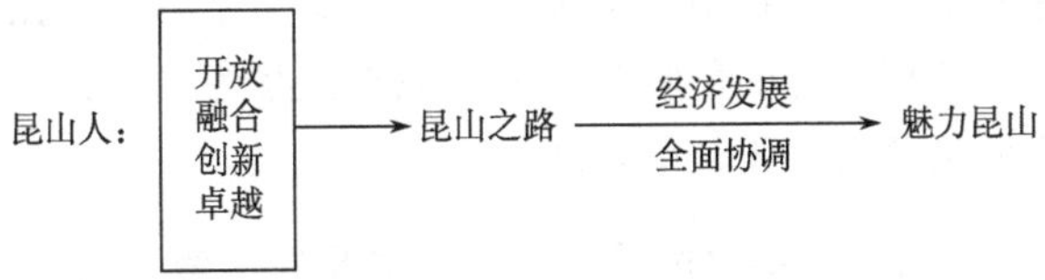

总结：昆山的成功在于抓住机遇，敢为人先，奋力拼搏，争先创优。高中阶段精力旺盛，是人生发展中的一次机遇。希望大家能珍惜青春时光，努力读书、锻炼身体、磨炼意志，为幸福人生奠基。

（一）教案评价

本教案是一份典型的地理案例教学模式的教案。本教案设计获得2011年全国新课标高中地理优秀课件展评活动特等奖，对于中学地理教师的课堂地理教学具有非常好的借鉴意义。通过本教案，我们可以进行反思，在现行的高中地理课标和教材中，对“产业转移及其对区域地理环境的影响”都有明确的表述和讲解，地理教师上课时一般会以发达国家向发展中国家的产业转移为例进行讲解，使用的案例也都是比较经典但略显“陈旧”的案例。而此教学案例，教师结合学校所在昆山市的实际情况，以昆山市产业转移为主线索引导学生进行探索，同时很自然地融入了昆山市的发展历史和现有成就，很好地将教材与乡土地理知识进行了结合，在完成知识与技能目标的同时，给学生展示了一种动态的产业转移过程，并为学生提供了研究该问题的方法，最重要的是将情感、态度与价值观教育进行了升华，很好地培养了学生热爱家乡的情怀。可以这样说，此教案是地理案例教学的经典教案。在高中地理进行该部分的教学时，可以给地理教师提供这样一种思路，可以结合自己身边比较熟悉的产业转移现象进行“生活化地理”的教学。从这样的思路出发，在高中地理部分，尤其是必修第二和第三分册的人文地理和区域地理部分，该部分学生比较容易感知，地理教师可以适时地融入乡土地理的教学，或者依据当地实际情况编写适合当地使用的校本教材。

（二）教学建议

地理案例教学是地理新课程的一大特色，它使教材更加典型化和贴近生活，便于学生理解知识，培养学生解决问题的能力；同时，还有利于促进学生主动学习，教师和学生之间实现教学相长。案例教学无疑是贯彻地理新课程改革的有效方法之一。然而，我们也要认识到，如果此教学模式运用不当，容易使学生形成问题解决思维的单一化趋势，认为此类问题都可以用一个案例解释。这就要求教师在课堂中要强调学法指导，说明地理问题的复杂性，不可能只通过一个案例“以偏概全”。在使用案例教学时，教师可以给学生提供其他案例材料，虽然只重点讲述一个案例，但是让学生认识到地理问题的复杂性，通过对一个地理案例的学习了解其他案例的学习方法。

三、自主合作探究式地理教学案例

伴随着地理新课改的深入，自主、合作、探究式学习方式和教学方式越来越频繁地出现在中学地理课堂之中。在经历了一段时间的试验与不断摸索之后，这种新型的教学方式被证明能够很好地帮助学生树立三维目标，能够让学生比较顺利地学习到对生活有用的地理，从预见的范围来看，这种教学方式会在中学地理课堂中占有越来越大的比重。下面，以高中地理部分“人类活动对区域地理环境的影响”一节的地理教案为例研究这种教学方式，体会此种地理教学方案设计的借鉴意义（张红娟，2012）。

案例 9-3　“人类活动对区域地理环境的影响”教学案例（片段）

【教材内容】

资源跨区域调配对区域地理环境的影响仅在正文中提到，阅读部分则编排了美国加州的“北水南调”工程作为案例。

【学习目标】

知识与技能：知道“南水北调”工程背景及工程概况；分析“南水北调”对地理环境的影响；掌握资源跨区域调配对地理环境影响的一般分析方法。

过程与方法：查找“南水北调”资料，培养学生收集、整理资料的能力；以小组为单位，对相关图文资料进行分析，培养合作、交流、探究的能力。

情感、态度与价值观：了解我国的资源现状；增强学生的节水意识，进一步树立正确的资源观、环境观；培养小组的合作精神与竞争意识。

【教学重点和难点】

重点：“南水北调”对调入区、调出区及沿线地理环境的影响和利弊。

难点：总结归纳“资源跨区域调配”的一般分析方法。

【教学过程】

表 9-1　“资源跨区域调配”教学过程表

<table>
<tr><th>环节</th><th>教学过程</th><th>学生活动</th><th>设计意图</th></tr>
<tr><td>资料收集</td><td>课前布置任务，提供参看网站落实任务
<table>
<tr><th rowspan="2">小组</th><th rowspan="2">资料收集内容</th><th colspan="3">完成程度</th></tr>
<tr><th>优</th><th>良</th><th>差</th></tr>
<tr><td>第一组</td><td rowspan="6">关于“南水北调”工程的视频；“南水北调”工程的基本概况；“南水北调”工程的相关图文资料</td><td></td><td></td><td></td></tr>
<tr><td>第二组</td><td></td><td></td><td></td></tr>
<tr><td>第三组</td><td></td><td></td><td></td></tr>
<tr><td>第四组</td><td></td><td></td><td></td></tr>
<tr><td>第五组</td><td></td><td></td><td></td></tr>
<tr><td>第六组</td><td></td><td></td><td></td></tr>
</table></td><td>利用网络等媒体收集资料；学习委员根据“资料收集内容调查表”检查对资料收集任务的落实情况</td><td>培养学生对资料收集、整理、加工的能力；检查学生对资料收集任务的落实情况</td></tr>
<tr><td>导入</td><td>展示课前资料收集成果</td><td>成果展示</td><td>激发学生学习新知的兴趣与热情</td></tr>
<tr><td>案例探究</td><td>活动 1：根据我国降水量、人口、工业、粮食作物分布图（图略），分析我国哪里最缺水？为什么缺水？如何解决缺水问题？</td><td>各组展开开放式的交流合作，然后由小组长说出各组讨论的结果</td><td>了解南水北调的地理背景；领会地理要素间的相关性</td></tr>
<tr><td>案例探究</td><td>活动 2：根据材料 1 和材料 2，说出“南水北调”工程方案有哪几条？“南水北调”工程为何首先实施东线方案？
材料 1：“南水北调”路线示意图
材料 2：东线工程基本情况，即东线方案是从长江下游扬州附近的江都抽引长江水，以京杭运河为主要输水渠道，逐级提水北至天津，每年向北方调水 180 亿 m^3</td><td>学生再次分组展开讨论，合作交流意见，分析东线调水方案的利弊</td><td>培养学生从图文资料中获取有效信息的能力；树立用辩证的眼光看待地理事物的思想</td></tr>
<tr><td>总结归纳</td><td>
<table>
<tr><th colspan="2">方案</th><th>东线工程</th></tr>
<tr><td rowspan="2">评价</td><td>优点</td><td></td></tr>
<tr><td>缺点</td><td></td></tr>
</table></td><td>并总结归纳东线方案的利弊</td><td>培养学生总结归纳地理事物的能力</td></tr>
<tr><td>案例探究</td><td>活动 3：通过视频、图片及“南水北调”调入区城市水资源供需差异预测表，感知“南水北调”对调入区、调出区及沿线生态、经济和社会环境将产生哪些影响？
<table>
<tr><th>项目</th><th>2005</th><th>2010</th><th>2030</th></tr>
<tr><td>生活用水</td><td>61.51</td><td>81.32</td><td>130.94</td></tr>
<tr><td>工业用水</td><td>108.99</td><td>128.6</td><td>204.42</td></tr>
<tr><td>生态用水</td><td>18.8</td><td>31.33</td><td>39.96</td></tr>
<tr><td>可供水量</td><td>104.35</td><td>98.36</td><td>94.99</td></tr>
<tr><td>缺水量</td><td>111</td><td>169</td><td>305</td></tr>
<tr><td>经过节水、治污等措施后的抽水量</td><td>66.8</td><td>112.12</td><td>191.16</td></tr>
</table></td><td>学生分组探究，分组扮演调入区的居民，展开模拟对话活动。学生在合作探究时，各小组记录员记录小组讨论结果</td><td>突破重难点；培养学生从文字和影像资料中获取有效地理信息的能力</td></tr>
</table>

续表

<table>
<tr><th>环节</th><th>教学过程</th><th>学生活动</th><th>设计意图</th></tr>
<tr><td>成果展示</td><td>
<table>
<tr><td colspan="2" rowspan="2">第__小组成员姓名</td><td rowspan="2">地区</td><td colspan="2">自然环境（生态）</td><td colspan="2">人文环境（社会，经济）</td></tr>
<tr><td>有利影响</td><td>不利影响</td><td>有利影响</td><td>不利影响</td></tr>
<tr><td>1</td><td></td><td rowspan="4">调入区</td><td rowspan="4"></td><td rowspan="4"></td><td rowspan="4"></td><td rowspan="4"></td></tr>
<tr><td>2</td><td></td></tr>
<tr><td>3</td><td></td></tr>
<tr><td>4</td><td></td></tr>
<tr><td>5</td><td></td><td rowspan="2">调出区</td><td rowspan="2"></td><td rowspan="2"></td><td rowspan="2"></td><td rowspan="2"></td></tr>
<tr><td>6</td><td></td></tr>
<tr><td>7</td><td></td><td rowspan="2">沿途</td><td rowspan="2"></td><td rowspan="2"></td><td rowspan="2"></td><td rowspan="2"></td></tr>
<tr><td>8</td><td></td></tr>
</table>
</td><td>小组成果展示，教师对学生的成果展示及时做出反馈性的评价，并归纳总结调水效益</td><td>培养学生分析、归纳、生成并陈述观点的能力；培养小组的合作精神与竞争意识</td></tr>
<tr><td>教学评价</td><td>
<table>
<tr><td colspan="2" rowspan="2">第__小组成员姓名</td><td colspan="3">发言次数</td><td colspan="3">发言质量</td></tr>
<tr><td>活动1</td><td>活动2</td><td>活动3</td><td>很好</td><td>较好</td><td>一般</td></tr>
<tr><td>1</td><td></td><td></td><td></td><td></td><td></td><td></td><td></td></tr>
<tr><td>2</td><td></td><td></td><td></td><td></td><td></td><td></td><td></td></tr>
<tr><td>3</td><td></td><td></td><td></td><td></td><td></td><td></td><td></td></tr>
<tr><td>4</td><td></td><td></td><td></td><td></td><td></td><td></td><td></td></tr>
<tr><td>5</td><td></td><td></td><td></td><td></td><td></td><td></td><td></td></tr>
<tr><td>6</td><td></td><td></td><td></td><td></td><td></td><td></td><td></td></tr>
<tr><td>7</td><td></td><td></td><td></td><td></td><td></td><td></td><td></td></tr>
<tr><td>8</td><td></td><td></td><td></td><td></td><td></td><td></td><td></td></tr>
</table>
</td><td>评价（自评和他评）</td><td>检测小组成员课堂活动的参与度</td></tr>
<tr><td>应用拓展</td><td>展示“西电东送”示意图和中国区域能源生产与消费情况图，回答下列问题。
(1)“西电东送”工程实施的原因是什么？
(2)“西电东送”工程对西部地区的地理环境会产生怎样的不利影响？
(3)“西电东送”工程对东部地区的地理环境会带来哪些有利影响？</td><td>学生独立完成练习</td><td>检测资源跨区域调配对地理环境影响的分析方法；讲练结合，掌握对学习方法的运用能力</td></tr>
</table>

续表

<table>
<tr><th>环节</th><th colspan="4">教学过程</th><th>学生活动</th><th>设计意图</th></tr>
<tr><td rowspan="8">教学评价</td><td>评价内容</td><td>5 分</td><td>3 分</td><td>1 分</td><td rowspan="8">学生填写小组成员自我评价表，选出今日明星和最佳小组，并给予表扬</td><td rowspan="8">反馈课堂教学效果；满足学生学习的成就感并激起其学习热情</td></tr>
<tr><td>知道“南水北调”的地理背景及工程概况</td><td></td><td></td><td></td></tr>
<tr><td>通过阅读图表和文字资料分析问题</td><td></td><td></td><td></td></tr>
<tr><td>积极参加小组讨论，发表自己的观点</td><td></td><td></td><td></td></tr>
<tr><td>能分析“南水北调”对地理环境的影响</td><td></td><td></td><td></td></tr>
<tr><td>举出并解释三个以上资源跨区域调配的实例</td><td></td><td></td><td></td></tr>
<tr><td>运用本课总结的规律解决实际问题</td><td></td><td></td><td></td></tr>
<tr><td>总分</td><td colspan="3"></td></tr>
<tr><td>总结</td><td colspan="4">根据板书，引导学生对知识进行梳理、概括</td><td>回顾新知</td><td>巩固深化所学知识</td></tr>
</table>

（一）教案评价

这是一节充满新课改理念和教学理念的地理教案设计，整个教案设计始终贯穿着学生的自主学习、小组合作学习和探究学习的理念。这也说明，在当前的背景下，教学方案越来越不受原有“模板”的束缚，呈现出多种多样的形式。这样的一种课堂教学形式，要求每一位学生利用自己的空余时间搜集资料，在上课时与组内同学进行交流合作，这有利于调动每一位学生的积极性，把地理课堂“还给”学生，教师不再是课堂的主体，但是对课程学习的引导作用和对课堂的控制力并没有减弱。这样的一种教学组织形式还有利于学生完成过程与方法目标，掌握自主的学习方法，对于学生学习其他科目和之后的地理学习都有非常好的帮助。在传统地理课堂中，课堂的反馈与评价很少，学生所学往往只通过死板的题目体现，而通过以上这种教学模式，通过课堂上学生以小组为单位的展示则可以反馈给教师很多信息，包括知识学习、方法的掌握情况和价值观的形成等。因此，这样的教案设计我们应该提倡，这样的课堂我们也十分需要。

（二）教学建议

对于自主学习、小组合作和自主探究的教学形式，现在有不少反对的声音，究其原因，都是认为这种教学形式看似热闹却徒有其表，教师容易忽视学生“受教育者”的身份，人为淡化课堂秩序，导致学生在课堂上比较涣散，最终造成课堂“形散神也散”。为了达到“形散而神不散”的境界，教师在课堂中必须恰当地把握教学中的“度”，学生自学时有力监督，学生小组合作时正确引导，在成果展示时则需要鼓励，也需要教师提出更好的改进意见。看似“形散”的课堂，可实际上教师应该是加强了对于课堂的掌控力度。这样的教学方式看似简单，实则对于教师的要求更高，随着新课改的深入进行，也给教师提出了更大的挑战。

四、导学案式地理教学案例

在新的课程改革理念中，学生自主学习能力的培养被放在重要位置，因此，在中学地理课堂中，关于学生学习方式的培养自然而然成为了重要方面。现行的中学地理课堂中，除了以上讲述的教学案例以外，导学案式的教学组织形式也非常普遍，有不少中学将导学案式的教学组织形式作为地理学习的主要方式。这种教学形式其不同之处在于导学案的存在，其最大特点是将学生的自学与练习紧密联系，教师利用导学案，在课前的学生自主预习时起到指引作用。下面以初中地理八年级《沟壑纵横的特殊地区——黄土高原》的导学案设计为例，体会这种特殊的教学设计（齐露明，2008）。

案例 9-4　“沟壑纵横的特殊地形区——黄土高原”教学案例（片段）

【教学目标】

知识与能力：①知道黄土高原是世界上最大的黄土分布地区；知道黄土高原千沟万壑的地形特征；初步掌握运用实验验证假设的方法。②通过对黄土高原形成原因的分析，初步了解科学论证的一般方法；通过对黄土高原过去至现在发展变化的过程分析，初步掌握地理要素之间的相互联系和相互作用，是区域地理环境特征形成和发展变化的主要原因。

情感、态度和价值观：客观接受前人的科学成果和亲自动手验证自己的假想，尝试追求真理的艰辛，从而培养对真理的执著探究精神和科学的方法。

【教学重点】

黄土高原千沟万壑的地形特征。

【教学难点】

黄土高原千沟万壑的地形特征的形成原因。

【教学方法】

探究学习法

【教学过程】

探究 1：黄土高原水土流失的原因。

1. 分析课本 69 页活动中的实验，讨论水土流失与地表植被的关系。

友情提示：对比 3 组图中：①植被的差异；②烧杯内水量的多少；③烧杯内沙土的情况。

结论：____________________。

2. 读课本 68 页的课文及图 8.4，分析黄土高原水土流失的其他原因：________________。

总结：（表 9-2）

表 9-2　黄土高原水土流失原因分析表

自然因素	地形条件	
	黄土特征	
	气候条件	
	植被特点	
人为因素		

探究 2：黄土高原水土流失的后果如何？

讨论：

(1) 水土流失中水带走了什么？是表层土还是深层土？两种土哪个含营养物质更多？这样会对农业生产造成怎样的影响？

(2) 水流走之后，留下了什么？很多农田和村庄分布在高原面上和缓坡上，水土流失严重，这里会出现怎样的情形？

(3) 水带着泥沙流向何处？结合上学期所学黄河的内容，分析它给黄河带来了什么问题？

活动：课本 69 页活动 2，阅读图 8.7 中的对话，谈谈你的看法。

友情提示：男孩的观点中，因是______，果是______。

女孩的观点中，因是______，果是______。

两人的观点矛盾吗？______。为什么？______。

两人的观点说明什么问题？________________。

拓展延伸：我国是水土流失比较严重的国家。至 20 世纪 90 年代末，我国水土流失总面积达 356 万 km^2。阅读图 8.8，找出水土流失严重的地区，并根据图中信息，分析造成这些地区水土流失的自然原因。

我国水土流失严重的地区有________________。

自然原因____________________。

说明____________________。

友情提示：

(1) 确定我国水土流失严重的地区除了黄土高原以外，还包括哪些地区？

(2) 从地形地势看，这一类地区分布在哪些地形区内，又在第几级阶梯上？

(3) 分析等降水量线分布图，观察水土流失严重地区其降水量在哪个范围内？

归纳总结：具备了什么样的条件，才会发生严重的水土流失？

拓展延伸：除黄土高原外，我国还有没有生态环境脆弱的地区？试举例说明。

总结提升：大家一定很关心黄土高原的明天吧，那么请你为黄土高原的明天设计一幅画，并介绍你的创意。

达标训练（略）

(一) 教案评价

这是一份比较典型的地理导学案，把教学目标、教学重难点和教学方法等都呈献给学生，让学生感觉自己是课堂的主宰。在该份导学案中，教师设计的问题由浅入深、由课内到课外、由基本知识到发散性知识，可以说在题目设计上达到了导学案所要求的标准。在这样的条件下，一节课的成败则主要是看教师如何利用好导学案。导学案是一种教学工具，需要教师和学生共同利用好这一工具，这就要求教师能够在课堂上正确引导学生，使学生能够结合利用导学案和教材，同时重视导学案和教材的价值，达到举一反三的目的。

(二) 教学建议

导学案本身的质量则在很大程度上决定了这种教学形式的成败。教师在使用此方式进行教学时，对于导学案的设计一定精益求精，学习目标明确可行，学习重难点突出，知识脉络框架清晰，自主测评题目难易结合，学习反思落到实处，拓展延伸部分能够起到开拓学生视野的作用。从设计的角度来说，导学案是为学生能够在课前预习和课内自学而编制的学习方案，既不等同于教师的教案，又和一般的练习题有区别。教师在设计导学案时，要站在学生的角度考虑问题，了解学生的认知能力，了解学生对于所学知识的掌握情况，根据学生的实际情况来设计导学案，使得导学案能够激发学生学习地理的主动性。导学案式教学是现今一种有效的教学形式，教师要挖掘其本身的价值，达到教学相长的目的。

思考与练习

1. 地理教案的构成要素主要有哪些？编写地理教案应遵循的原则有哪些，有哪些注意事项？

2. 教案的形式主要有哪几种？

3. 依据教案编写原则和参考案例，尝试编写一种符合课标理念的地理教案。

参考文献

陈澄. 1999. 地理教学论. 上海：上海教育出版社，102.
刁传芳. 1994. 九年义务教育初中地理教案. 北京：北京师范大学出版社，30.
李家清. 2009. 新理念地理教学论. 北京：北京大学出版社，126.
齐露明. 2008. "沟壑纵横的特殊地形区——黄土高原"导学案. 中学地理教学参考，6：30-31.
王晨光. 2012. "产业转移——以昆山为例"教学设计. 地理教学，1：25-28.
王民. 2003. 地理新课程教学论. 北京：高等教育出版社，32.
袁书琪. 2001. 地理教育学. 北京：高等教育出版社，205.
张红娟. 2012. "人类活动对区域地理环境的影响"教学设计. 中学地理教学参考，8：46-48.
中华人民共和国教育部. 2003. 普通高中地理课程标准（实验）. 北京：人民教育出版社，7.

第十章　地理教学说课

本章的学习目标：
1. 了解说课的概念，能说出它产生的原因及对教学实践的意义；
2. 知道说课的基本内容，并能将其应用于具体地理课例；
3. 理解“说”无定法，能够自主设计一节创造性说课案例。

第一节　地理教学说课的概念与特点

一、说课产生的历史背景

说课作为一项简单易行的教学研究形式，其出现并非偶然。不论您是准教师还是在职教师，只要您上课，就可以向您请教，这堂课您准备怎么上呢？这样教的优势在哪里呢？在您向我讲述的时候，就自觉不自觉地在说课了。

但“说课”这一概念，是在1987年6月底河南省新乡市红旗区教研室一次“教坛新秀”的评选活动中提出。因为时至期末，采用常规的听课评比的形式已不可能，于是就采用让相关的老师重点讲述他们的课堂设计，来代替上课。联想戏曲、影视导演的“说戏”，于是就产生一个当代教育词典上找不到的新名词——说课。

随着基础教育课程改革的不断推进，新的教育教学理念、新的课堂教学模式给教师带来了巨大的挑战和更多的期待。如何推进教师接纳现代教育思想理念？如何使新的教学理念与真实的课堂教学在相互促进中提高教师素质？如何参与到新课改的活动中来？如何改变只“教”不“研”的状态，培养终身学习的理念？采用什么样的途径来扬弃现存的教学模式和方法？……面对这种紧迫局面和诸多期待，说课再现了独特的作用和功能，承载了“怎样把新课程的精神和理念转变为教师教学的自觉行为”这个时代赋予的历史使命，促进教师尽快实现从教育观念到教学行为的转型，能很好促进课程改革的实施。

二、说课的概念界定

说课是教师参与科研活动最普遍、最容易的形式，无论是在教研活动或是教学比赛中，都会看到说课的影子。但对于这样一种我们非常熟悉的行为，在学术界却存在着一定的差异，从性质、内容、操作环节、教学形式等各方面，不同的专家有着不同的界定。李兴良教授认为，说课是教师面对同行和专家，以科学的教育理论为指导，将自己对课标及教材的理解和把握、课堂秩序的设计和安排、学习方式的选择和实践等一系列教学元素确立及其理论依据进行阐述的一种教学研究活动。简言之，即做什么，怎么做，为什么这么做（李兴良和马爱玲，2008）。郑金洲教授认为，说课是教师主要用口头语言对自己的教学设计、教学实施等情况进行分析和说明的教学行为。它作为教师职业活动中的基本构成，是课堂行为的延伸和扩展，是教师总结教学经验、发现教学问题、提升教学智慧的重要手段和桥梁（郑金洲，2007）。

笔者认为，说课是以教育科学理论为指导，结合自己的教学经验，用简练的语言将对自己教学设计、教学过程中的一系列元素进行分析、说明、预测、反思的教学活动。说课讲究的是教材把握准确，教法选择恰当，学法指导有效，板书提纲挈领，过程清晰明朗。

三、说课的特点

说课的提出和实施丰富了教研活动的内容和形式，促使教研活动落到实处。原河南省教委副主任张凯亭曾说："为什么对已经成功的教育成果，有关部门三令五申要求推广，却往往收效甚微，而说课活动较少有行政命令，却能在全国推而广之？除了说课发源地的同志们勇于探索、矢志不渝的追求精神外，还因为说课来自实践，根植沃土，解决了教学、教研中的难题，它适用有效，针对性强，方法简便，易于推广，因而它能保持勃勃生机（秦忠义和董丞明，1993）。

（一）简易性和可操作性

与上课、听课等教研活动不同，说课不受时间、地点、教学设备的限制，可以随时随地进行；也不受教学对象和参加人数的限制，只要两个人以上即可进行。说课的场所和规模可大可小，时间可长可短，对师资条件没有特殊的要求，形式灵活机动，方法十分简便。因此，说课有利于不同层次学校，不同层次教师的普遍参与。

（二）科学性与说理性

说课不能想当然乱说，需要钻研教材，了解学生学情。它要求教师必须综合运用教育学、心理学和教学法等科学的教育教学理论知识去阐明其中的道理，展现出备课的思维过程，展现出对大纲、教材意图、基本要求的理解程度，展现出语言表达、媒体演示及组织技能等方面的教学技能。

（三）交流性与示范性

以往的听课教学活动中，听说双方缺乏交流，上课的老师处于一种完全被动的地位，听课的老师也不一定能够理解授课教师的意图。通过说课，授课教师说出自己的教学意图，说说自己处理教材的方法和目的，让听课者开阔视野、更好地对说课者进行评价，从而使教研活动双方充分地交流，提高教研活动的实效。

（四）科研性和预见性

苏霍姆林斯基说："如果你想让教师的劳动能给教师带来一些乐趣……你就应当引导一位教师走上从事一些研究这条幸福的道路上来"（苏霍姆林斯基，1984）。说课要求教师用理性的思考、科学的眼光审视自己的教学行为，理论化、系统化、严谨化。同时说课者要了解所教学生的知识技能、智力水平等方面的差异，客观准确地分析学情，做出具体的预测。

（五）工具性与管理性

斯大林说“语言是手段、工具，人们利用它来彼此交际，交流思想，达到互相了解的目的。”而说课是以语言表达为主要形式。说课将备课的思维过程表达出来，使更多的人直接感知说课者的思维过程，将教师的个体行为变成了群体行为，使学校对备课工作从终结性管理变成了过程性管理，从而在学校管理中发挥了积极的导向作用。

（六）内隐性外显化

波兰尼的缄默知识理论揭示了人们的知识不仅有可用言语表达的显性知识，还有难以用言语表达的缄默知识，“我们所认识的多于我们能告诉的”。教育是一个特殊的研究领域，在这个领域的专业知识和能力远不止已经被教育专家发现的教育科学知识，更丰富的知识和能力还积聚在每一个教师教学和教育经验中。说课就是关注“教师专业成长”，重视教育的专业反思能力和教师专业经验，使教师的隐性知识显性化的过程。

第二节　地理教学说课的意义

一、督促地理教师学习教育理念

说课教师备课过程的浓缩和升华，具有很强的说理性，它的一个重要特质就是说理论根据。而理论根据大部分源于教育学、心理学、学科课程论与教学论等书籍，这就要求教师不断学习教育教学理论，更新教育思想，这样才能真正做到有理有据。

在新课程改革的浪潮中，如何让老师真正地关注每一个学生的发展，树立“以人为本”的教育理念，让学生学到对生活有用的地理，对终身发展有用的地理知识和技能。仅仅依靠进修培训的“被学习”模式显然是行不通的，开展说课活动必然会有效地督促教师主动学习、消化教育教学理论，正确运用理论指导教学实践，保持地理说课“常说常新”。

二、促进理论与实践结合

目前部分地理老师只关注上课和学生的成绩，认为研究是专家们的“专利”。这种只“教”不“研”的现象，对地理教学是极其不利的。由于说课具有很强的灵活性，不受时间、地点等因素的限制，开展说课活动，不仅解决了教师参加教研活动与日常繁忙工作之间的矛盾，也促使教师理解消化教育理论，找出理论与实践的最佳切入点，灵活地运用教育理论来指导解决教学中的实际问题，从而使教育实践从盲目走向自觉。从而很好地解决教学与研究、实践与理论相脱节的矛盾。

三、促进地理教师教学反思

在常规的教学活动中，地理老师往往习惯于展示教学的程序和内容，缺乏对“为什么这么教”的思考。而在说课中，地理教师以自己的课堂教学作为分析对象，对自己的行为及其产生的结果进行理性的审视和分析，将显性课堂行为背后的假设和思路呈现出来。因此，说课不在于解决某个教学难题，学习了某个课例该怎么教，而在于促进地理教师在学习中反思，在实践中反思，其本身就是一种教学反思形式。特别是课后说课，更能调动教师学习和反思的积极性，不仅说课老师可以对自己课堂教学行为和观念进行反省、改进自己的教学；另外，对听课老师来说，也可以把说课者的说课当做一面镜子，来透视、反思自己教学中存在的优势和不足。

四、促进地理教师之间的科研交流

目前老师之间很少交流，或者交流没有深度，因此有人把教师工作描述成为一个孤独的职业，这是不正确的。说课是一个完整的、有感情表露的过程，它把思想发生的因由、隐性的教育经验、误区和盲点充分暴露，十分便于教师间的交流研讨。另外，说课活动老师把静态的个人备课转化为一定范围内动态的集体讨论，使得说评双方围绕着同一课题，各抒己见，交流互动，相互启发，优势互补。使得很多好的经验，在更大的范围内，让大家共同分享，参与说课活动的教师既要及时发现自己存在的问题，使说课过程呈现出动态生成的创生性质，在说课中不断发现问题、解决新问题。

五、提高不同层次地理教师的业务素质

说课集中、简练地反映一名地理教师的教学理念、教学技能和教学风格，充分体现教师的教学水平和教学智慧，把备课、上课、评课有机地结合起来。对不同层面老师的素质提高都有很大的作用。首先，师范生实际上课的经验不足，对于实际的地理教学缺乏自信。说课活动完美地衔接了教学理论与实践，实现由师范生向老师角色的转变。其次，说课促使有经验的地理教师有紧迫感，发现自身的不足，从而潜心钻研教学业务，成为“研究型”教师。最后，说课促进骨干教师打破原有教学方式，通过对自身教学行为的深入分析，形成自己对某些问题的新感悟、新认识，成为“智慧型”教师。

古人云：“博学之，审问之，慎思之，明辨之，笃行之”。说课将学习、思考和实践三者紧密地结合起来，必将造就一批研究型、智慧型的教师。

第三节　地理教学说课的内容

地理学科是一门与人类生产、生活密切相关的一门学科，因此，地理新课程改革强调加强课程内容与学生生活以及现代社会、科技发展的联系，地理说课要说清自己的教学思路，好比一项工程的可行性报告，重点要说清楚“教什么，怎么教，为什么这么教”。

一、说地理课程标准

地理课程标准是中小学地理教学的指导性文件，是进行地理教育教学的依据。说课程标准，要重点说明教学目标、教学内容及教学操作等课程标准的原则性要求，不能只是轻描淡写。例如，一位老师这样说课“根据课程标准的要求，我制订以下教学目标……”那么，课程标准的要求是什么？符合课程标准的哪些要求？听课者听不出来，也就无法判断是否合理。因此，说课者应该为自己的教学设计寻找有力的理论依据。另外，说课标也可以结合到说教的教学目标中去。

案例 10-1　人教版七年级上册第四章第二节“世界的语言和宗教”说课稿节选

《纲要》第 7 条明确指出“国家课程标准是教材编写、教学、评估和考试命题的依据，是国家管理和评价课程的基础。”课程实施的新取向为：倡导基于课程标准的教学与评价。(徐燕，2009)

（一）说课程标准

1. 运用地图说出汉语、英语、法语、俄语、西班牙语、阿拉伯语的主要分布地区。

2. 说出世界三大宗教及其主要分布地区，举例说明不同国家和地区存在着不同宗教信仰及文化传统。

基于课程标准的教学：华东师大崔教授曾经指出，教学领域的四大核心问题：教什么，怎么教，为什么教，教到什么程度。学生学到什么程度，教师教到什么程度，教师必须做出专业性判断，且这种判断不能是模糊不清的感觉。这就要求我们对课程标准进行细化，用具体的可操作的语言来进行陈述。

二、说教材

说教材是说课最基本的内容，即说“教什么”的问题。能否把握教材和处理教材、适当拓宽教材内容，关系到教学的成败。

（一）说教材分析

地理教材是实施课堂教学的最基本的依据，对教材分析的深度和广度直接影响地理说课质量。每一课时所包含的地理教学内容是不同的，其在学科知识体系中的地位及作用也是不同的。首先，教师应该向同行或专家讲清楚说课的内容，如：教材、年级、章节，以及课时等信息。其次，在明晰教材知识结构体系的基础上，分析所说的内容与前后知识之间的联系，明确其在整个学段、年级知识体系中的位置和作用。最后，还可以说自己怎么对教材进行处理的，如增补、删减了哪些内容，说教材内容时可以多说，也可少说，可按顺序说，也可打破顺序说，要视教材而定。

案例 10-2　人教版八年级下册“祖国的神圣领土——台湾省”说课稿节选
（河南师范大学附属中学地理教研组，2009）

各位老师，大家好！

今天我说课的题目是《祖国的神圣领土——台湾省》，我认为说课应该以新课程理念为指导，围绕教材、教法、学法、教学程序四个环节进行。

一、教材分析

1. 教材地位

本节课是人教版八年级地理下册第六章第三节的内容。是认识省级区域的一部分，教材从台湾概况、台湾的自然条件和经济发展状况三部分内容认识台湾，突出了知识之间的联系性。本节教材始终贯穿着一个思想，一条主线：台湾是一个美丽富饶的地方，台湾是中国领土神圣不可分割的一部分。本节课既是学习香港澳门的延伸，又为学习其他省份奠定了基础，起到了承上启下的作用，因此本节课是教材的重点。

（二）说教学目标

教学目标是教学的出发点和归宿点，也是检查教学效果的标准和尺度，是落实课程目标的关键。因此，教学目标确定的是否科学合理，直接关系新课程的实施。

过去的教学大纲常设计出不可测的教学目标，给教学评价带来一定的困难。例如："通过……使学生认识到……使学生了解……培养……精神"。新课程标准的一个重要特征就是标准具有"可操作性和可理解性"，"内容标准"以学生为行为主体，以行为目标的方式进行具体、精确的陈述，使标准具有较好的清晰度，保证了标准的可测性。师生将课程目标转化为具体的、可操作的课堂教学目标，具体可分为知识与技能，过程与方法，情感、态度与价值观三个维度。在确定教学目标的内容范围时，一定要全面考虑三个领域，不可有所偏废；而在具体每节课中，教学目标应有不同的侧重点。同时不能照抄单元目标，要根据教材和学生实际，敢于突破和创新。

教学目标的陈述技术——"ABCD"式目标陈述模式

四大要素：行为主体＋行为动词＋行为条件＋表现程度

A. 行为主体（audience）：主体必须是学生；B. 行为动词（behavior）：用词准确、检测性强；C. 行为条件（condition）：附加条件；D. 表现程度（degree）：最低要求。见表 10-1。

表 10-1　不同认知水平的教学目标行为动词

项目	各水平的要求	内容标准中使用的行为动词
知识性目标动词	了解水平：再认或回忆知识；识别、辨认事实或证据；举出例子；描述对象的基本特征等	描述、简述、识别、列出、列举、举例说出、指出、辨别、排列、知道、指认、确定为……下定义、列举、说出（写出）……的名称、复述、背诵、辨认、回忆、选择、标明、指出、为……对信息的回忆等
	理解水平：把握内在逻辑联系；与已有知识建立联系；进行解释、推断、区分、扩展；提供证据；收集、整理信息等	说明、举例说明、概述、评述、区别、解释、选出、收集、处理、阐明、示范、比较、描绘、查找、判断、预测、对比、整理、分类、叙述、鉴别、选择、转换、估计、引申、举猜测、摘要、改写（用自己的语言解释信息）
	应用水平：在新的情境中使用抽象的概念、原则；进行总结、推广；建立不同情境下的合理联系等	分析、得出、设计、拟定、应用、评价、撰写、利用、总结、研究、运用、编辑、分类、对照、图示、检查、剖析
技能性目标动词	模仿水平：在原型示范和具体指导下完成操作。对所提供的对象进行模拟、修改等	尝试、模仿、模拟、重复、再现等
	独立操作水平：独立完成操作；进行调整与改进；尝试与已有技能建立联系等	运用、使用、制作、操作、进行、测定、绘制、测量、查阅、计算、试验等
情感性目标动词	经历（感受）水平：独立从事或合作参与相关活动，建立感性认识等	体验、参加、参与、交流、讨论、探讨、参观、观察、感受、体会、尝试、感知、寻找、参观、访问、调查、考察、接触等
	反应（认同）水平：在经历基础上表达感受、态度和价值判断；做出相应反应等	关注、认同、拒绝、选择、辩护、接受、反对、欣赏、喜欢、讨厌、感兴趣、关心、重视、尊重、爱护、珍惜、拥护、帮助等
	领悟（内化）水平：具有稳定的态度、表现出持续的行为；具有个性化的价值观念等	确立、形成、养成、决定、树立、建立、坚持、增强、领悟、追求等

因此，教学目标可以这样呈现，基于本节课的课程标准，本节课的学习目标制定如下(表 10-2)。

说学习目标：

表 10-2　“ABCD”式目标陈述模式

行为主体	行为条件	表现程度	行为动词	具体要求
学生	通过阅读课本 73～74 页文字，能够在教学案上	准确地	填写	世界上最主要的 6 种语言，以及使用人数最多的语言和使用范围最广的语言
学生	通过阅读课本 76～77 页文字	—	能够指出	世界上三大宗教

以上案例使用表格使得教学目标行为主体、行为动词、行为条件、表现程度、具体要求更为清晰明了。另外，对于教学目标呈现次序也没有要求，如：“通过小组讨论，学生能够在教学案上填出中国的宗教信仰情况”，也是可以的。

（三）本课教学重点、难点、关键点的确定

每节地理课都存在于相互联系、相互制约的知识网中，学生往往难以明确、掌握，重难点知识和关键点就是这张网上结网的纲和节点。说课时，把握重点、找出难点，可以起到提纲挈领作用，实现预期的教学目标。

地理教学内容的重点一般是带共性的知识，概括性、理论性强的地理知识、原理，学生没有接触过的知识。难点是指学生难于理解和掌握的内容，如抽象的、离学生生活实际远的、过程复杂的概念等。地理说课中准确地抓住关键，往往能在教学中起到画龙点睛的作用。根据学生的心理特征和认知水平，要求地理老师说出某一教材确定内容的重点、难点和关键点的原因各是什么。

案例 10-3　人教版普通高中必修三“产业转移——以东亚为例”说课稿节选
(河南师范大学附属中学地理教研组，2008)

（三）说重点、难点

1. 影响产业转移的因素。
2. 产业转移对转出地区和转入地区地理环境的影响。

本课的教学重点和教学难点一致。因为课程标准对本课的要求是“举例说明产业转移对区域地理环境的影响”，所以产业转移对转出地区和转入地区地理环境的影响自然而然成为本节课教学的重点内容，而要理解该重点，则必须建立在能够正确分析影响产业转移诸因素的基础上。所以，影响产业转移的因素也成为本节课的教学重点。同时，这些理论知识学生平时很少接触，理解上可能会有一定的难度，故本节课的教学重点也是教学难点所在。

另外，教师在说课时，也可重点地说明突出教学重点、突破难点的基本策略，即从知识结构、教学要素的优化、习题的选择和思维训练、教学方法和教学媒体的选用、反馈信息的处理和强化等方面去说明突出重点、难点的方法和步骤。

三、说学情

地理教学中仅仅把握教学目标和内容是不够的，学生是学习的主体，而学生之间又是存

在差异的。如果缺少了对教学对象的分析，会使自己的教学安排缺乏针对性。对于学生的情况，涉及的内容非常宽泛，作为一名地理教师，说课至少应该考虑以下几个问题：学生是什么？学生已具备了哪些基本地理知识和技能？目前的非智力因素对其影响有多大？家庭状况、社区环境、校风班风对其影响有多大？其需要什么支持和帮助，适合用什么方式进行学习？有多少发展、创造空间？当然并不是要求教师在说课时要面面俱到，而是选择那些确实与本节课教学设计密切关联的内容作为分析学情的切入点。教师可以从学生学习本课的原有基础和现有困难两个方面，客观、准确地分析学情，为采取相应教学对策提供可靠的依据。需要注意的是说学情也不能泛泛而谈，如："根据我班学生的实际情况，我……"，学生实际情况到底是什么并没有说清楚。

案例 10-4　"埃及"说课稿节选（张娟妙，2009）

二、学生分析

六年级学生尚无系统的世界地理知识，但对埃及金字塔等旅游风光大多有所知晓。通过埃及旅游来讲授新课，比较容易引起学生的共鸣，从而激发学习兴趣。由于他们年龄尚小，在教学过程中巧设情境或"陷阱"，可以调动他们的学习积极性。六年级学生的地理认知水平有限，又因换校上课，对学生情境或"陷阱"设计的考虑需要适度。

四、说方法选择

在课堂的教学内容和教学目标确定以后，用什么样的方法把教师的教学、学生的学习和教材的内容有效连接起来，实现课堂教学目标和内容极其重要。

（一）说教法

说教法是地理老师说明教学过程中选择运用哪些方法，其中贯穿着运用教学方法的依据、作用、步骤、效果等。进入新课改以来，在实践中我们已经充分认识到教师"主导"作用的重要性，变说"怎么教"为"怎么导"。基于这一转变，首先，要说明本课选用的教学方法及理由，如依据课程标准、教材内容、学生特点、教学设备条件、教师特长，以及授课时间等因素。其次，明确如何在地理教学活动中运用这些方法激发学生的学习兴趣、引导学生抓住重点突破难点、调动参与地理学习活动的积极性、培养学生的创新精神和创新实践能力，最大限度地体现教师是课堂教学的组织者、引导者、参与者、启发者。最后，还可以说明采用哪些辅助教学的教具，教学方法创新之处，以及运用时需要注意的问题。

案例 10-5　"西北地区和青藏地区"说课稿节选（张娟妙，2009）

六、教学与学法

为了顺利达到教学目标，在教学中我突出直观教学，主要采取以下方法。

（一）教法

1. 创设情境法

为了突破一成不变的教学模式，在本节中创设带同学们去青藏区旅游这一情景，激发学生学习的兴趣。从而不仅可以掌握新知识，又可以复习南北方中已经学习的知识。

2. 图式分析法

利用中国地形图、中国主要的河流分布图、中国气候类型图等相关的课本附图，培养学生综合分析问题的能力。

3. 对比教学法

把北方地区和南方地区的知识点与青藏地区的知识相互比较，并突出青藏地图的主要特点，达到知识迁移的作用。

4. 启发探究法

课前布置学生收集青藏地区居民、服饰、舞蹈、传统节日、独特景点、藏族歌曲等，并事先设计好一些问题，引导学生围绕相关问题，并结合课本附图自主探究，培养他们分析问题的能力。

5. 案例分析法

在讲授青藏地区的河流，补充三江源自然保护区的知识，讲授青藏地区的气候时，引申同学们乘坐开往青藏地区的列车，通过案例分析重点掌握青藏地区的主要内容。

（二）说学法

长期以来，教学过于关注“怎么教”，而教学的最高境界是为了不教，因此教学方法的运用更应当是关注师生互动、学生“怎么学”的过程。说学法专门列为说课中的一项内容，也是新课程理念的体现。

说学法时要说清以下内容，首先，分析学生在教学过程中可能出现那些障碍及原因。其次，说清教学过程中，指导学生掌握哪些学习方法、培养哪些学习习惯和能力。最后，根据学生年龄特点和认知规律，采用什么方法指导学生学习，掌握何种观察和思考问题的方法及提出观点的方法或地理学科研究方法。一般情况下教法、学法可以合在一起阐述。

案例 10-6　“天气与气候”说课稿节选（张娟妙，2009）

三、学法指导

（一）学生特点分析

中学生心理学研究指出，初中阶段是智力发展的关键年龄，从初中一年级起，学生逻辑思维能力从经验型向理论型发展，观察能力、记忆能力和想象能力也随着迅速发展。

从年龄特点来看，初一的学生刚从小学上来，他们好动、好奇、好表现。抓住学生特点，积极采用生动形象的教学方法和学生广泛的、积极主动参与的学习方式，定能激发学生的学习兴趣，有效地培养学生的能力，促进学生个性发展。

（二）学习方法和能力培养

1. 让学生课前从不同渠道收集天气和气候方面的资料或趣闻，收听、收看天气预报节目并做记录，这本身就是一种学习。搜集、记录资料的过程就是很好的学习过程。通过此类活动，可培养学生初步学会利用课本以外的资源获取地理信息的基本技能，培养地理学习能力。同时有了充分准备的学生在课堂上参与交流，展示是最好的评价。学生在课堂活动中产生学习兴趣、积极的情感，形成自主学习的意识。

2. “课堂小组讨论法”即课堂上学生针对教师提出的问题展开讨论，启动思维，发表自己见解的一种学习方法，讨论把使用智慧，体现自我的机会平等地送给每一个人，让学生充分感受到探求真理的快乐。通过小组讨论，培养学生的互动能力，使学生学会合作学习。现代科学研究的社会化趋势需要群体研究方式，互动能力的培养日益显得重要。本堂课讨论的机会较多，有师生之间、小组之间的互动。

3. 利用电脑课件，让学生观察卫星云图，了解卫星云图，初步学会看卫星云图，培养实践能力。同时激发起好奇心和求知欲。

4. 布置作业时给学生 4 个可能发生在身边的有关空气污染的例子，让学生选择一个自己较感兴趣的问题谈看法，培养学生学会运用已有知识谈对一些地理问题的看法或解决地理问题的能力，培养学生的探究精神。

总之，说学法的内容极其丰富，但主要是说出如何通过学法指导既使学生“学会”，又使学生“会学”。

五、说教学程序

地理教学的目标是通过教学过程来实现的，教学过程是地理课堂教学的主旋律，也是说课内容的中心内容，能否说清楚教学过程是能否说好课的关键。

在教学发展史上，关于教学过程的阶段、环节和步骤，曾有很多提法。例如，德国著名的教育学家赫尔巴特提出的“明了、联想、系统和方法”教学四阶段说等。对于地理教学而言，教学过程要设计合理、以目标为主线，重视主导和主体作用的发挥，要展现教师如何引发学生的学习动机，如何展开教学内容，如何安排教学程序，以及采取何种手段来达到反馈和强化学习结果。主要体现以下几方面。

（一）教学整体思路与教学环节安排

说课者要讲自己对教材的理解和处理，说清楚如何安排教学及教学思路设计的理论依据。说清楚地理教学的基本环节，一般包括复习旧知识、导入新课、新课讲解、知识应用、反馈练习。整个教学思路应层次分明，富有启发性，能体现教师的主导作用和学生的作用。

（二）教师要说明怎样组织好教学过程

说出对每个环节、每个层次、每个步骤的设想、安排、依据和预期效果。新课程标准特别强调培养学生的创新能力、操作能力、解决问题的能力、信息储备能力，思维方式上强调独立、探索、钻研，教师在设计教学环节时首先要考虑这些。

（三）说明重点与难点的处理

要说明在教学过程中，怎样突出重点和解决难点，运用什么方法解决重难点及其理由。

（四）说明采用哪些教学手段辅助教学

要说明什么时候、什么地方用某种教学手段，这样做的理论依据和使用价值是什么。

（五）说出习题设计和板书设计的意图、目的和理论依据

说板书设计，主要介绍这堂课板书的类型是纲目式、表解式还是图解式，设置的具体内容是什么？板书或试题展现形式是什么？说依据可联系教学目标、教学内容、教学方法、教

师本身特点等加以解释。

说教学过程要注意精说，不必直接照搬教案，要尽可能少用课堂内师生的原话，以便压缩实录篇幅。

案例 10-7　人教版普通高中课必修三“产业转移——以东亚为例”说课稿节选
（河南师范大学附属中学地理教研组，2009）

四、教学过程

• 创设情境，导入新课

结合新乡承接产业转移的实例及“2011 年河南成为承接产业转移的热土”视频，创设情境，导入新课。

设计意图：结合与家乡发展建设密切相关的乡土地理，能够拉近知识与学生之间的距离，明确本节课的任务，激起学生的求知欲望和学习热情。

• 实例分析，明确概念

出示案例：“日本丰田汽车在中国投资办厂”、“广东部分企业外迁”，让学生结合教材有关内容，解释产业转移的概念。

设计意图：通过案例培养学生关注身边地理现象的意识，将学生的兴趣与自主学习相结合，培养学生的自学能力。

• 比较分析，区分类型

让学生分析“日本丰田汽车在中国投资办厂”和“广东部分企业外迁”两个案例，比较它们所表示的产业转移在区域跨度上有什么不同，进而明确国际产业转移和区域产业转移这两种不同的产业转移类型，在此基础上进一步明确不同类型的产业转移中，转出地和转入地的含义及对象。

设计意图：培养学生读图、归纳能力，运用比较的方法了解产业转移的一般分类，区分产业转移的不同类型，提高学生分析和解决地理问题的能力（以下内容略）。

• 板书设计（图 10-1）

第二节　产业转移——以东亚为例

- 产业转移
  - 概念
  - 分类
    - 国际产业转移
    - 国内产业转移
  - 因素
    - 劳动力因素
    - 内部交易成本因素
    - 市场因素
    - 其他因素
  - 影响
    - 促进区域产业结构调整
    - 促进区域产业分工与合作
    - 改变区域地理环境
    - 改变劳动力就业的空间分布

图 10-1　“产业转移”教学板书

设计意图：通过简洁、明了的板书设计，将本节课的主要内容鲜明、直观地展示给学生，有利于学生的理解和记忆。

六、说教学效果的预测

教学效果是教学目标的归宿和体现。教师在说课时，要对学生的认知、智力开发、能力发展、思想品德的养成、身心发展等方面做出具体的、可能的预测。预测应包括教学过程中可能出现的问题，学生中可能出现的代表性错误，时间控制上的调整，以及补救措施等。具体过程可包括以下几点。

1）说“落实”，即说课者对“教什么、怎么教、为什么这样教”在教学过程中落实情况的自我检验。

2）说“成败”，即说课者在实际教学的反馈信息中获得的经验与教训。

3）说“改进”，即说课者总结评价后，提出改革的意见，或新思想、新设想。

以上内容可以教学反思形式呈现，如果能敏锐地捕捉课堂生成性的内容，将形成说课反思中的亮点。

以上的说课内容是说课最基本的内容和方式，教师在实际说课中不必面面俱到，应该依据实际情况，灵活掌握。总之，说课要以教材分析和学生状况分析为基础，以教学目标为根本方向，紧紧抓住教学重点和难点，优化教学过程结构，选择教学方法，科学运用各种教学媒体，有效控制教学过程所要达到的教学效果，说明其根本的教学思路，并提出按照教学思路设计的教学实施方案。

第四节　地理教学说课的创新与艺术

一、地理说课中出现的问题

（一）说课等同于上课，忽视说理性

现实中很多地理老师往往把说课与实际课堂教学机械对等，其实并非如此。备课、上课的对象是学生，上课的要求是教师能通俗易懂的向学生传授知识，进而培养能力，进行思想教育；说课的对象是领导、同行或者专家评委，带有一定的经验介绍和交流的性质，说课的目的则是向听者介绍一节课的教学设想，教师用简洁、清晰的语言把备课的隐形思维过程及理论根据述说出来，使这些隐形的东西外显化。从这个意义上说，说课重在“说理”。现实中某些案例多为知识的展示，并着重教学过程的叙述，并没有谈为什么这么设计，所以不是说课。

（二）说课形式单一，说课公式化

目前一些老师为说课而说课，流于形式，死套模式，在某种程度上限制了说课功能的正常发挥，压抑了教师说课的积极主动性。例如，说教学方法开口就是小组合作、探究性学习，并非否认这种教学方式，只是老师根本没有考虑这些方面是不是适合本课的教学，是不是适合学生的学情。这种类似的给教案穿靴戴帽，理论和内容设计是两张皮。

像其他新生事物一样，说课不可避免地滋生出制约自身发展的一些问题。例如，网络上“四大块”模板，一说教材，二说教法，三说学法，四说教学程序。不可否认“四大块”模式对师范生和新手地理教师有很好的指导作用，一定程度上推动了说课的迅速推广。但仅仅

停留在这种单一的基本模式上，就会使说课操作形式单一化、保守化，容易造成说课形式的僵化和八股文风的形成，不能满足教师解决教学实际问题的需要，从而阻碍说课的发展。因此已经“入格”的说课亟待“出格”，在常规基础上与时俱进，不断创新。

（三）理论虚空宽泛，脱离教学实际

说课中既要避免只说过程，不说理论，同时也要避免虚空宽泛、放之四海而皆准的理论，如讲理念都是以学生发展为本，一切为了学生，缺乏理念自身的分解和细化。还有一些地理老师在说课时详略不当，重点不突出。导致说课时间冗长、枯燥，不仅影响了说课的科学性和艺术性，听者也无法明白你的设计意图。

另外在实践中，也会发生这样一些怪异的现象，如一些上课平平的教师在说课时采扬飞扬，挥洒自如；而他们的课堂教学却非常沉闷、教学方法平淡无奇，简直判若两人。这使得理念仅存在于“说”的状态，与课堂教学脱节，这时理念不过是一种外在于教学的“标签”而已，远未落实在教学中。

二、地理说课的创新

有人说教学是一门艺术，又有人说教学是一门科学，实则教学不仅是一门科学，更是一门艺术，而创造是一切艺术的生命。说课亦如此，但目前一些固化的说课模式使许多老师出现了专业成长过程中的“高原期”，需要课有了创造性才能不断促进地理教师的发展。但创造性并非一味的追变，否认说课过程中的一般规律。地理教师应该在说课时做到有基本规律可循，但无固定模式、教条的理论照搬套用，正所谓“运用之妙，存乎一心”。

（一）说课模式的变式

地理教师在把握说课的本质特征和内在规律的基础上，要适当驾轻就熟、灵活恰当地运用说课的基本模式及其基本变式，针对实际需要，创造出独特的模式。

1.“点式”说课

这里的“点”就教材而言，包括重难点、拓展点、创新支点等，就教学设计和教学安排而言，包括导入点、切入点、突破点等。其中，拓展点强调教师作为课程的开发者，有别于以往，不再仅仅是教材编写者的“传声筒”。教师不仅发掘教材的重难点，领会编写者的意图，同时还以教材为基点，拓展学习途径、范围，为学生创造更为广阔的学习天地。导入点、切入点和突破点，分别是指教师在导入新课、引入环节、解决重点等方面所采取的方法和手段。这样的阐述和论说，言简意赅。这种简约化的说课在集体备课方面更能发挥“短、平、快”的作用。

案例 10-8 《板块运动》一节的创新支点（江晔和刘兰，2008）

板块构造学说是人类迄今为止在大地构造方面最盛行的理论，它是在 1912 年大陆漂移学说和 1962 年海底扩张学说的基础上，于 1968 年由英国学者麦肯齐和法国学者勒皮琼等提出的又一全球构造理论。从大陆漂移学说到海底扩张学说，再到板块构造学说，是人类关于大地构造理论的认识不断深化和发展的结果，也是人类在科学道路上不断探索、进步的一个缩影，这一段历程，对培养学生的科学素养具有极大的教育价值。上海版高中地理上册《板块运动》一节，以“从大陆漂移学说到板块构造学说的‘三级跳’为题设计专栏”，为在地

理教学中培养学生的科学精神和科学能力提供了许多创新支点。

创新支点之一：有根据的猜想

猜想是创造性思维的起点，猜想不是毫无根据的胡思乱想，而是在一定的事实基础上的合理想象。教师可以向学生出示一张以大西洋为中心的世界地图，说明魏格纳当年就是在这样的地图上产生大陆漂移的灵感的，然后提出问题，同学们能不能产生同样的灵感呢？高中的学生很快就能发现大西洋两岸大陆轮廓能够很好地吻合在一起，由此猜测出南北美洲和欧洲、非洲曾经是连成一体的。这个过程实际上是还原了科学家最初的思维活动：观察—思考—提出猜想。

创新支点之二：发散性思维

发散性思维是一种从不同的方向、途径和角度去设想，探求多种答案，最终使问题获得圆满解决的思维方法，它的特点是充分发挥人的想象力，突破原有的知识圈，从一点向四面八方想开去。教师可以提出这样的问题，大西洋两岸轮廓的吻合也有可能只是偶然的巧合，作为一名严谨的科学家，当然不能仅仅根据这样一个简单的现象就得出正式的结论，科学家的任务就是要寻找证据，以证明偶然性背后的必然性。请同学们思考一下，如果我们是魏格纳的话，应该从哪些方面来寻求大陆漂移的证据呢？这样就打开了学生的思维，促使他们从各种角度来思考统一问题，与此同时，也感受到科学研究所必需的严谨态度。

创新支点之三：逆向思维和批判性思维

科学前进的历史就是不断修正前人谬误的历史，真正的科学家必须具备逆向思维和批判性思维，只有勇于质疑前人，才有可能去伪存真、发展真理。当学生习惯于沿着正向的思维方式去寻求支持大陆漂移说证据的时候，教师突然话锋一转，问道："你能不能发现大陆漂移学说最大的缺陷在哪里呢？"学生很可能对这样的问题感到震惊，已经有这么多的证据来支持大陆漂移说了，那它怎么可能会有缺陷呢？教师可以做一些讲解，诸如任何理论都不是完美无缺的，等等。最关键的是向学生指出，我们平时都习惯于顺应和接受既有事实，而缺乏质疑和改造的精神，现在就让我们来质疑一下大名鼎鼎的大陆漂移学说吧。在这里，学生是否能够真正找到大陆漂移说的问题所在是不重要的，重要的是学生开始从逆向的角度，用怀疑的眼光来看待一种理论，来进行批判性的思维，这是难能可贵的科学精神的萌芽。

创新支点之四：继承—批判—发展

科学的发展需要修正前人的谬误，但并非完全抛弃前人的一切成果，而是对前人的成果进行去芜取精，在批判的同时继承原有理论成果的精华，在新的研究的基础上加以发展，这就是继承—批判—发展的科学三部曲。教师可以重点指导学生研究一下，从大陆漂移学说到海底扩张学说再到板块构造学说这一发展历程中，新的理论是如何继承、批判和发展前人理论的，将这一过程的发展脉络认真梳理一下，然后大胆预测，板块构造学说今后的发展方向会是怎样的。通过这样的活动，学生可以由小及大，切实感受科学发展、理论创新的脚步，体会到科学活动的真谛就在于继承和创新。

2. 线式说课

线性说课一般分为说主线和说辅线两种类型。说主线包括说教学设计、说教学程序等。教学设计是教学活动的核心和教师关注的焦点，作为一条教学主线单列出来说课，这样说课有利于说课者克服面面俱到、详略不分、不分主次的毛病。而重点说教学程序便于教师从宏观上审视和把握所涉及的课堂流程，以达到突出重点、全面兼顾的目的，同时也避免了克服说课前后重复、脱节的缺点，如以下案例所示。

案例 10-9　人教版普通高中课程标准实验教科书地理必修 1“热力环流”说课稿
（河南师范大学附属中学地理教研组）

一、教材分析

……

二、教法分析

……

三、学法指导

……

四、教学过程

导入新课，激发兴趣。

从生活实例导入，提出问题：为什么暖气片装在教室的下部，而冷空调却安装在教室的上部？

设计意图：“学习生活化的地理”、“学习有用的地理”是新课标倡导的学习理念。以上这种导入方式从学生现实生活的体验出发，拉近了知识与学生之间的距离，激发了学生的学习兴趣。

讲授新课，明确要点。

本节的教学内容分为三大版块。

版块一：介绍有关气压的基础知识

（一）实验探究，引出气压概念

趣味小实验：点燃一支蜡烛，火焰向上，罩上一个右侧有洞的透明塑料瓶，引导学生观察蜡烛的火焰方向会发生怎样的变化，从而引出气压概念。

设计意图：“学贵于思，思源于疑”。通过探究实验，引发学生的认知冲突，激发学生的好奇心，提高学生学习的积极性和主动性。

（二）读图析图，感性认知

让学生观察空气柱内的空气分子，可见海拔越高，空气密度越小，取不同海拔高度的 a_1、a_2 两点，比较气压高低，得出结论一：垂直方向上，同一地点，海拔越高，气压越低。

设计意图：为学生自主学习热力环流做好知识铺垫。

创设情境，引出问题，导入第二版块。

版块二：热力环流的形成过程

设计思路：此处是本节的重点和难点所在，为了巧妙地突出重点，突破难点，使学生主动参与、乐于探究、勤于思考，我采取了以下教学环节：

……

3. 其他说课模式

互动型说课，即说课老师与听评人员组成一个说课场，以说课教师为主进行表述，同时听评人员也积极参与到说课活动中，一同完成听课任务。该形式侧重于说、听双方的对话和交流，改变了纯粹说、纯粹听的不足，说课者与听评者之间的活动交替进行，及时交流，充分调动双方的积极性。这样的说课与教研组活动进行有机融合，从而形成研说一体化的校本教研模式，促进教师个体与群体智慧的同生共长。

反思型说课，即说课者对课堂教学的效果、教学过程、骄傲学环节等进行反思型的说课，实现对教育情境的感知、辨别与顿悟。这要求教师打破对教学常规的过分依赖，树立教育在教育情境中的反思意识，确立更具弹性的新的教学常规、教学模式。

"同课异构"型说课。一堂课，如果老师用心思考并在课堂中授课结束后，一定会得到更多的启示。因此，两位或更多的老师分别在不同的班级上完课或者一个老师在不同班级上完课后，运用课后集体说课把它更好地展示出来，更能促进教师的反思和交流，更好地在实践中取长补短，相互借鉴。

（二）内容的优化

说课内容的不断生成与创新，也可以使"八股式"说课得到改变。

1. 说疑惑

课前说课或校本教研中的说课，比较适合增加"不知道怎么做"的内容。例如，在"某些环节、某些地方考虑这方面的因素，这样做不合适；考虑那方面的因素，那样做也不合适，请大家出出主意该怎么做"。说困惑可以为教学研究活动提供真实的问题素材。

2. 说对比

特别适合在课后说课或在听过别人说课的基础上进行说课，在说课中可将自己的做法与别人的做法，或者自己以前的做法相比较，从内容到依据做全方位的对比，以阐明自己这样做的科学性、合理性，并以此引起大家的思考和争论，提高说课的互动交流价值。

3. 增加说评互动的内容

说课教师对专家或同行的质疑进行必要的解释，说课的组织者可由此进一步展开讨论。通过说"为什么"和交流讨论，促使教师理论性的反思，重新选择或设计。

4. 说情景回放

为了真实地再现课堂教学情境，方便说课，在教学活动之后，可以将最核心的成果或最糟糕的教学片段回放，并针对该教学片段进行说课。说最精彩或最糟糕的教学片段，可以提高教师的反思意识，从中挖掘教学机智，增加经验积累。在观摩型的说课活动中，还可以直接播放教学片段录像，使大家能从中受到启发。

（三）创新说理论依据

说教学设计，教师不仅要说清其教学构想，更重要的是说清楚其构想的理论依据。如何在基础上进行创新，就需要地理老师形成自己的"个人理论"，教师在教学实践中，往往重视对教法本身的探索、积累和应用，而忽略了将其总结上升到理论的高度并使其系统化，因而淡化、浅化了教学实践的功能。在这当中，教师需要结合自己的经验，将自己的"前理论"或者个人见解呈现出来，并将其作为自己教学设计的主要依据。

案例 10-10　全球气候变化说课稿①

WebQuest 课程是 1995 年由美国圣地亚哥州立大学教育技术系伯尼·道格和汤姆·马奇创立的，是较为成熟的基于网络应用的研究性学习模式。所以将其命名为 WebQuest

---

① 刘伟杰. 全球气候变化（说课稿）——基于 webquest 的说课设计［EB/OL］. www. doc88. com/p-001808171273. html. 2014-7-20

（网络探究），它是一种以探究为取向的学习活动，教师将设计一个特定的情境任务，然后教师利用网页为学生提供大量的网络资源，要求学生通过对信息资源的分析与综合得出创造性的解决方案。WebQuest 一般由引言、任务、过程、资源、评价和结论共 6 个模块组成。

一、说教材

……

二、说教学方法及选择依据

从教材内容来看，本节内容浅显易懂，文字言简意赅，结构清晰完整，适合学生阅读学习。从学生来看，我授课的对象为实验班的学生，这部分的学生，自学、探索能力较强。根据教材和学生的这些特点，我决定对这节课采用计算机网络教学这一崭新的教学手段，并以建构主义学习理论为指导，建立教学系统，创设符合教学内容要求的学习情境。运用生动活泼、丰富多彩的方式呈现信息，激发学生的学习动机，与学生进行交互通信。

1. WebQuest（网络探究）教学方法

教师必须依托课堂互动，互动学习网站和常用的网络手段展开教学组织，通过广泛的信息交流，实现师生互动，生生互动。

2. 情境教学法

通过创设符合教学内容要求的情境和提示新旧知识之间联系的线索，帮助学生构建当前所要学习的知识。

三、说学法指导

采用 WebQuest（网络探究）学习方法，以小组合作的方式进行探究学习，利用教材及网络资源，完成特定的任务。并通过留言板相互探讨，最后解决问题，或者提出自己对问题的见解。最后在课堂上展示各小组的研究成果。

四、说教学程序

1. WebQuest 模块结构简介

WebQuest 遵循建构主义学习理论设计，通常由七大模块构成（也有若干变通的模块，如“作品”模块等）：

- 引言（introduction）
- 任务（task）
- 过程（process）
- 资源（resources）
- 评价（evaluation）
- 结论（conclusion）
- 讨论（discussion）

2. 模块设计

引言：将影片《后天》引入新课，《后天》影片讲述温室效应造成地球气候异变，全球即将陷入第二次冰河世纪的故事。全片汇集了大量顶尖特效，由于影片中气候异变是先由海水因气温急速下降而骤然冰冻，因此包括自由女神、埃菲尔铁塔、伦敦大本钟都将被冻成冰柱，场面极为壮观。当然除了铺天盖地的自然威胁之外，也将细密交织父子及男女之间刻骨铭心的动人情感。接着过渡到全球气候反常，人类还有没有“后天”？

任务：

1）通过预习课文，明确全球全球气候变化的三个阶段。

2）我们更关心的是近百年的气候变化，近百年气候怎么变化？

3）预测：全球变暖对全球环境及我们生产、生活有哪些有利的影响？

4）预测：全球变暖对全球环境及我们生产、生活有哪些不利的影响？

5）你认为全球气候变暖是弊大于利还是利大于弊呢？

6）如何预防和适应近现代气候变暖的形势，不同人有不同的观点：①气候总是波动变化的，历史时期有，现在也不会例外。因此，人类没有必要大惊小怪的，只需要去适应环境。②气候太快的变化可能引发灾难。因此，人类应积极指定行动纲领来延缓或阻止这种灾难，如控制二氧化碳等温室气体的排放，使热带雨林避免遭受滥伐。③气候的变化是由来已久的。因此，人类没必要恐慌，而是应该发挥自己的聪明才智，去分析气候变化的原因，预测未来气候变化的趋势，对人类活动可能产生的影响，然后制定相应的对策，控制人类活动对气候自然变化的干扰，并积极适应未来气候的自然变化。

你支持哪种观点呢？为什么？

过程：

1. 分组

课前根据学生的意愿，将学生分成两个大组，分别是全球气候变暖有利影响论组和不利影响论组。

2. 分工

每个大组有一个组长，然后再分成几个小组，并确定一小组长。通过大组组长组织分工（选出一位同学提出观点，接下来自由辩论，最后由一位同学总结陈词），分工完以后进行资料收集、整理员，加工制作。

3. 小组研究成果汇报课

首先由老师对上一节课做简单的回顾，然后提问全球气候变化分为哪几个阶段，近百年气候如何变化呢？接着引入全球气候变暖可能产生的影响，并引导学生展开辩论。最后总结出全球气候变暖弊大于利，从而自然地过渡到如何预防和适应近现代气候变暖的形势，同时抛出任务中的三种观点，由同学当场自由组合选定一种观点，并说出理由。在这个过程中，学生自由讨论，评价者要注意观察学生在讨论中的表现，以此来评价学生对待全球变暖的态度。

资源：（略）

评价：

学生评价表（略）

结论（略）

总之，“说课有法，但无定法”说课是一门艺术，只有在老师们不断创新中，才能充满生机，不断发展，然后反馈于地理教学实践，促进地理教师教学和研究水平的提高。

思考与练习

1. 结合说课的定义和特点，请用简洁的语言概括下“说课”与“备课”、“讲课”、“听课”的主要差别，你认为说课最核心的特点是什么？请说明理由。

2. 依据说课的基本步骤，选择一节地理课进行准备，同学之间进行交流说课，并相互点评。结合实际教材和实际说课，请总结在说课中出现的常见问题。

3. 教学有法，但无定法。说课也是一样，如果讲说课模式，说课也会成为未来的“说课八股”，在把握说课核心特点同时，大胆思考并与同学交流，尝试创新地理说课方式。

参考文献

陈国平 . 2006. 如何在新课改中提供高教学的有效性 . 中国教师报.

江晔，刘兰 . 2008. 地理课堂教学技能训练 . 上海：华东师范大学出版社，61.

李兴良，马爱玲 . 2008. 教育智慧的生成与表达——说课的原理与方法 . 北京：教育科学出版社，10.

欧阳芬，谢邦会等 . 2008. 有教教学的基本功——新课程下中小学教师说课、听课、评课技能指导 . 北京：世界图书出版公司，7.

秦忠义，董丞明 . 1993. 说课探索 . 郑州：河南教育出版社，2.

苏霍姆林斯基 . 1984. 给教师的建议 . 杜殿坤编译 . 北京：教育科学出版社，494.

王小棉 . 2003. 论教师隐性教育观念的更新 . 教育研究，8：89.

肖川 . 2002. 新学习方式下的有效教学 . 中国教育报.

张娟妙 . 2009. 初中地理优秀教师说课经典案例 . 长春：吉林大学出版社，118.

郑金洲 . 2007. 说课的变革 . 北京：教育科学出版社，4.

第十一章　地理学习评价

本章的学习目标：

1. 掌握地理学习评价的内容与特点；
2. 根据地理课程标准内容与学生特点设计地理学习形成性评价；
3. 根据地理课程标准内容与学生特点设计地理学习终结性评价；
4. 中学地理学科考试制度的历史沿革；
5. 地理学科大规模公开考试的性质与特点；
6. 地理学科大规模公开考试对试题的要求；
7. 地理教育测量的质量指标。

第一节　地理学习评价概述

一、地理学习评价的界定

要想界定地理学习评价，首先来看地理教学评价的概念。地理教学评价是通过一定的方法或手段，系统地搜集、分析、整理信息资料，根据一定的教育价值观或地理课程目标，对地理教学要素、过程和结果进行价值判断，从而为不断完善自我和教学决策提供依据的过程。在教学实践中，评价往往是指大多数人作出的比较一致的看法。地理教学评价既要评价学生学得怎样，又要评价教师教得怎样，这是广义的评价对象。狭义的评价对象只是学生，学生作为课程目标实现与否的直接体现者，占据评价的中心地位，不仅要评价学习的结果，也要评价学习的过程（陈澄，2007）。对于地理教师来说，对教的评价相对来说比较容易，很多时候这种评价也可以来自外界对自己教学本身的评价。但对学的评价，因为学生的多样性和复杂性，以及教师自我条件的限制，如对地理课程标准的理解不准确、对学生的地理学习心理和学习需求不了解、对地理科学发展的前沿不熟悉、对地理学习评价的方法不熟悉等，会严重地影响到教师的日常工作，甚至会对学生的学习结果作出错误的评价和判断，所以本书着重论述地理学习评价，把地理学习评价作为教师的教学行为，也作为学生的学习行为。

地理学习评价作为地理教育评价中的核心领域，需要从多个角度、多个层面进行深入的研究。长期以来，人们一直都非常重视对地理学习的评价，在基础教育地理新课程改革中，随着新地理课程标准的颁布，课程目标的变化，知识观、学习观的变化，以及地理科学与地理教育的发展，学生的地理学习评价观、地理学习评价的内容和方法都在悄然发生着变化，那么究竟什么是地理学习评价呢？

地理学习评价是根据《普通高中地理课程实验》、《义务教育课程标准（2011 年版）》中的地理课程目标，遵循《基础教育课程改革纲要（试行）》和《普通高中新课程方案（实验）》

的评价理念以及教育评价与测量的基本原理与方法，设计科学的评价工具，运用科学的评价方法与手段对学生学习态度、学习能力、学习过程、学习实效等进行价值判断，促进其学习效益提高及综合素质发展的过程。可以从以下几个方面来理解。

首先，地理学习评价的主要依据是地理课程目标，评价不仅关注学生地理知识与技能目标的达成，而且也重视过程与方法，以及情感、态度与价值观目标的达成。

其次，地理学习评价要遵循新课程改革的评价理念与方法，要遵循教育评价与测量的基本理论与方法，突出地理学习评价的科学性和客观性。

最后，地理学习评价要借助一定的评价手段和评价工具来获取学生的学习状态信息，并依据这种信息对学生的学习能力、学习态度、学习过程和学习效果进行科学、公正的分析和判断，为学生学习方法的改进、学习能力的提升，以及学习效果的判断提供切实可行的依据。

二、地理学习评价的特点

地理学习评价具有如下一些基本的特点。

第一，评价主体追求多元化。传统的地理学习评价是一种单纯的校内活动，评价者主要是任课教师及学校的管理者。教师与教师之间，教师与管理者之间缺乏必要的沟通，以至于校外的家长或其他人士只能得到学生的评价结果，并不了解任课教师及管理者所制定的评价标准，因此，从单纯的评价结果中无法完整地了解学生的学习水平。新课程地理学习评价要求评价主体多元化，形成地理学习评价的共同体，主要的组成人员包括任课教师、其他教师、学校的管理者、学生、学生家长，以及一些关心教育的社会人员等。

第二，质性评价与量化评价结合。在地理学习评价过程中，量化的评价能够简明、准确地评定学生的地理学习效果，量化评价仍可以用于标准化的测验及常模参照测验中。但量化的评价把复杂的地理教育现象加以简化，或者仅仅以一组组僵硬的数字来评定学生地理学习中各方面的发展，不仅无法保证地理学习评价的客观性，也湮没了地理教育中的其他重要的内容，如学生的地理思维能力的发展、地理素养形成等。地理学习评价追求质性评价与量化评价的结合，不同的评价内容采用不同的评价方式。

第三，评价功能由甄别转向侧重发展。传统的地理学习评价是为了甄别学生，将学生按照考试分数的高低排队，这样无形之中只能让少数成绩优异者获得肯定，获得成功的喜悦，大多数的学生体会不到地理学习的成功。新课程地理学习评价把评价看成是学生学习的一部分和教师教学的一部分，通过学习评价发现学生在地理学习过程中存在的问题、关注学生学习地理的策略与方法、给学生提供表达和表现的机会，从而有效地促进学生的发展。

第四，强调地理学习评价问题的真实性。现代认知心理学的研究表明，学生对学习内容的认知和学习，与其所发生的情景有着密切的联系。因此，现代认知和学习理论都强调学习的真实性、情景性（钟启泉等，2001）。学生学习地理学科以后，最重要的是要能够利用所学的地理知识、地理规律、地理原理、地理过程，以及地理方法分析现实生活中的地理现象，解释现实生活中的地理问题。地理学习评价问题的设计要具有真实性、情景性，以便于让学生能够真实地体会到地理学习的有用性，不仅对生活有用，对未来的终身发展也都有用。

第五，评价过程与结果并重。传统的地理学习评价，往往只要求学生提供问题的答案，而学生是如何获得这一答案的，学生的地理思维过程、推理过程、认知能力和水平等这些对学生发展至关重要的内容却摒弃于评价之外。新课程地理学习评价不仅关注学生的地理学习结果，也关注学生的地理学习过程，关注学生的地理学习体验及学生提出问题、搜集资料、分析资料、得出结论的全过程，全面、客观、科学地评价学生的地理学习。

第六，评价标准注重学生的个体差异。地理学习评价标准从传统的整齐划一过渡到注重学生的个体差异，学生个体本身在地理学习基础、学习能力、学习态度、学习习惯、学习动机等方面都存在很大的差异，所以评价标准的制订也需要考虑学生的差异性。在评价过程中，适合大部分学生的绝对评价标准与适合学生个体发展的个体评价标准相结合使用，既面向大多数人的基本要求，又顾及少数人的特殊需求。

三、地理学习评价的内容

美国学者洛克希德（Lockheed M. E.）认为当前学生学业成就评价有 6 个最普遍的目标：为高一级的教育选拔学生；认证学生的成就；监测成就变化的趋向；评价特定的教育项目和政策；促进学校、学区对学生成就负责；诊断个体的学习需要。在这 6 个方面的目标中，有些评价是最原始的目标，如选拔，有些则是近几十年来才出现的目标，如监测、政策评价和问责（崔允漷等，2008）。根据地理新课程标准的思想和理念，以及中学日常教学的行为习惯，本书主要研究新课程地理学习评价以下几部分内容。

地理学习形成性评价。在学生学习评价中，形成性评价是指任何以改善孩子学习状况为第一要务而设计并实施的评价。因此，它不同于那些被用来问责、或确定成绩排名、或证明学生能力的评价。在一项评价活动中，如果老师和学生都可以从中得到对自身或同伴进行评价的反馈信息，并据此调整其参与的教学或学习活动，则评价活动就能有助于学习。当评价活动获得的证据确实被用于调整教学方法，满足学习需要时，这样的评价活动就是“形成性评价”。地理学习形成性评价是在地理教学方案实施、课程单元教学进程中进行的评价，其目的在于及时获取反馈信息，发现存在的问题与缺陷，并以此为依据修改、完善教学方案或帮助学生改进学习（陈澄，2007）。在日常的地理教学活动中，地理学习形成性评价一直伴随着地理教学过程进行。

地理学习终结性评价。终结性评价就是对课堂教学达成结果进行的评价，指的是在教学活动结束后为判断其教学效果而进行的评价。一个单元，一个模块，或一个学期的教学结束后对学生的最终学习结果所进行的评价，都可以说成是终结性评价。终结性评价是对一个学段、一个学科教学的教育质量的评价，其目的是对学生阶段性学习的质量做出结论性评价，对学生的学习效果进行鉴定。地理学习终结性评价是指为了对已制定好的地理教学方案、计划、课程等的整体效益作全面鉴定所进行的评价（陈澄，2007）。地理教师教学过程中非常重视地理学习终结性评价，重视教学目标的达成情况，以及学生的学习效果。

地理学科大规模公开考试。在我国，地理学科大规模公开考试，如高考等是我国参考人数最多、社会关注程度极高、影响面极大的常模参照性考试。事关千万考生及家庭的切身利益，事关教育公平与社会和谐稳定，也事关各类中学的排名、生源和教育资源的竞争。地理学科大规模公开考试是中学教学中非常重视、对学生的影响也非常重大的一类学习评价。地理学科的课程性质及新课程地理学科考试制度，都要求地理教师熟悉地理学科大规模公开考试这一类学习评价方式。

第二节　地理学习形成性评价

20 世纪 80 年代中期，由布鲁姆提出的形成性评价的相关理论传入中国，随着我国素质教育和课程改革的深入，形成性评价受到了广泛的关注和使用，但是，在使用的过程中，仍然存在着一些问题，该如何更好地使用形成性评价，需要对它有更清晰的认识。

一、形成性评价概述

形成性评价是 1967 年由美国著名的教育家斯克里芬在其所著的《评价方法论》中首次提出的，后经美国教育学家布鲁姆在课堂教学中引入，成为其教育评价理论的精髓。在 20 世纪 80 年代以后，针对终结性评价的效度问题，尤其是测验和考试效度的局限性，学者们不断提出了表现性评价、过程性评价、发展性评价等新的评价理念和评价范式，这些理念和范式充分地扩展了形成性评价的内容、方式。到 20 世纪 90 年代，形成性评价得到了很大的发展，此时学者们将形成性评价作为提高教学的课堂评估。

关于形成性评价概念的理解，不同的学者有不同的说法。研究形成性课堂评价的评价专家布莱克和威廉认为，“如果评价提供反馈信息使教师和学生评价自己和相互评价以及调整他们所从事的教学活动，那么评价就有利于学习。当反馈信息真正用来使教学活动满足学生的学习需要时，这样的评价就是形成性评价”。

王道俊和王汉澜在其所编的《教育学》一书中认为，形成性评价是在教学过程中对学生的知识掌握和能力发展的及时测试，它包括在一节课或一个课题教学大纲中对学生的口头提问和书面测试，使教师和学生能及时获得反馈信息，其目的是更好地改进教学进程，提高质量（王道俊和王汉澜，1989）。

施良方和崔允漷认为形成性评价又称为过程评价，是在教学过程中进行的评价，是为了引导教学过程正确、完善的前进而对学生学习结果和教师教学效率采取的评价，形成性评价的主要目的不是为了选拔少数优秀的学生，而是为了发现每个学生的潜质，强化改进学生的学习，并为教师提供反馈（施良方和崔允漷，1999）。

总体而言，虽然形成性评价的概念没有统一的定论，但是根据以上的表述，我们可以找到他们的共性：①形成性评价发生在教育、教学活动过程中，强调对过程的评价；②强调对教学的及时反馈和调节作用；③弱化了评价的甄别和选拔功能。反馈、鼓励、指导是形成性评价的三个要点。如果这三点都能做到并且做好，形成性评价就会成功。因此，地理形成性评价就是在地理教育教学活动过程中，为了满足学生的地理学习需要而获得反馈信息而进行的评价。

二、地理形成性评价的内容及分类

关于形成性评价的内容，高凌飚总结了国内三种典型的看法（高凌飚，2004）。第一种观点认为形成性评价的对象是学生的认知学习过程，该观点强调心理学意义上的过程学习，认为形成性评价在引导师生去关注、认识、把握和改进学习的微观过程中提高了学生的元认知水平。第二种观点强调对非智力因素的重视，认为形成性评价主要是对学生学习过程中表现出的情感、态度、价值观做出评价。第三种观点关注学习效果，强调对知识和技能的掌握，即从历史性的角度，将一个相对较长的学习阶段（如一学期）划分为一系列短暂的阶段（如一章节），把短暂阶段学习结果的评价看成为形成性评价。

这三种观点在一定的场合下各自有各自的道理。但是形成性评价的理论基础——建构主义，强调学习是一个主动建构的过程，知识不是通过教师的传授而得到的，而是学习者在一定的情景，即社会背景下借助他人的帮助，利用相应的学习资料，通过意义建构的方式而获得的。所以在学习的过程中，学生听课的专注度、学习计划、学习活动的参与、作业等各个学习环节对学习的效果都有着很大的影响，学习者的动机和他所采取的策略，以及学习效果是三位一体的，教师应该关注任何一个环节。

因此地理形成性评价包括了地理学习准备的评价，地理学习过程的评价和地理学习结果的评价。学习准备是指学习者制订的学习计划，以及与该计划相一致的物质、精神准备。

目前从国际上科学教育领域对形成性评价的研究成果来看，从评价的组织和教学形式，主要可以分为两个流派的观点（张跃和王晶莹，2011）。

1. 贝弗利·贝尔和布朗恩·科伊的研究

贝弗利·贝尔和布朗恩·科伊通过大量的实例研究，在 1996 年提出了形成性评价是在学习过程中，教师和学生为了提高学习效率，获取和反馈学生学习情况的评价过程。他们把形成性评价分为预设式形成性评价和交互式形成性评价两类。

预设式形成性评价通常的步骤包括收集信息、解释信息、采取措施，描述这一过程的理论模型，特别强调的是，形成性的目的是学生对所学具体课程的掌握情况，针对学生的掌握情况，教师要事先计划好课堂中的具体活动。

交互式形成性评价通常是发生在教师和学生的交往过程中，这种交往过程往往是没有准备的、教师和学生即时发生的一种活动，这种形成性评价的步骤包括教师注意、教师认识、教师响应，这里的形成性评价的目的是反映学生科学知识、社会能力、个人能力的情境。

2. 约翰·普莱尔和芭芭拉·克劳苏阿尔的研究

约翰·普莱尔和芭芭拉·克劳苏阿尔通过在教育机构 11 年的实验观察，构建了有关形成性评价的理论基础，他们认为形成性评价是一种发生在师生之间的反馈活动，如反映学生的学习情况，判断学生哪方面掌握情况较好等。他们把形成性评价分为集中式形成性评价与开放式形成性评价两类。

集中式形成性评价。它源于教师试图判断学生是否已经知道、理解或预习过相应的知识。通常情况下，教师采用封闭式或半开放式的问题来检测学生的学习情况；在进行形成性评价的时候，教师是知道正确答案的；之后，他才能根据学生的作答情况来反馈学生的学习情况。因此，这类形成性评价适用于个人、小组和全班。

开放式形成性评价。它更多地帮助构建学生所知道、理解或可以操作的知识。在这类形成性评价中，教师所提问的问题大多是开放性的，没有固定的答案，这被学生理解为一种“辅助性”的问题，而不是“测试性”的问题，问题的答案和反馈也是一种探索性的、提倡性的，这种反馈更关心学生的想法以及思维过程；同时，这种开放式形成性评价并不仅仅是教师独自实施的，学生也可以操作，如学生的自我评估和同龄人之间的评估。

三、地理形成性评价的方式及应注意的问题

地理学习准备、学习过程、学习结果共同涉及学习策略，可以通过学习策略的自我评

价、学习环节的自我评价等方式进行评价。在学习过程中，可以通过课堂提问、课堂参与、课堂表扬等方式进行。在学习成果的评价中，可以通过形成性测验、汇报表演、小论文、点评式打分等形式进行。

(1) 学习策略的自我评价

学习策略包括了认知策略、元认知策略、资源管理策略。这三个策略包含了很多方面的内容，下面以认知策略、调控策略、资源策略、交际策略为例进行说明，见表 11-1。通过学习策略的自我评价，促使学生了解自己的学习，学会分析自己的不足和优点，明确努力的方向，不断地调整自己的学习，实现自主学习，自我发展。

表 11-1　学习策略的自我评价表（钱建源，2005）

认知策略	你是如何学习“地球的运动”这一节课的？你觉得你的学习方法怎样
	详细描述
调控策略	你制订了“地球的运动”一节的学习计划了吗？你是否跟你的同学交流过学习方法？在学习方法上，哪些方面你可以向同学学习？通过本节课的学习过程，在学习方法上你觉得在哪些方面可以改进以更有利于下一单元的学习
	详细描述
资源策略	你能否通过多种途径了解与本节课内容相关的知识？你觉得初中学过的哪些地理知识对你学习本节课有帮助
	详细描述
交际策略	在本节课的学习活动中，你用了哪些方法把自己的思想表达清楚？你是否注意到了同学是怎样与你交流的
	详细描述

我们还可以通过帮助学生设置每个环节的评价细目表，同样可以实现帮助学生进行自我调整的目的，见表 11-2。

表 11-2　地理学习环节评价细目表（钱建源，2005）

项目	评价细目	分数	自评	小组评	教师评	均分
听课专注度（25%）	能始终注意教师的讲解及各项指令，做好笔记	20～25 分				
	能注意听讲，但容易分散注意力	15～20 分				
	知道应该注意听讲，但不知不觉走神，往往漏听一些内容	10～15 分				
预习复习（25%）	能按要求认真做好预习复习	20～25 分				
	能做预复习，但不能完全按要求做	15～20 分				
	没有把预复习作为学习的一个必要环节来对待，时做时不做	10～15 分				
参与度（25%）	能积极思考问题、争取发言、积极参与个体或小组的学习活动	20～25 分				
	能思考问题、发言、参与个体或小组的学习活动，但不主动	15～20 分				
	对老师的提问和老师组织的各种学习活动缺乏兴趣，应付性地参与	10～15 分				

续表

项目	评价细目	分数	自评	小组评	教师评	均分
作业（25%）	能认真地、独立地及时完成老师布置的各项口头、笔头作业	20～25 分				
	能比较认真地及时完成老师布置的各项笔头作业，但有时会忘记口头作业	15～20 分				
	有时不能及时完成老师布置的各项笔头作业，常常会忘记口头作业	10～15 分				
总分						

（2）课堂提问

提问可以促进班级对话，是教师了解学生知识掌握情况最直接也最常用的手段。一个问题要达到形成性的目的，教师必须知道学生是如何理解的，但是一些教师在使用此方法时往往较多地关注提问本身，关注学生回答问题的对错，对学生回答问题背后的思维过程却缺乏探查的兴趣，只有当教师理解学生答案时才可能帮助学生的思维达到更高层次的水平，才能对学生的理解进行调整或进一步的讨论，并做出回应，由此才能产生师生对话。因此，教师在和学生进行对话时，要解读“学生是怎么想的”以及“学生为什么会得出这一答案”。教师也可以先让学生解释他是如何得出答案的，然后接受学生的解释，不作任何评论，再问其他学生对这一问题的看法，这样第一个学生就可以同全班其他学生共同探讨问题了，教师的角色成为了引导者，引导所有学生参与对话的组织者。做好这种对话的关键是要给学生更多的等待时间，我们往往由于课堂时间有限而提出问题后马上需要学生做出回答，这样学生的思考是不深入的，只有给足等待时间，才能更好地引导学生参与思考。

（3）课堂参与

1995 年，新西兰北岛中部的活火山——鲁阿佩胡火山的爆发。贝弗利·贝尔和布朗恩·科伊研究中观察和记录 5 号教师和她的学生课堂表现的全过程。实验观察的背景是 5 号教师对 8 年级学生展开了“我们富有的地球”这一单元课程的学习。课程计划是讲解地球的组成、地壳的结构、火山爆发的起因、土壤的构成、岩石的种类，以及岩石是怎么形成的等相关问题，观察教师在地理课堂中如何进行形成性评价（张跃和王晶莹，2011）。

片段一。这个片段发生在“我们富有的地球”这一单元课程学习的第一课时。具体教学过程是：教师在墙上贴满了各种各样的新闻简报，这些简报的内容都是围绕火山、地震、土壤等问题的一些最新热点话题；由于当时火山刚刚爆发，学生的兴趣也因此被激发起来；在这个时机讲这节课程，恰到好处地为学生提供了充足的学习素材，同时为教师提供了良好的学习情境。这位教师的具体做法是：组织学生一起参观鲁阿佩胡火山，引导学生观察火山爆发后周围的环境、土壤的情况，以及火山上方的云埃状况；同时，启发学生思考火山爆发的起因是什么，它是如何爆发的，爆发后周围的环境有何种变化。针对这些问题和大家一起进行讨论交流；引导学生大胆思考，勇于自己探索，以及积极参与讨论。

片段二。这个片段发生在这一单元课程学习的第二课时。有了第一课时学生感性认识的基础，这一节课在教室中完成全班讨论和小组展示。教师的具体做法是：在课前，教师鼓励同学们课下自己查阅相关资料并积极思考我们富有的地球有什么资源，之后，鼓励学生收集有关这一单元学习的学习素材，带到班级中，和大家分享；在课堂上，教师让同学们把所带来的学习素材进行分类，摆放在讲台上；观察发现学生从家中带来了与本课有关的书籍、图片、人工制品（照片、经雕琢的宝石、项链、水晶制品等）；教师利用学生带来的素材和学生一起进行全班讨论，主题围绕着“我们富有的地球”展开；同时把学生分成小组，展示和说明他们所收集的素材，以及在收集过程中是如何进行准备、分工、收集和小组讨论的。

以上教学片断体现了在地理课堂教学中所实施的形成性评价。在片段一，教师采用的是一种交互式的形成性评价，教师为学生创设了具体的、和教学密切相关的教学情境，让学生身临其境，采用这种方式，不仅可以激发学生的学习兴趣，而且可以培养学生理论联系实际，将所学知识用到实际生活中，解决实际问题的能力。在片段二，教师采用的是一种开放式的形成性评价，教师通过观察学生所带来的素材，帮助她了解学生的兴趣所在，以及学生对于该课程感兴趣的程度。同时，教师让同学们把素材放在讲台上，有助于她关注到每一个学生的表情、动作和言语，从而了解到每一个学生的兴趣所在，及其对课堂的投入程度。在之后的学生交流讨论过程中，特别是教师鼓励学生将自己收集到的资料与其他同学的资料进行分享的过程，也是学生自身能力得到发展的关键环节，培养了学生建立合作交流和分享的意识。

（4）点评式打分

教师对书面作业进行评价反馈，有三种方法：只打分数，只写评语或者两者并用。英国教育心理学家巴特勒的研究表明，一份书面作业有分数也有评语时，学生往往只看分数而忽视评语。分数高低并不会告诉学生怎么去提高，评语才真正能让学生和父母知道该如何进步，从而调整学习，且评语越具体，学生努力的方向越明确。因此教师在点评上要多花功夫。例如，像“你把‘背斜’和‘向斜’搞混了”，这样的点评对引导学习者起到的作用不大，但是如果把评语改为“××，你把‘背斜’和‘向斜’搞混了，查一下课本和我们的课堂笔记，看看这两者的差异，然后再重新检查一下这一部分的内容”，这样可以帮助××加深理解。

（5）课堂表扬

我们在课堂上经常会听到老师说“很好，你真棒”之类的激励性评价语言，也有很多老师认为这是形成性评价，但是这样的停留在表面的表扬阶段，对学生的作用是不大的。教师应该通过细致的观察，增加更具有描述性的，更加具体的激励性语言，像“你在思考黄土高原水土流失严重的成因上的思路是很清晰和完整的，分别从坡度、土质、降水三方面进行思考”比“你的思路是很清晰的”要具体清晰。随着学生年龄增长，他们的认知水平也不断提高。对他们的评价要尽量做到恰如其分、具体、得体，这样就更能帮助他们体验成功的喜悦，认识自我。

第三节　地理学习终结性评价

进行地理学习终结性评价是地理教师日常教学工作中的重要任务之一，地理教师需要正确掌握进行地理学习终结性评价的方法。

一、地理学习终结性评价的基本特点

地理学习终结性评价主要是某一阶段的地理学习结束后，对学生的学习效果所进行的评价，主要具有如下基本的特点。

首先，在评价目标上，地理学习终结性评价着眼于对学生整个地理学习阶段或某个重要地理部分所取得的学习成果进行全面的评定，如学生学习完整个初中地理或者高中地理的课程后，参加地理学科学业水平测试，评定学生在初中阶段或高中阶段的地理学习成绩；或者学生在学习完某一模块的地理内容后所进行的期末考试等。

其次，在评价内容上，地理学习终结性评价的评价内容是基于《义务教育地理课程标准(2011 年版)》和《普通高中地理课程标准（实验)》中的课程目标与内容标准。评价的内容主要包括对地理知识与技能的掌握程度，对地理过程与方法的理解水平，对地理情感、态度与价值观的形成情况等。与地理学习形成性评价相比，地理学习终结性评价的内容范围要广，而且各评价内容所占的比例常常与整个学科各内容的分配比例相一致。

再次，在评价方法上，地理学习终结性评价基本上遵循基于标准的学生学业成就评价的原理与方法，借鉴国内外对基于标准的学生学业成就评价的基本原理和方法，来设计地理学习终结性评价的方法。

最后，在评价作用上，由地理教师所进行的终结性评价通常有以下用途：一是可以用来为学生评定成绩，通过终结性评价，确定学生在地理学习上的达标情况；二是可以用来颁发毕业证书，如学生参加学业水平测试合格后，可以给学生颁发高中或者初中的毕业证书，证明学生的资格，为学生日后的升学或者安置提供必要的依据；三是检验教师及学校的地理教学成绩，通过比较学生的地理学习终结性评价的成绩，可以知道不同学校的地理学科教学质量；四是用来衡量学生的地理学业进步情况，为学生的学习提供及时有效的反馈，使学生明确自己的整体学习效果；五是为学生提供学习反馈，预测学生在后续的地理学习中成功的可能性，并且确定学生后续学习地理学科的起点，因为地理学习终结性评价的评价内容比较全面，可以预测，在地理学习终结性评价中得分较高的学生，在日后地理学科或其他学科的学习中也较容易成功。

二、地理学习终结性评价的内容

地理学习终结性评价的内容与地理课程标准中的内容标准相一致，根据地理课程目标的基本要求，主要评价内容如下。

（一）地理知识的掌握情况评价

初中地理和高中地理课程标准中所规定的知识范围，包括对基本的地理事实、地理概念、地理规律、地理原理、地理特征等的识记、理解、分析、说明、应用等，对地理知识的认知要求与课程标准中的内容标准的行为动词一致。初中地理主要评价学生对地球与地图、世界地理、中国地理和乡土地理等基础地理知识的掌握情况。高中地理主要评价学生对地理1、地理 2、地理 3 等必修地理模块，以及相应的选修模块等知识的掌握情况。

具体来说，评价内容主要有如下 6 个方面：①对地理学科基本的、核心的概念或结论的理解；②了解识别地理事物的空间结构、功能和作用；③根据文字、图表、数据等背景材料，分析理解地理事物发展变化的过程；④根据文字、图表、数据等背景材料，理解人类赖以生存的自然地理环境的主要特征，以及自然地理环境各要素之间的相互关系；⑤了解人类活动对地理环境的影响，理解人文地理环境的形成和特点，认识可持续发展的意义及主要途径；⑥认识区域差异，了解区域可持续发展面临的主要问题和解决途径（陈澄和樊杰，2004）。

（二）地理技能的形成情况评价

地理技能是指在地理认知过程中形成并得到运用的专门的认知活动方式。根据地理课程标准对学生地理技能目标的要求，需要对学生的以下地理技能进行评价。

地理思维技能。地理思维能力是地理学科能力的核心。需要特别指出的是，地理思维能力中思维方式的应用能力，是地理学科能力区别于其他学科能力的关键所在。“空间综合分析”思维方式是地理思维能力的重要特色。地理思维科学包括地理抽象逻辑思维、地理形象图像思维和理创造性思维。地理抽象逻辑思维又分为两部分，另一部分是描述性的语言符号，另一部分是计算性的数学符号。地理形象图像思维也分为两部分，一部分是地图人工图形符号，另一部分是遥感图像数据符号；地理抽象逻辑思维与地理形象图像思维的结合，必然产生创造性思维，遥感信息模型就是典型的例子（马蔼乃，2001）。

地理实践技能。地理学是一门实践性很强的学科，地理学科的实践性，突出地体现在学生必须通过实践，才能正确地认识人类赖以生存和发展的地理环境，正确认识人类与地理环境的关系；也只有通过实践，才能正确地处理和协调好人地关系，为实现人类的可持续发展打下良好的基础。根据学生地理知识的来源，可以将地理实践技能分为野外实习和室内操作两个方面：野外实习包括野外观察观测、野外考察、社会调查等；室内操作主要包括地理实验、地理制作、地理运动、地理演变、地理活动等的计算机模拟。

地理探究技能。在地理新课程改革中倡导自主学习、合作学习和探究学习，开展地理观测、地理考察、地理实验、地理调查和地理专题研究等实践活动。总体来说，随着年级的升高，学生应该掌握地理科学探究的基本程序：提出问题、猜想与假设、制订计划、观察与实验、搜集整理数据、思考与结论、表达与交流，掌握越来越复杂的相关技能，获得越来越深刻的相关理解。

地理表达技能。学生学习地理，就需要对学习的地理知识进行表达和交流。地理知识的表达可以采用如下方法来进行表述（黄润华，2002)。图像表述，通过运用地图；语言表述，通过仔细地构建书面的景观描述；数学表述，通过运用空间模型分析位置、区域和分布；认知表述，通过环境的心像地图。数字表述，通过运用地理信息系统和计算机地理制图。

运用地理图表技能。地图是按一定数学法则、运用符号系统，概括地将地球上各种自然和社会现象缩小后表示在平面上的图形。地理学科研究的对象都位于一定的空间和尺度范围内，自然和人文地理环境的范围大到整个地球，小到某局部区域，单凭人的肉眼不可能在同一时间把如此广阔的世界尽收眼底，即使是一个小的区域，也不可能全部了解，唯有通过地图才能将所有的信息展示出来，这就显示了地图在地理学习中的重要性。地图是经过概括抽象化的表示地理空间关系的图形，是地理教学中重要的直观工具，是地理课堂教学的“第二语言”。组成地理环境的地形、气候、水文、土壤、工业、农业、城市、人口等地理要素间有着千丝万缕的联系，也需要通过地图加以显示，地图是地理信息的主要载体。在运用地图的时候，要能读懂图名、图例、主要的方向、地图上的坐标方格、经线、纬线、比例尺等地图要素。另外，除了地图之外，学生还需要能够正确阅读地理中的各种等值线图、柱状图、饼状图，以及照片、卫星图片和地理信息系统等。

（三）地理过程与方法理解情况评价

普通高中地理课程标准中要求的“过程与方法”目标，从结构上看，由两个要素组成，是一个问题的两个方面，两者之间相互依存、相互支撑。学生在实现地理“过程”目标中，离不开地理科学方法。而掌握地理科学方法，也是达成地理“过程”的目标。因此，地理学习评价中的“过程与方法”这一内容的评价，应评价学生参与地理学习活动过程中的表现，以及对地理方法的掌握与运用情况。

根据高中地理新课程的要求，学生应掌握常用的地理科学方法，主要包括地理观测方法、地理实验方法、地理调查方法、地图阅读与分析方法、地理空间分析与空间思维方法、区域比较法和区域综合分析法等方法。例如，学习“自然环境中的物质运动和能量交换”专题时，要求运用示意图说明地壳内部物质循环过程，结合实例分析造成地表形态变化的内、外力因素，运用图表说明大气受热过程，绘制全球气压带、风带分布示意图，说出气压带、风带的分布、移动规律及其对气候的影响，运用简易天气图，简要分析锋面、低压、高压等天气系统的特点等，都需要学习、掌握和运用地理科学的常用方法（李家清，2006）。任何一种地理科学方法都是由若干环节或步骤所组成。例如，地理观测方法，包括拟订观测目标、选择观测工具（必要时），有观测过程（步骤）、观测记录等环节；地理调查方法，包括拟订调查目的、确定调查对象、制订调查计划、选择调查方式，有调查过程、调查记录、调查信息整理等环节。对掌握地理基本方法的评价，主要评价学生能否根据学习需要，合理地选择常用的地理科学方法，以及运用方法的熟练程度、运用过程中步骤的正确性和完整性等方面。

在评价学生参与探究性活动过程的表现时，应重点评价学生：①能否提出地理问题；②能否通过阅读地图、图表等和通过实地观测与调查等方式收集资料、获得资料；③能否将地理信息资料恰当归类和将地理信息资料绘制成地理图表和简单的地图；④能否通过分析地理信息资料得出结论并进行检验；⑤参与地理观察与观测、调查、实验、讨论等活动的质量。

（四）地理情感、态度与价值观的形成情况评价

评价学生在地理情感、态度与价值观方面的真实表现和发展状况，应着重评价学生：①是否具有浓厚的地理学习兴趣，是否对地理事物、地理现象具有好奇心；②是否积极主动地与同伴配合参与探究活动，是否在探究过程中有发现问题的意识并大胆质疑；③是否善于提出自己的意见，乐于听取同伴的建议，修正、发展自己的观点；④是否关注地理学与现实生活的密切联系和地理学的应用价值；⑤是否形成初步的人地协调、因地制宜等地理观点；⑥是否关心家乡的环境与发展，关心我国的基本地理国情；⑦是否形成有关环境、资源的保护意识和法制意识，以及关心和爱护地理环境的行为习惯。

三、地理学习终结性评价的方法

地理学习终结性评价指向学生的学习改善，它必须以地理新课程标准为评价的依据，因为地理新课程标准提供了对学生的学习期望，地理学习终结性评价可以较好地反映学生学习效果与课标期望之间的差距。地理学习终结性评价主要有以下几种方法（周慧，2010）。

(一) 直接求和法

直接求和法是将评价指标经过测量所取得的分值直接累加，然后根据总分决定评价对象(学生) 的相对位置。计算公式是：$S=X_1+X_2+\cdots+X_n$。

例如，学生甲、乙、丙、丁在高中四学期考试按照百分制的成绩统计见表 11-3。

表 11-3　学生地理学习终结性测试累加分统计表

学生	第一学期	第二学期	第三学期	第四学期	总分	名次
甲	86	90	88	85	349	1
乙	79	82	85	86	332	3
丙	83	88	82	86	339	2
丁	80	78	75	73	306	4

(二) 加权求和法

加权求和是根据各评价指标的相对重要的程度，分别赋予一个权系数，使之与其重要程度相一致，然后累加各次考试的权数与分数的积。计算公式是：$S=W_1X_1+W_2X_2+\cdots+W_nX_n$。

如学生 A 在一学期里经过四次考试，第一次是开学初的摸底考试，得分 86 分；第二次是单元考试，得了 80 分；第三次是期中考试，得了 83 分；第四次是期末考试，得了 82 分。如果按照考试的重要性确定四次考试的权重系数依次为 0.10、0.20、0.30 和 0.40，则这个学生这一学期的地理学习终结性评价成绩的分值见表 11-4。

表 11-4　学生甲学期地理学习终结性评价分数表

权重	第一次	第二次	第三次	第四次
X_i	86	80	83	82
W_i	0.10	0.20	0.30	0.40
W_iX_i	8.6	16.0	24.9	32.8
S	82.3			

因此，学生甲在这一学期地理学习终结性评价中获得的总分是 82.3 分。

(三) 连乘汇总法

连乘汇总法是将各次考试评价指标的得分相乘作为总分。计算公式是 $S=X_1X_2X_3\cdots X_n$。利用连乘汇总法各总分值差距加大，具有灵敏度、直观性强的特点。

例如，学生甲在两次考试中的得分分别为 65+83=148 分，学生乙在两次考试中的得分是 73+75=148 分，这两个学生在总分相同的情况下，哪个学生的成绩更好呢？用连乘汇总法，差距明显就出来了。因为 $S_{甲}=65\times83=5395$ 分，$S_{乙}=73\times75=5475$ 分。学生乙的连乘分比学生甲的连乘分高出 80 分，所以学生乙的学习成绩比学生甲的学习成绩稳定。两次考试的差距越大，学生的成绩越不稳定，连乘分就越低。

四、地理学习终结性评价方案举例

地理教师在日常教学过程中，都需要设计某一模块或某一学期的终结性评价方案，以下案例可以提供比较好的参考。

案例 11-1　某中学学生地理学业成绩评价方案（周慧，2010）

一、评分方法

初中学生地理学业成绩由以下两大部分组成：

非卷面测试（A）（占总成绩的40%），它由三部分组成：过程评价（a）（占非卷面测试成绩的40%）；探究学习（b）（占非卷面测试成绩的30%）；操作技能（c）（占非卷面测试成绩的30%）。其中$A=a+b+c$。

卷面测试（B）（占总成绩的60%）

学业成绩$=A+B$

二、评价过程

（一）非卷面测试

1. 过程评价

利用观察表格，记录学生在整个地理学习过程中在知识、技能、行为和情感方面发生的变化，提取有价值的信息记入表格，具体见表 11-5。利用学习档案，主要记录学生的课堂学习表现，标准化考试，教师、同学、自己的评价，与学生的谈话，地理小制作，小论文，地理实践成果报告，来自家长的信息。

表 11-5　学生阶段地理学习表现评价表

评价项目	自评	小组内评	学生评委评	教师评	其他
表达交流情况					
动笔记录情况					
获取信息情况					
小组合作精神					
想象力的突出表现					
是否符合要求					
是否有个性化认知					
总体表现					

2. 探究学习

以个人或小组为单位，撰写一篇环保小论文；调查某一地区的人口，某一路段的交通流量，商场里某类、某种商品的产地、特点、价格、销售情况；对某一地区旅游资源开发、商业网点的布局、学校布局的合理性进行考察……

（1）评价标准与评价项目见表 11-6。

表 11-6　评价项目和评价标准明细表

评价项目	评价标准	评价			
		自评	小组	教师	总评
课题	价值性				
行动方案	系统、周到、高效				
准备	及时、充分				
收集资讯	信息源、价值性				
处理资讯	选择、转化				
结论	创造性、关联性、广度、深度				
结论的呈现方式	合理、新颖				
方法、手段	灵活、熟练				
与他人的合作交流	乐于、善于				
对小组成果的贡献	大、小				
个性、情感、价值观	优秀、人性				
感受、反思	真实性、价值性				

（2）评价项目。可以根据实际情况进行增减和细化、重组。评价等级分为 6 级：A（创造性强）、B（相当于优）、C（良好）、D（中等）、E（及格）、F（不及格）。对不同的项目采用不同的等级体系。设定评定等级的目的不是对全部学生分等排序，主要是针对个人的，其功能主要是诊断，让学生反思，知道自己哪些方面做得比较好，哪些方面还不够，从而让学生清楚自己努力的方向，激励学生，并促进学生全面发展。

（3）评价标准部分用语说明。①信息源包括两个方面：现成的（如报刊、杂志、网上等的资讯）和原创的（通过实地观测、自己调查等手段获得），当然后者应得到更大的鼓励。②结论的关联性指课题与结论的关联、结论与资讯的关联，广度与深度可以反映学生的理解水平。③评价学生得出结论的方法手段，还要评价学生是否勇于尝试还没有掌握的但更有效、更先进的方法手段。

3. 操作技能

能够迅速地制作有关地理知识的小作品（绘制地球仪、制作地理拼图、模型），根据有关信息绘制地理图表（气温变化曲线和降水柱状图、人口数量变化图）和简单的地图（绘制学校平面图或者学生自己家房间的平面图）。

（二）卷面测试

编制地理试卷，进行学期考试。

该地理终结性评价方案采用了档案袋评价、书面测验评价、观察评价、学生自评等多种地理学习评价方法，教师、学生、家长等多主体参与，从多方面评价了学生对地理基础知识与技能，过程与方法，情感、态度与价值观的掌握情况和发展水平，改变了传统地理学习评价中“主体单一、方法单一”的做法，使学生评价的信息来源更广泛，评价视角更多样。评价内容比较全面，能使学生及时地了解自己在地理学习过程中的进步与不足，帮助学生学会自我总结、自我反思，培养学生学习地理的自信心，提高学生地理学习的质量，促进学生全面、和谐发展。

通过对这个典型案例的分析，我们可以得到以下启示。

第一，地理学习评价方案与地理新课程改革的理念非常吻合，很好地体现了地理新课程改革的基本要求。第二，地理新课程改革正在改变着学生的学习评价方法，使评价有利于促进学生的进步和发展。第三，地理新课程的学习评价更注重学生的体验、感受，以及地理学科相关学习与生活经历，注重学生的自我总结与反思，注重学生在自我学习基础上的进步与发展。

第四节　地理学科大规模公开考试

据迄今可考的史料分析，我国古代的考试可以说是教育测量的起源，从西周的口试、实际操作和演示，到以推荐为主、考试为辅的两汉察举制和魏晋南北朝的九品中正制，再到隋炀帝于公元 606 年创立的以考试成绩作为逐级选拔人才标准的科举制度。欧美国家早期的学校教育考试，大多使用口头测验。18 世纪后，英、美、法等许多发达国家开始学习中国的考试方法。1702 年，英国剑桥大学首先以笔试代替口试。1845 年，美国麻省波士顿教育委员会在普通学校中采用笔试，开美国学校采用笔试之先河。1894 年，赖斯（Rice）设计拼字测验，被视为早期教育测量的先驱。这些教育评价史上的大事，为用学生测验分数作为评价学生学习质量的标准打下了良好的基础。

一、地理学科大规模公开考试的性质与特点

我国《基础教育课程改革纲要（试行）》对课程评价提出了专门的要求，“在已经普及九年义务教育的地区，实行小学生毕业免试就近升学的办法。鼓励各地中小学自行组织毕业考试。完善初中升高中的考试管理制度，考试内容应加强与社会实际和学生生活经验的联系，重视考查学生分析问题、解决问题的能力，部分学科可实行开卷考试。高中毕业会考改革方案由省级教育行政部门制定，继续实行会考的地方应突出水平考试的性质，减轻学生考试的负担”。对全国高等学校统一招生考试也有明确的规定：“高等学校招生考试改革，应与基础教育课程改革相衔接。要按照有助于高等学校选拔人才、有助于中学实施素质教育、有助于扩大高等学校办学自主权的原则，加强对学生能力和素质的考查，改革高等学校招生考试内容，探索提供多次机会、双向选择、综合评价的考试、选拔方式。考试命题要依据课程标准，杜绝设置偏题、怪题。”

1. 地理学科大规模公开考试的性质

大规模公开考试是我国参考人数最多、社会关注程度极高、影响面极大的考试，按照解释分数的方法可以分为常模参照测验和标准参照测验。常模参照测验是指参照被测群体的实际水平解释分数的测验。群体的平均分数一般可以反映群体的水平，称为常模。以常模为参照点，将被测个人的成绩与常模比较，并把比较的结果所反映出来的差异量化，作为导出分数。这类测量的目的主要是考查被试的个体差异，一般用于测量被试相对水平的、以选拔为目的的大规模测验。因此，单独解释被试在这类测验中所取得的分数是毫无意义的，必须将它放到被试所在的团体中，从而直接或者间接地以被试在该团体中的相对等级或相对位置来评价被试的能力水平（张亚南，2000）。例如，新课程地理学科高考。

标准参照测验是参照被试达到目标的程度来解释分数的测验，也称作目标参照测验。标

准参照测验强调被试对测验目标或内容的掌握程度，因而反映出被试的绝对水平和达标程度，这是一种绝对评价的方法（张亚南，2000）。例如，高中生的地理学科毕业会考（又称普通高中学生学业水平测试），就是以教育部颁布的《普通高中地理课程标准（实验）》和各省级教育行政部门颁布的《普通高中学业水平考试地理科考试大纲》规定的课程目标及考核目标为标准，衡量学生的达标情况而进行的考试。

地理学科大规模公开考试事关千万考生及家庭的切身利益，事关教育公平与社会和谐稳定。随着新课程改革在全国各地实施及对新课程改革研究的不断深入，关于大规模公开考试改革的讨论也在各省陆续进入高潮。大规模公开考试的改革不仅关系到千百万考生的切身利益，也关系到社会的公平与稳定，更关系到我国基础教育与高等教育的健康发展，素质教育的顺利实施，人才培养的质量，民族和国家的未来。

衡量和检验某个课程构想是否转化为学生最终学习成果的重要工具之一就是学生学业成就评价。而作为评价的工具，尤其是纸笔测验中的试题，它的科学性及与课程标准要求的吻合程度，将严重地影响测验的结果，所以命题是学业成就评价中的核心环节。随着大规模公开考试试题命制权力的下放，以前由教育部考试中心单独命题的大规模公开考试，在新课程改革背景下逐渐改为由各省教育考试院自主组织考试、自主命题的形式。但是，命题作为技术性和专业性非常强的评价环节，尤其是在大规模公开考试这样的大规模高利害的测验中，如何保证命题的科学性和专业性，以科学专业、稳定有效的评价工具来评价学生的学业成就，为高等学校选拔合适的人才，是新课程大规模公开考试改革亟须解决的重要问题之一。

2. 地理学科大规模公开考试的特点

地理学是研究地理环境和人类活动与地理环境相互关系的科学。它具有什么样的特点呢？新修订的《义务教育地理课程标准（2011年版）》进行了非常清晰的界定。义务教育地理课程是一门兼有自然学科和社会学科性质的基础课程，具有区域性、综合性、思想性、生活性和实践性等特征。在普通高中课程改革方案中，地理学科是所有学科中唯一一个跨人文与社会和科学这两个学习领域的学科。其实，随着信息技术的发展，特别是随着地理信息技术的发展及应用，地理学科还应该跨“技术”这一学习领域。非常清楚地界定了地理学科的性质，它既具有文科的性质，又具有理科的性质。

地理科学的特点、中学地理课程的特征、中学地理课程目标等决定了地理学科大规模公开考试的特点。在中学大规模公开考试的科目中，地理学科一直是需要考试的科目之一，只是随着考试形式与内容的不断变化而变化。但在中学考试的科目中，地理学科一直属于文科课程，有许多考生对地理学科非常感兴趣，希望大学的时候也可以学自己喜欢的地理科学专业。但在大学招生中，有的地理科学专业招收文科考生、有的是文理兼招，但是有的学校却只招收理科考生，所以很多的中学生在中学选学和选考地理学科，在大学却不能学地理科学专业。在中学大规模公开考试文科考试的政治、历史、地理科目中，考生们普遍认为地理学科是最难学的一门学科，因为它虽属于文科，却需要很强的理科思维能力。

二、地理学科大规模公开考试对试题的要求

在新课程地理学科大规模公开考试中，考试试题是通过设计用以获得考生专门行为样本的测量工具，科学地命制地理大规模公开考试试题显得尤为重要。

（一）地理学科大规模公开考试试题的概念

何谓试题？根据 Osterlinter 对试题的定义为：在教育和心理特质测试中，试题是一个测量单元，它具有对刺激情境和应答形式的规定，目的是要获得被试的应答，并根据应答对考生的某些心理特质方面的表现（如知识、能力等）进行推测。这个定义包含了试题的全部条件，是一个普遍承认的试题定义。对于这个定义，可以从三个方面理解：首先，“试题是一个测量单元”，关注的是试题的测量功能；其次，“试题具有刺激情境和对应答形式的规定”，意指考生心理结构或能力的表现具有环境依赖性，命题者必须创造一个让考生心理结构或能力得以表现的环境；最后，“根据应答对考生的某些心理特质方面的表现（如知识、能力等）进行推测”，说明了试题的根本目的。如果一个试题的刺激情境不能提供推测某一心理结构或能力的数据，或者试题没有明确的要测量的心理结构或能力，就不能称之为试题。所以，一道试题必须要有三个基本要素：第一，测量的心理特质——测量目标；第二，刺激情境——情境材料；第三，对应答的规定——设问（雷新勇和周群，2008）。从试题的概念可知，地理学科大规模公开考试对试题命制研究的核心问题有三个：测量什么、如何测量和如何对测量的结果进行量化。

大规模公开考试命题有广义和狭义之分。狭义的大规模公开考试命题是指大规模公开考试招生出题，并不指试题的组配。如果试题命制采用题库的方式，命题与组配就是分离的，这种方式的命题就是狭义的命题。而如果试题命制不是采用题库的方式，命题和组配就常常联系在一起，这种方式的命题就是广义的命题。国外一些考试结构的试题命制大多采用题库的方式，而我国目前大规模公开考试试题命制通常是命题和组配结合在一起的（王后雄，2008）。大规模公开考试命题试题库的建设，一直是教育家们和考试研究专家们呼吁的事情。

（二）地理学科大规模公开考试试题考核目标要清晰

分析我国从 2007 年开始实施新课程改革后的地理大规模公开考试卷就会发现，新课程地理大规模公开考试还存在许多的问题和不足，如考查的内容和能力不能很好地反映地理新课程标准的要求，考试内容的覆盖面狭窄，不能很好地引导中学地理教学，有些地理大规模公开考试试题的地理学科性不足等。究其原因，是新课程地理大规模公开考试考核目标的制定存在一定的问题，考核目标不能很好地反应新课程标准中对中学地理教学的基本要求，因此，建立与地理新课程目标相一致的考核目标就显得非常紧迫。

第一，地理学科大规模公开考试考核目标设定非常重要。新课程地理大规模公开考试命题的首要问题是设定新课程地理学科大规模公开考试考核目标。考核目标可以从理论和实践两个层面来解决考试测量什么的问题，也是解决考试的理论解释和测量的有效性问题的前提条件。新课程地理学科大规模公开考试的考核目标包括两个层面：一是理论层面的目标，它是一个抽象的概念性目标，具有不可直接测量的性质。从理论或心理学的角度，对考试结果进行总体解释，必须要有这样一个抽象的目标，本书将理论层面的目标称为测量目标。在研究的过程中，该测量目标主要来源于地理新课程标准中的课程目标总目标。二是操作层面的目标，具体界定测量目标的行为目标或行为标准，因为是可测的，本书称之为行为目标。在研究的过程中，该行为目标主要来源于地理新课程标准中课程目标的分目标，即知识与技能，过程与方法，情感、态度与价值观等三维目标。

第二，地理学科大规模公开考试考核目标的设定必须遵循以下一些基本的原则。考核目标的设定应基于课程目标；考核目标的设定应符合逻辑；测量目标的设定应选择合适的行为动词；考核目标的设定应该服务于考试性质。

（三）地理学科大规模公开考试试题考试内容要规范

1. 考试内容规范表和试题规范表在大规模教育考试中的作用

考试内容规范表（content specifications）俗称内容细目表或多维细目表，试题规范又称试题细目表（item specifications）。考试机构在进行大规模公开考试命题之前，应该开发和设计考试内容规范表和试题规范表，用于直接指导命题者进行命题。如果将地理新课程标准的分析、研究，制订新课程地理学科大规模公开考试的测量目标、行为目标，确定试卷结构等作为考试的理论分析和设计阶段，将新课程地理学科大规模公开考试命题、组卷、施考和结果处理作为考试的实践阶段的话，则考试内容规范表和试题规范表就是这两个阶段的连接段，起衔接作用。

2. 新课程地理学科大规模公开考试的考试内容规范表的内容

新课程地理学科大规模公开考试的考试内容规范表需要设定哪些内容呢？纵观我国大规模公开考试地理考试大纲（课程标准试验版）对考试内容规范的不足，结合美国 ACT、SAT、NAEP，以及我国学者的研究成果，新课程地理学科大规模公开考试的考试内容规范表的内容应该包括考试的测量目标和行为目标、试题内容、试题结构、试题形式。

3. 新课程地理学科大规模公开考试考试内容规范表的设计步骤

由考试内容规范表的内容可见，考试的测量目标、内容领域及其相应的行为目标是考试内容规范表的核心。制作考试内容规范表之前，应该对地理课程标准进行研究，了解每个内容领域的行为特征及其与考试行为目标的关系。

制作考试内容规范表一般包括以下 6 个步骤（雷新勇，2006）。

①列出考试测量的行为目标；②列出考试的内容领域，以及每一内容领域的行为特征；③确定每一内容领域的行为特征与考试测量的行为目标的对应关系；④以考试测量的行为目标为一维，以考试内容领域为另一维，制作考试内容规范表底表，将每一内容领域与行为目标相应的行为特征填入两个维度交叉的单元格中；⑤确定每个单元格的采样数（试题数）和题型；⑥将每个单元格的行为特征去掉，保留试题数，如果有必要则加上题型要求或说明。按照上述步骤，可以很方便地形成新课程地理学科大规模公开考试考试内容规范表。

4. 新课程地理学科大规模公开考试考试试题规范表的内容

试题规范表将考试内容规范表中确定的行为目标和内容领域的命题要求具体化、规范化。它也代表了考试机构对命题者正式的、系统的要求。在新课程地理大规模公开考试中，需要多名命题者共同协作进行命制试题时，试题规范表将会非常有用。它能够保证试题测量行为目标的一致性，保证试题与设计要采样的内容领域的一致性，从而保证试题的质量。一般的试题规范表包括 8 个方面的内容（雷新勇，2006）：①学科 *；②考试的测量目标和行为目标；③内容领域或内容要求 *；④题型；⑤题干的限制条件或要求；⑥对迷惑项的要求 *；⑦正确应答；⑧样题。其中，标有“ * ”的内容不是必需的，可视实际需要而定。

（四）地理学科大规模公开考试试题背景材料要新颖

任何一道新课程地理学科大规模公开考试试题都要求考生依据试题的背景材料来完成思维活动，试题通过对试题背景材料和考生应答形式的规定，获得考生应答的结果，并根据考生的应答结果对考生的应答进行赋分，据此来推测考生地理基础知识和基本原理、基本地理技能以及地理学习能力、全球意识和可持续发展观念等。

新课程地理学科大规模公开考试试题背景材料的来源主要有以下几个：对中学地理课程标准中内容标准素材进行改编；对大学地理科学相应教材进行改编；对公开发表的地理科学专业论文进行改编；对模拟的地理探究性实验进行设问；以地理热点问题，即热点事件、热点地区和热点话题作为试题的背景材料。

三、地理教育测量的质量指标

在新课程地理学科评价中，考试分数被解释为个人地理知识和地理能力的标志，那么考生考试获得的考试分数必须可靠、有效。因此，新课程地理学科评价的有效性和可靠性，即考试的效度和信度，对教育考试中考生能力测量的解释和使用是至关重要的。在考试开发和使用中，信度和效度是两个必须要考虑的基本质量指标。命题的质量指标主要包括两个层面，一个是命制的试题本身质量如何，其评价指标主要有区分度和难度；另一个是试题组合得如何，其评价指标主要有效度和信度。现具体论述如下。

（一）信度

1. 信度的定义

在新课程地理学科评价中，测验的信度（reliability）是指测验的可靠性、一致性和稳定性程度。信度是经典测量理论对测验的一个指标，是考试分数质量指标，一个完全可靠的分数应该没有任何测量误差。

2. 信度的计算

在新课程地理学科评价中，信度可以形象地解释为，只要被测量对象，即考生本身没有变化，用同样的“尺子”去测量，总可以得到同样的结果。但是，新课程地理学科中被评价的对象是人而不是物，人是极不稳定的因素，要完全排除测量误差几乎是不可能的。所以，考生在一次考试中所得的卷面分数往往是真分数加上误差分数。若卷面得分为 X，真分数为 T，误差为 E，可用如下公式表示（张亚南，2000）。

$$X = T + E \tag{11-1}$$

在新课程地理评价过程中，除了考试要测量的能力之外，还有许多因素影响考生在考试中的表现，这些因素就是测量的误差来源。例如，考生在考试过程中的表现可能会受到考试环境、考试条件、身体疲劳、焦虑、紧张，以及考试时间分配不合理等因素的影响，因此，在不同的情况下，获得的分数可能会不一致。信度实际上讨论的是不同的时间、不同的试卷、不同的评分教师，以及不同的测量背景下，考试结果的一致性问题（雷新勇，2000）。对地理学科评价而言，可能存在若干来源的测量误差，因此，检查考试分数信度时，首先要确定误差的来源，其次要采用适当的经验方法，估计不同来源的误差对考试分数的影响程度，确定潜在的误差来源要根据适当的误差来源理论做出判断。

3. 提高新课程地理学科评价试题信度的基本要求

提高新课程地理学科评价试题信度的基本要求有：陈述试题的形式规范、简明、易懂、无歧义；对被试容易疏忽的地方有提示语或警示语；非开放性试题的评分标准合理，评分标准的预见性比较好。考试方法的可靠程度、考试结果的准确程度和考试得到的分数的精确程度等，都与信度有关。

（二）效度

1. 效度的定义

测验效度（validity）是指测验的有效性或准确性，即测验对其所要测试的特性准确测量的程度。需要指出的是，测验效度是相对的。其有两层含义：①有效性是针对特定的评价目的、对象而言的，一种测验工具不可能适用于任何目的和对象；②有效性不是有或无的对立，而是程度的不同。一般说来，测验的实施都建立在精心设计的基础上，测验不可能完全无效。另外，由于测验的复杂性和各种偏差的存在，评价也不可能完全有效（金娣和王钢，2007）。

效度也是经典测量理论对测量的一个指标，考试结果解释和使用最重要的质量指标就是效度。按照美国心理测量协会 1985 年的定义，效度是指根据考试分数所做出的推测或决策的有意义、适当、有用的程度。要使新课程地理学科考试的分数成为考生能力有意义的衡量标志，就必须要保证考试只测量了地理学科各类评价中测量目标要测量的能力，几乎不测量其他任何东西。在检查考试分数的意义时，首先要证明，除了要测量的能力以外，考试分数没有过多地受到其他因素的影响。如果考试分数受到测量误差的明显影响，分数就没有意义，也就不能成为有效解释和使用的基础。在新课程地理学科评价的效度检验中，还要关注考试分数是否与考试目标相适应，是否能够满足考试目标的需要。与信度一样，对效度进行检验需要进行判断和经验研究，并且要搜集证据，对考试结果的解释和使用的价值、社会后果进行评价。

2. 提高新课程地理学科评价效度的基本要求

提高新课程地理学科评价效度的基本要求有：地理学科评价设计的试题或者方案有利于考生理解并尝试解答题目；题型的选用合适，并且各题型题量合适，使用得当，能够有效地发挥该题型的优势功能；试题陈述无科学性错误，无歧义等；开放性试题的评分标准设置合理，阅卷者能够正确地理解和使用该评分标准，体现了开放性试题测量考生的分析地理问题和解决地理问题的能力、运用地理专业术语进行表达的能力，以及考生的创新能力等；测量的知识点源于既定的测量内容领域，抓住新课程地理学科评价中考试内容规范既定的测量内容，不拘泥于某一种版本的地理教材或其他与之相关的辅助材料；不命制偏题怪题或者雷同的试题，偏题即设置根据钻牛角尖的问题或选择只能就事论事不能进行再抽象的孤立知识及其构造的问题类型的问题所设计的题目；陈题是对某些现成的地理试题没有进行实质改造所设计出来的题目；同一道试题所涉及的问题具有同质性，便于迷惑那些没有真正掌握该内容的考生，增加试题的效度。

信度是考试分数的质量指标，效度是考试结果解释和使用的质量指标，二者都不是考试本身的质量指标。此外，信度和效度都不是绝对的，实际上不可能获得没有测量误差的考试结果，对考试分数解释和使用是否适当，也取决于考试以外的一些其他因素。确定一个教育考试的信度和效度的程度取决于考试使用者的价值判断。

（三）难度

1. 难度的概念

难度（difficulty）即测试题目的难易程度。它可分为绝对难度和相对难度两种。绝对难度又称认知难度，是指项目本身固有的难度。相对难度又称统计难度，是学生实测后，经计算得到的难度指标，常用通过率（P 值）来表示。在新课程地理学科评价过程的数据统计中，通常是用能够正确回答一道试题的人数（或得分数）与参加测验的总人数（或总分数）之间的比率来表示该试题的难度，即试题的统计难度。比率（P 值）越大，说明试题的通过率越高，该试题就越容易，试题的难度就小，反之则试题的难度就大。它是衡量试题质量的一个重要指标参数，与试题的区分度共同影响并决定试卷的鉴别性。测试的难度水平多高才合适，这取决于测试的目的、项目的形式和测试的性质。

有一些评价对地理试题的难度是有规定的，如在新课程地理学科高考中，对试题的难度规定是这样的：试卷包括容易题、中等难度题和难题，以中等难度题为主。试卷的难度设计也与高考的录取率有一定的关系，高考的录取率高，则试题的难度低。例如，学生的学业水平测试，难度要求要低一些，要求大部分的学生都应该达标。

2. 难度的计算

难度的计算方法因题目形式和赋分方法的不同而有所区别。当题目是二分变量（即答对为 1，答错为 0，如单项选择题）时，可以根据通过的人数直接求出题目难度：

$$P=\frac{R}{N} \tag{11-2}$$

式中，P 为题目难度；R 为正确回答人数；N 为参加测验的总人数。

当题目分数是多分值时，难度是全体被试在该试题上的平均得分数与该试题满分的比率（张亚南，2000）。

$$P=\frac{\overline{X}}{X_{\max}} \tag{11-3}$$

式中，P 值为题目难度值；$\overline{X}$为全体被试在该试题上的平均得分；$X_{\max}$为该试题满分值。

目前，由于计算机技术的普及，根据全体考生每道试题的得分精确计算试题的难度，已经十分方便。但如果是在条件不具备的情况下，也可以通过分组来进行粗略估算试题的统计难度。估算难度的具体步骤为，先把考生成绩由高到低排列，取前 27%的考生作为高分组（h），后 27%的考生作为低分组（l），再分别求出高分组和低分组在各题上的通过率，估算公式为（金娣和王钢，2007）：

$$P=\frac{P_{\mathrm{h}}+P_{\mathrm{l}}}{2} \tag{11-4}$$

式中，P_{h}、P_{l} 分别为高分组和低分组的通过率。

在实践中，为了方便起见，也可以采用前后 25%～30%的比例为标准进行分组。

3. 难度的数值范围

难度的数值范围为 0～1，通常为一个小数。难度为 0 表示无人答对，难度为 1 表示人人都答对。一般而言，人们把难度值为 0～0.2 的题目称为难题，难度值为 0.3～0.7 的题目称为中等题，难度为0.8～1.0的题目称为易题。各种常见测验的整卷的难度值一般在0.5～0.8，测验的选拔性越高，整卷的难度也趋向于越高（金娣和王钢，2007）。一般来说，试卷难度系数设计在0.5左右时，考生的成绩呈正态分布，试卷的标准差一般达到最大，对学生的区分也最好。

试题难度的设计与评价的目标有密切的关系。在新课程地理学科高考中，随着高考录取率的变化，也需要对高考试卷的难度做适当的调整。考虑到高考与中学教学之间的关系和考试结果对考生的影响，新课程地理学科高考试卷难度一般规定在0.55～0.65。随着我国高等教育进入大众化阶段，新课程地理学科高考试卷的难度也应适当降低。在新课程地理学科的学业水平测试中，大部分的考生都应该达标，试卷的难度一般应该规定在0.90以上。

4. 影响新课程地理学科评价试题难度的因素

理论上讲，新课程地理学科可以根据考试的目的和性能，确定适宜的试题难度，以求达到测量的目标，为社会输送合格的毕业生或者为高一级学校选拔合适的人才。但实际上，地理学科评价试题的难度是在考试之后才能得到的信息，因此，试题命制者在命题之前就要明白影响地理学科试题难度的因素，在命题的过程中能够有效地控制这些因素，从而有效地控制试题的难度。一般来说，新课程地理学科评价中的试题难度与试题的考查目标（认知过程维度）、考生对试题背景材料的熟悉程度、背景材料的信息量、题型、评分的误差、试题的分量与考生答题的时间安排等有关。

（四）区分度

1. 区分度的概念

区分度（differentiation）是题目对学生特性的区分程度。区分度高的题目能有效地区分水平不同的学生，区分度低的题目则不能有效地区分水平不同的学生（金娣和王钢，2007）。一道区分度高的地理试题，学业水平较高的学生都答对，而学业水平较低的学生都答错。反之，一道区分度不高的地理试题，则无法正确地区分学生的学习能力和学业水平。

2. 区分度的意义

通过题目区分度的分析，可以得到以下信息。一是题目是否能有效地测量或预测所要了解的某些特性或状态。例如，考查学生分析地图的能力，考试结果能否如实地反映出学生读图、提取有效信息分析并得出结论的水平，能力高的考生是否真正得到高分数。二是一个题目能否与其他题目同效地鉴别学生，即被试在该题上获得了高分数，能否在其他题上也获得高分，或者是同样地获得低分。三是被试在某一个题目上的得分与整个测验的总分数间一致性的状况，即总分高的被试是否在该题上的得分也高。题目区分度实质上是用以鉴定一个题目有效性的指标，它的变化对测验的质量具有深刻的影响。

3. 区分度的计算方法

区分度的常用计算方法为相关法，即计算学生各考题得分与测验总分的相关。

根据分数（变量）的不同性质，可采用不同的公式计算区分度。其中一种比较简单而常用的计算方法就是比较两个极端被试组（高分组和低分组）在该题上通过率的差异。公式如下：

$$D = P_{\mathrm{h}} - P_{\mathrm{l}} \tag{11-5}$$

式中，D 为试题的鉴别指数；P_h、P_l 分别为高、低分组在该题的通过率。这种计算试题区分度的方法适用于被试人数较多的情况。

4. 区分度的数值范围和解释

由于区分度主要由计算相关而得出，而相关系数因相关的方向性不同，会出现正值（正相关）及负值（负相关）。因此，区分度的数值范围为－1～＋1。

区分度出现负值，说明该考题不但不能有效地区分成绩好与成绩差的学生，反而起到了负面的干扰作用，即能力差（总分低）的学生通过率高，能力强（总分高）的学生通过率却低。考题区分度为正值时，数值越大越好。在实践中，人们提出了判断考题区分度高低的经验标准。美国测验专家伊贝尔（L. Ebel，1965）根据其编制测验的经验，提出了用鉴别指数评价试题的标准，见表 11-7（张亚南，2000）。

表 11-7 鉴别指数的评价标准表

鉴别指数	试题评价
0.4 以上	非常优秀
0.30～0.39	良好，如能改进更好
0.20～0.29	尚可，用时需作改进
0.19 以下	劣，必须淘汰或改进

在新课程地理学科评价过程中，表现性的评价主要是对课堂教学的效果进行检测；终结性评价主要是对模块的教学效果进行检测；学生的学业水平考试主要是检测学生的达标程度。只有在地理高考中，才更重视试题的区分度，以便为甄别和选拔考生提供真实可靠的依据，通过高考将真正优秀的考生选拔出来。但无论如何，编制良好的考题不应该出现区分度为负值的现象，试题的区分度最好能尽可能地提高。

5. 难度和区分度的关系

在新课程地理学科评价中，为了使命制题目的测量结果更加有意义，应在分析与评价过程中建立起难度与区分度两项指标之间的关系，并进行总体衡量，即对题目进行综合分析。

在区分度指标中，以鉴别指数 D 为例，当 P 值为 0.5 时，D 值达到最高，此时题目的区分能力最大。也就是说，中等难度（$P=0.5$）的试题具有较好的区分度。但这并不意味着，当全卷每道试题的难度值都是 0.5 时，测验的区分能力最强，而是指当测验或试卷的平均难度达到 0.5 时，测验的区分效果相对最好。难度接近 1 或 0 时，区分度会趋向变小，即过易或过难的试题区分度一般都不高。在新课程地理学科评价中，过难的考题区分度更低，因为过难的考题，即使成绩好的考生也只能依赖于猜测来答题，从而降低了考题的区分度。所以在新课程地理学科的试题命制过程中，应该注意控制试题的难度。

思考与练习

1. 说出地理学习评价的内容与特点。

2. 根据地理课程标准内容与学生特点，设计某一地理教学单元的地理学习形成性评价方案。

3. 根据地理课程标准内容与学生特点，设计某一模块地理学习终结性评价方案。

4. 请说明地理学科大规模公开考试的性质与特点。

5. 请举例说明地理学科大规模公开考试对试题有哪些具体的要求。

6. 请举例说明影响新课程地理学科评价试题难度的因素有哪些。

参考文献

陈澄. 2007. 新编地理教学论. 上海：华东师范大学出版社，176，183-184.

陈澄，樊杰. 2004. 普通高中地理课程标准（实验）解读. 南京：江苏教育出版社，267-268.

崔允漷，王少非，夏雪梅. 2008. 基于标准的学生学业成就评价. 上海：华东师范大学出版社，1-2.

高凌飚. 2004. 关于过程性评价的思考. 课程教材教法，10：15-19.

金娣，王钢. 2007. 教育评价与测量. 北京：教育科学出版社，127-130.

雷新勇，周群. 2008. 试题命制的理论和技术（一）. 考试研究，01：84-96.

雷新勇. 2006. 大规模教育考试：命题与评价. 上海：华东师范大学出版社，17，121，125-126.

李家清. 2006. 新课程高中地理“过程与方法”的教学评价实践. 教育科学研究，08：18-21.

马蔼乃. 2001. 思维科学与地理思维研究. 地理学报，03：234-235.

钱建源. 2005. 形成性评价的原则及其方法举愈. 基础英语教育，07：67，69.

施良方，崔允漷. 1999. 教学理论：课掌教学的原理、策略与研究. 上海：华东师范大学出版社，336.

王道俊，王汉澜. 1989. 教育学. 北京：人民教育出版社，294.

王后雄. 2008. 大规模公开考试命题公正的现实困境与两难选择. 教育研究，08：24.

张亚南. 2000. 地理教育测量. 北京：科学出版社，19、146、131、142.

张跃，王晶莹. 2011. 国外关于课堂教学形成性评价的研究. 中小学教师培训，04：62-63.

钟启泉，崔允漷，张华. 2001.《基础教育课程改革纲要（试行）》解读. 上海：华东师范大学出版社，288.

周慧. 2010. 有效的地理课堂教学. 广州：暨南大学出版社，227、247-249.

第十二章　地理教师专业发展

本章的学习目标：

1. 理解地理教师专业发展的内涵；
2. 理解地理教师专业发展的意义；
3. 知道地理教师专业发展的主要途径；
4. 认识地理教师专业发展的一般规律；
5. 能够规划自己的专业发展历程。

第一节　地理教师专业发展的概念

百年大计，教育为本。教育大计，教师为本。

教师在教育教学中的重要性，无论如何夸张都不过分。教师，永远是教育中的第一要素。如何提高教师教育教学素质是当今教育界所面临的一个重要课题。

早在20世纪80年代，美国《时代周刊》就发表《危机！教师不会教》（教育部师范教育司，2001），引发了美国全面开展教师培训，促进教师专业发展，提高教师素质的教育改革运动。

今天，随着我国社会各项事业的蓬勃发展，社会对高质量教育的需求越来越强烈。高质量的教育，必须以高质量的教师为基础。因此，加强教师专业发展，提高教师教育教学水平和能力已经成为我国教育的紧迫任务。

一、专业的基本特征

职业（occupation）与专业（profession）是两个不同的概念。职业是指由于社会分工而出现的、人们赖以生存的工作方式。在众多的职业种类中，有的是需要经过特殊的培训、具有专门的技术才能胜任的，这种职业即为专业。一般地，专业的基本特征（条件）有以下4个。

（一）具有专门的、稳定的队伍

专业人员是专业存在的基础。专业人员在长期的实践工作中形成了专门的知识与技术（还包括艺术等）。而且，这些专业知识、技能、艺术等随着专业人员的发展而不断发展。这些专业人员是其他人不可替代的。

（二）具有比较成熟的专业理论和技术

任一专业都必须具有相对完整的理论体系和专业技术规范。

（三）具有特殊的社会功能

专业存在的社会价值是由于它的社会功能。专业是社会高度分工的产物，它在社会中扮演着一定的社会角色，具有特定的社会价值，承担着一定的社会责任。因此，每一个专业都有它的职业规范和道德。

（四）具有专业标准

专业人员具有自己的专业组织和专业学术交流平台，以及专业培训机构、专业资格认可机构。进入专业范畴应具备专业条件。

二、作为专业化的教师职业

1966年，联合国教育、科学及文化组织和世界劳工组织发表了《关于教师地位的建议》，认为教育工作应该被视为一种专业。自此以后，教师职业不断地向着专业化的方向发展。教师职业专业化就是指教师作为一种专门职业并获得专业地位的过程。目前，我国教师职业的专业化程度还不够高，教师专业组织还不够发达，还缺少相应的教师专业任职资格评估机构与培训机构。2012年，虽然我国制定了教师专业标准，但是，还缺少相应的配套工程。教师职业专业化道路还很远。落实教师专业标准是规范教师教育教学工作的重要措施，也是保护教师教育教学工作的重要武器。

三、教师专业发展

教师专业发展包括两个方面的含义，一是教师专业的发展；二是教师的专业发展。本书仅就教师的专业发展作简要讨论。

教师专业发展是指教师为了适应教师职业专业化水平不断提高的要求，在教师职业各个方面所实现的发展。它包括以下3个方面。

（一）专业精神的发展

专业精神是专业发展的灵魂。一个教师如果没有形成专业精神，那么他就不可能有专业发展。教师专业精神不仅直接决定着自身专业发展，而且影响着学生学习。教师与学生的交往，首先是一种精神交往。教师的专业精神能激励学生向上，是学生学习的重要动力源地。另外，教师专业精神也是教师社会形象重要的表征形式。

教师专业精神主要包括以下4点。

1）专业道德。教育部印发的《中小学教师职业道德规范（2008年修订）》对教师职业道德作了明确的规定。

2）专业认同。即对自己所从事专业的感知、理解与热爱。做自己喜欢做的工作是幸福的。

3）专业责任。当师生关系确立以后，教师自然就对学生的发展具有责任。教师对学生的责任大于作为职业的报酬的意义。

4）专业追求。教学的学问永无止境。教师教到什么时候，就学到什么时候。教师要终职学习。

（二）专业知识的发展

狭义的教师专业发展往往仅指教师教学水平和教学能力的发展。实际上，教师专业水平与专业能力仅是专业发展的外在表现形式之一。也就是说，专业水平高的教师，其专业发展不一定是最好的。相反，专业发展较好的教师，必定有较高的专业水平。

专业知识泛指从事专业性工作所需要的一切知识。由于专业知识的内涵很宽泛，我们无法将其一一列出。笔者认为，主要有两种分类体系，一是从知识的出处分，二是从知识的性质分。

从知识的出处分，把专业知识分为本体性知识、实践性知识和条件性知识（连榕，2007)。本体性知识指学科知识，实践性知识指教学经验，条件性知识指教育学和心理学知识。

从知识的性质分，我们把知识分为叙述性知识、逻辑性知识和缄默性知识。叙述性知识指关于事实和公理、定理性的知识，它既包括学科知识、教育学与心理学知识，也包括社会学等方面的知识。逻辑性知识（又可称为程序性知识）是指基于叙述性知识推演出来的知识，它是关于做事或解决问题的技巧的知识。缄默性知识是只能意会，不能言传的知识。这类知识，一部分是在教师读书中悟出来的，更多的是教师在教学实践中感悟到的。这是教师教育智慧的核心部分，它是教师教育能力的根基。

（三）专业能力的发展

教师专业能力泛指教师教育所需要的各种能力。

教学既有科学性，又有艺术性。教师教育能力必须建立在教育教学的科学性基础上，即必须遵循教育教学的科学规律。

1）把握学生认知规律的能力。专业能力中的首要能力是运用教育教学规律的能力。学生的地理认知有哪些规律？这是一个有待深入研究的问题。但是，每一个教师都应该具有自己的认识，并梳理出若干条规律。

2）深刻把握教学内容的能力。就地理教学内容而言，我们首先要把握教学内容的知识结构。任一教学内容都存在着特定的内在联系。帮助学生理清这些联系，是教师教学的重要任务。其次，要把握教学重点和难点。最后，要根据教学目标，深刻把握教学内容的层次。一般地，教学内容分为三个层次。第一个层次是地理知识，第二个层次是地理方法，第三个层次是地理思想。在教授地理知识的时候，要引导学生学会地理方法，并形成地理思想。只有当地理知识转化为地理方法和思想时，地理知识的意义才能得以体现。地理思想表现为若干地理观念。主要的地理观念有人口观、资源观、环境观和可持续发展观念（人地观）等。

3）深入了解学生的能力。学生是鲜活的存在者。他们既具有一定的共性，又存在着个性差异。教学既要照顾到群体的一般发展，又要考虑到个体潜能的充分发挥。因此，一个专业化水平较高的教师必须深入了解学生的学习基础。学生的学习基础包括：学生的学习价值取向与态度、学习的意志、已有的知识水平、认知能力、对本课程的学习兴趣与爱好、班级学习风气与风格、若干类群体（甚至个体）的学习风格。

4）学生学习指导能力。教师在教学中的重要性就是表现在对学生学习的指导作用。教师的指导作用表现在引导学生主动去吸收知识、积极思考、主动运用学会的方法去解决问题。简而言之，教师的指导作用体现在如何让学生成为更有智慧的人，而不是成为知识的储存器。

5）教学设计能力。教学设计是在一定的教育教学观念指导下形成的，发现、解决教学问题，以求得最佳教学效果的一般方法和原则的理论，它是关于教学内容、教学组织与管理、教学方法、学习方式、教学媒介、教学评价等的理论体系（常华锋，2007）。教学设计的最终成果是以教学方案体现出来的。教学方案是关于教学过程中可能出现的教学现象与处理方式的预设。教学设计能力主要表现在对教学设计各项要素的理解与设计的能力。主要的教学设计要素包括课程标准、教学目标、教学内容、学生、教学方法、教学策略、教学模式、教学媒介、教学评价、教学反思等（常华锋，2008）。

6）教学研究的能力。教师教学研究包括课程标准研究、教学内容研究、学生学习研究、教学理论与方法研究、教学评价研究、校本课程研究、教师专业发展研究等各个方面的研究。

教学研究成果的呈现形式，一是教学质量不断提高。教师专业发展的标志性指标是教学效果的不断提高。表现为学生更加喜欢所任教课程、学生学业成绩较好，以及学生的各项相关能力与思想认识不断提高。二是发表教学论文。能总结，并撰写教学论文是教师专业化水平的一个重要标志。在此基础上，还有著书立说。三是开展课题研究。对于教学中的重要问题，要以课题的形式进行攻关研究，并积极参与各级教育规划课题的申报工作。

7）运用教学媒介的能力。目前，主要的教学媒介，一是"三板"。"三板"是其他媒介替代不了的一种教学手段。因此，地理教师专业的发展必须练好"三板"。二是多媒体。它包括课件的制作与使用、网络资源的查找与使用等。

8）教学资源开发能力。教学资源开发能力包括学科课程资源开发能力、地方课程资源开发能力和校本课程资源开发能力。学科课程资源开发中，要特别重视学生课程资源和教学过程中的生成性课程资源。

9）学习的能力。学习是教师职业的特性。专业化教师必定是坚持天天学习的教师。教师学习的内涵是宽泛的，首先，要向自己的教学实践学习。反思是学习的途径之一。反思的价值取向与标准是以学生的发展为本。其次，是向同行学习，向学生学习。最后，是向书本学习，向专家学习，向社区学习。

10）社会化的能力。学生学习的过程，也是一种社会化过程。社会化，即学生个体将社会行为规范、准则内化为自己的行为标准。它包括认同、接受、自觉维护等阶段。社会化的过程也是一种责任感形成的过程。在社会化过程中，学生一方面要学会适应社会，学会与他人交往，另一方面，要更加深刻地认识社会，了解社会。学生社会化过程是一个主动的过程，而并非被动地为了生存而适应。

四、教师专业特征

教师专业具有很强的独特性。主要表现在以下 4 个方面。

（一）情境在场性

教师工作的情境在场性表现为：①教师行为的即时性。教师的教学行为总是要根据教学现场的实际情况来确定。任何教学现场都是现时生成的，而不是事先预设的。所以，教育教学过程中，教师要不断地思考，随时采取相应的策略。②教师的教育教学行为的个性。对于任一教学现场问题，不同的教师往往采取不同的解决方式与方法。③解决问题的经验性。教学问题的现场性决定了教师解决问题过程中，不可能有更多的时间去寻求理论支持，而往往是凭已有的经验做出判断，并采取相应的措施。④解决问题方法、思路的局限性。教师的工作受制于各种现实条件，所处的“场域”规定了其行动的类型和范围。教师很难从情境中抽身出来，系统地、唯智地、理想化地将理论应用于实践（陈向明，2008）。

（二）工作对象的不确定性

教学规律是一种统计性规律。在班级授课制条件下，对于单一个体，难以实施“因材施教”。特别是在人数较多的班级，虽然学生个体是鲜活的，但是教师的教育教学对象只能是抽象的，一般化的，甚至是模糊的。

（三）教学责任的弥漫性

教学是一项责任性活动。自学生进入班级以后，师生之间就确立了一种“契约”，即教师要对学生的发展负责任。这是教师职业的性质决定的。但是，教师的责任又是弥漫性的，即责任分散到各个方面。由于每一个教师对每一个学生都负有这样的弥漫性责任，因此，每一个教师的责任也就显得不那么具体、明确。这样，就致使教师的教育教学工作成为一种“良心”事业。

（四）工作性质的自主性

教育教学工作具有一定的规律，然而这种规律又是“统计性”规律。这一特性决定了教师教育教学工作的自主性较强。教师教育教学工作的自主性又决定了教师职业的创造性，即教师的教育教学工作是一项创造性工作。

第二节　地理教师专业发展的标准

2012年2月，教育部印发了《教育部关于印发〈幼儿园教师专业标准（试行）〉、〈小学教师专业标准（试行）〉和〈中学教师专业标准（试行）〉的通知》（教师〔2012〕1号）。

这是新中国成立以来的第一个明确教师专业要求，健全教师专业管理制度的政策性文件。它必将开启教师教育改革与我国教育教学发展的新时代。

《教师专业标准》的颁布是落实“国家教育规划纲要”的具体实践，它必将对实现规划中提出的“严格教师资质，提升教师素质，努力造就一支师德高尚、业务精湛、结构合理、充满活力的高素质专业化教师队伍”目标具有重要意义。

一、教师专业发展需要标准

教师是一专业性职业。教师的专业性，既表现在学科专业性上，也表现在教育教学的专业性上，即教师要具备基本的教育学、心理学、社会学等方面的专业知识、技能。

传统上，有人认为，只要闻道在先，即可做人师。认为只要有知识、有学问就可以做教师。这种认识是错误的。一个合格的教师不仅要有知识、有学问，还要有教育教学知识、技能，以及相关的艺术。一个不懂得学生学习规律的人，知识再渊博，也不会成为一个合格的教师。同样，教师必须是学生成长的楷模与榜样，即教师必须具有高尚的道德、积极的人生态度与向上的进取心，必须对学生有较强的励志作用，是一个终身学习的教师。

二、制定教师专业发展标准的意义

教师也是发展中的人。教师的职业性质决定了教师要边教边学，教到老，就要学到老。今后，每一个教师，每 5 年必须参加一次培训；教师资格考试，也是每 5 年进行一次。教师资格认定的改革意味着教师必须“终职”学习。但是，教师奋斗的目标是什么？评价的标准又是什么？教师专业发展标准给教师的专业发展指明了方向和道路。

（一）规范教师专业行为

1966 年，联合国教育、科学及文化组织通过了《关于教师地位的建议》，指出教育工作是一项专门的职业，教师必须要有专门的知识、技能、高度的责任感。

到 20 世纪 90 年代，美国等许多发达国家先后出台了教师专业标准，教师职业的专业性逐渐为人们所认识。

教师工作既有科学性，又有艺术性。是需要经过一定的学习和训练才能达到从业要求。以前，教师的职业标准是经验性的，而且各地的要求是不同的，甚至有些地方就没有要求。因此，教师选拔缺少统一的标准和要求。从而使部分不具备教师任职能力的人也混进了教师队伍，以至于这个队伍中经常出现个别的有损于教师形象的事件。

《教师专业标准》从专业理念与师德、专业知识、专业能力 3 个方面对教师专业提出了要求，厘定教师的从教规格，必将对教师从教行为起到严格的引导与规范作用。

（二）为教师资格考核与评价提供了依据

《教师专业标准》是教师资格考评的依据，是教师教育教学活动评价的依据。因此，今后的教育教学评价必定是专业性的活动，即并非什么人都可以对教师的教学进行专业评价。相应地，教师的教学也有了法律性的依据，即教师可以依据《教师专业标准》对自己的教育教学活动权利进行维护。

同时，学校可根据《教师专业标准》录用教师。这有利于学校和相关部门严把教师入口关，确保教师资格质量。

（三）引导和规范教育健康发展

教育对学生发展的意义不言而喻。教育不仅对启迪学生的心智、锻炼学生的品格、完善学生的心性具有重要意义，而且还对社会的发展发挥重要作用。

《教师专业标准》不仅规划了教育教学内容与活动，重要的是对于培养合格的未来公民，引领和促进社会健康发展，建设和谐社会具有重要意义。

（四）为教师教育培养与培训提供目标参照

伴随着《教师专业标准》的颁布，相应地出台了《教师教育课程标准》、《中小学教师资格考试大纲》，以及《“国培计划”课程标准》。这意味着大学中的教师教育专业、教师职前培训、教师职后（职中）等各项培训与教师自主学习都有了法规性的目标。

（五）与国际教师教育改革发展的趋势相吻合

目前，世界多数教育发达国家都制定了教师专业标准。综览这些国家的教师专业标准，基本内容大致相似，即主要从专业知识、专业实践能力、专业品质、专业关系协调能力等维度确立教师专业标准。

与国际多数国家相一致的教师专业标准将有利于我国教师参与国际教师教育交流。

三、教师专业发展的基本理念

《教师专业标准》中明确提出了教师专业发展的基本理念，内容如下。

（一）学生为本

学生为本，即“尊重中学生权益，以中学生为主体，充分调动和发挥中学生的主动性；遵循中学生身心发展特点和教育教学规律，提供适合的教育，促进中学生生动活泼学习、健康快乐成长，全面而有个性的发展。”

“以学生为本”的内涵是丰富的。今天，我们所说的“以学生为本”有以下 6 点（常华锋和朱莉，2011）。

1. 尊重学生学习的主体地位，增强学生的主体意识

教育以人为本，即办学以教师为本，教学以学生为本。以学生为本思想的核心是教育必须把增强学生的主体意识、提升学生的主体地位放在首位，并作为一切教育活动的首要原则。学生主体性表现为自主性、能动性和创造性。基于“以学生为本”，培养和强化学生学习的主体意识，强化其自主性、能动性和创造性比简单的“知识增长”更为重要。

2. 以学生发展为本

“以学生为本”首先是“目的”。在教学中，学生的根本利益就是发展。以学生为本的教学的基本目的是实现学生发展。学生发展的内涵是丰富的，包括以下内容。

1）全体发展。学生发展，绝不仅仅是“精英”学生的发展，而是每一个学生，特别是“学习困难”学生和“心理困难”学生的发展。

2）全面发展。学生需要在身体、心理、品德、智能等各个方面都健康发展。

3）均衡发展。在全面发展的基础上，实现各个方面的协调发展。均衡发展不等于平均发展。

4）目标性发展。学生的发展分为共性发展与个性发展。学科教学目标属于共性发展目标。学科教学必须完成教学任务，达到课程目标。在实现共性目标的前提下，突显个性发展。

5）群体发展。个体发展是在群体发展中实现发展的。人不仅具有自然属性，而且具有社会属性。人的社会属性是在人的生产活动与生活活动中产生的，人的重要特性在于人的社会性。学校、班级就是一个社会，一个集体。离开了这个“社会”，就不存在“个体”的发展。

6）自觉发展

自觉，即自己有意识地主动去做。自觉发展，即根据外在环境条件与要求和自身条件与

需要安排自身发展。教育教学具有教育本体功能与社会功能，教育的本体功能是促进学生个体发展，满足个体发展的需要，教育的社会功能是满足社会发展对教育的需要。个体发展的需要与国家（社会）需要是辩证统一的。“以学生为本”并非指学生个体（个性）的自由而任意的发展。“以学生为本”中的学生，既包含着学生个体，又包含着学生群体。个体的发展需要尊重群体的发展，在群体发展的基础上实现个体的自由而生动的发展。

7）最快发展。从教学效率的角度看，生本教学力求以最小的投入获得最大的产出，即教师和学生的教学投入要获得学生最大的发展。

8）最大发展。生本教学要实现学生潜能的最大限度发挥。

9）持续发展。学生的发展是持续性的。每一节课，每一学期，学生都必须有所发展。人的发展无法通过教学直接实现，它是通过知识的积累、认识与能力的提高内化为素质而实现的。

在哲学意义上，学生是未完成的、有待不断完善的社会存在物。教育的功能就是要使学生的潜能得到不断的、最大限度的开发，从而不断发展。潜能发展不是盲目的，当潜能发展与适应性发展相协调时，才能不断增强人的创新意识，实现人的价值。持续发展的过程就是人的价值不断增值的过程。因此，学生发展是一项持续性、长久性的工作。

以学生为本，即充分发挥学生的潜力，尊重学生的选择。学生具有发展选择权。但学生的发展选择是有条件的，即“这一切必须坚持用马克思主义、毛泽东思想、邓小平理论，特别是江泽民‘三个代表’的重要思想武装学生的头脑，指导我们的工作，反对个性至上、个人至上的极端个人主义思想的泛滥。”

3. 尊重学生的客观存在

马克思人学思想与西方人本主义的根本区别在于马克思把人视为社会活动与社会关系中的现实的人。人是一切社会关系的总和。“每一个人的发展是一切人发展的前提和条件。”人类社会追求的最终目标是实现人的全体的自由和全面发展。

将这一原理运用到教学实践中，我们可清楚地看到，我们的教学对象是存在着学习基础、学习兴趣、学习能力差异的具体的个体，是鲜活的存在者，而不是一个抽象的群体。

4. 学生既是教学价值的主体、价值标准，又是评价者

价值观是以科学和价值的统一为原则的。所谓科学就是遵循规律，所谓价值就是满足主体的需要。主体价值需要的满足建立在遵循客观规律的基础上。主体不是万能的，主、客体地位的确立，以及主体需要的实现都不是任意的，一方面要受客观规律的制约，另一方面又要受人们实践水平的制约。客观规律是人们价值目标实现的依据，离开客观规律，单独地谈人的价值目标和价值实现是不科学的，最终也是徒劳的。

在社会历史中，人的实践活动形成了历史，历史是人民群众创造的。群众是社会的根本。一方面，社会发展具有一定的规律，这种规律是客观存在的，是不以人的意志为转移的；另一方面，社会历史的发展又具有一定的局限性与条件性。只有在认识、把握这一规律的前提下，发挥人的主观能动性，克服历史的局限性（或等待历史发展条件成熟），才能利用这一规律，才能进一步推动社会发展。教学也是如此。首先，检验教学质量高低与教师教学效果的标准是学生的发展。只有学生的发展需要得到满足时，教师的劳动才有价值。人是万物的尺度，学生是教学的尺度。其次，教师的指导作用，只有在遵循学生群体与个体发展规律的前提下，才能发挥最大的作用，才能体现教学的价值。

5. 尊重学生的话语权，开展民主“对话”

在人们反思传统师生关系的时候，无疑受后现代主义思潮的影响。后现代主义的师生观强调“平等与对话”，认为对话型师生关系的本质是民主，学生体验的是平等、自由、尊重、信任、理解和宽容，培育的是自主自觉的意识、自我实现的欲望、开拓创新的激情和积极进取的人生态度。

教学是一种“对话”。“对话教学法”可追溯到苏格拉底的“助产术”教学法，即通过提问，引导学生“发现”显而易见的、唯一正确的答案。这种对话就对话双方而言是不平等的；就对话内容而言，是封闭性的、先验性的；就对话内容的性质而言，是知识性的。显然，这种对话是典型的“以教师为中心”和“以知识为中心”。以学生为本的，或者反“中心”的后现代主义对话要求对话具有开放性和启发性。

相对传统对话的真理探索，后现代主义对话的范式是建立在经验基础上的意义建构。这种对话超越了传统哲学的主客观二元论，从根本上改变了传统教学中师生的角色，传统意义上的师生变成了教师学生（teacher-student）和学生教师（student-teacher），二者之间失去了绝对的对立，因而后现代对话也就不再存在先验的结论和固定的答案，所有的问题、假设，以及先前的观点都可成为质疑的对象。因此，这种对话可引导对话本身具有无限的创新。

后现代主义的“对话”对于纠正传统教学中教师的话语“霸权”具有积极的意义。但是，不论是强调转变教师角色，还是改进教学“对话”，我们都不能从一个极端走向另一个极端。科学问题必以事实为依据，求真求实，社会问题必以一定的世界观和价值观为评判依据，求善求美。从这个角度上看，一切问题都应有其“唯一性”。只要社会存在着主流价值观，那么教师在对话中的引导作用就必不可少。

6. 尊重学生的人格

尊重，即尊崇而敬重，尊重就是给任何人一样的尊严。根据马斯洛需要理论，尊重是人的需要，人的内心都渴望得到他人的尊重。同时，尊重他人是一种高尚的美德，是一个人内在修养的外在表现，也是一种智慧，一种文明的社交方式。

尊重是以学生为本的基本要素之一，其主要内涵包括：第一，教师自我尊重。教师自尊的内涵是很丰富的，主要包括道德品质方面要自律、专业发展方面要不断提升、教学艺术不断提高、教育技术与时俱进、教学研究有所建树等。教师自尊，既是为了赢得学生的尊重，更是个人修养与职业的要求。第二，教师尊重学生。尊重他人人格是人际关系最基本的要求。第三，学生自尊。自尊既是学生学习（修养）的重要内容，也是学习进步的基本保障条件之一。第四，学生之间的相互尊重。第五，尊重他人的劳动。学生要尊重教师的劳动，尊重教辅人员的劳动。爱护公物也是一种尊重。第六，尊重生命。既要尊重自己的生命、他人的生命，也要尊重动物的生命、植物的生命。不乱踩草坪就是尊重生命的一种具体体现。

（二）师德为先

师德为先，即“热爱中学教育事业，具有职业理想，践行社会主义核心价值体系，履行教师职业道德规范。关爱中学生，尊重中学生人格，富有爱心、责任心、耐心和细心；为人师表，教书育人，自尊自律，以人格魅力和学识魅力教育感染中学生，做中学生健康成长的指导者和引路人。”

1. 热爱教育事业

热爱教育事业是师德的基础与核心内容。热爱教育事业，就意味着我们对教育事业要有奉献精神。教师工作是艰苦的，而且是无限度的。教师不仅需要体力的付出，而且需要感情、时间、精力乃至全部心血的付出。

热爱教育事业，就是要甘愿付出，就是要甘于寂寞，甘于辛苦，甘于奉献，甚至甘于委屈自己，经受得住挫折的失败，将自己所有的精力全身心投入到教育教学实践中去。

2. 履行教师职业道德规范

要认真学习，并在教学实践中落实《中小学教师职业道德规范》。我们要按照《中小学教师职业道德规范》规定的 6 条要求，自觉践行教师职业道德规范。

1）爱国守法。热爱祖国是每个公民，也是每个教师的神圣职责和义务。建设社会主义法制国家，是我国现代化建设的重要目标。要实现这一目标，需要每个社会成员知法守法，用法律来规范自己的行为，不做法律禁止的事情。教师应该是模范的爱国守法者。

2）爱岗敬业。教师应始终牢记自己的神圣职责，志存高远，把个人的成长进步同社会主义伟大事业、同祖国的繁荣富强紧密联系在一起，并在深刻的社会变革和丰富的教育实践中履行自己的光荣职责。自觉践行社会主义核心价值体系。

3）关爱学生。教师不仅要关爱学生的心智发展、人格与品质的发展，还要关爱学生的身心健康发展。不仅要关注学习优秀的学生，而且要特别关注学习困难的学生，平等公正对待学生。要做学生的良师益友，保护学生安全，维护学生权益。

4）教书育人。教师必须遵循教育规律，实施素质教育。循循善诱，诲人不倦，因材施教。要善于根据学生个体的特点，对学生进行励志教育，让每一个学生都有自己的人生规划，都有阶段性的奋斗目标。

5）为人师表。教育者，必须先受教育。教师要坚守高尚情操，知荣明耻，严于律己，以身作则，在各个方面率先垂范，成为学生的榜样。要关心集体，团结协作，尊重同事，尊重家长。作风正派，廉洁奉公。

6）终身学习。终身学习是教师职业性质所要求的。教师必须树立终身学习的理念，拓宽知识视野，更新知识结构，不断提升专业能力。潜心钻研业务，勇于探索创新，不断提高教研水平。

3. 为人师表，教书育人，自尊自律

首先要按照一个好老师的标准严格要求自己，严守师德，身正为范，时时处处作学生的表率，在传授知识的同时，更要重视孩子的行为习惯。教授做人的道理，教师在学生心目中，是智慧的代表，是高尚人格之化身，教师的一言一行，一举一动，都对他们精神世界起着无声无息的作用。教师要时时处处以身作则，为人师表，凡要求学生做的自己必须先做到做好。正如孔子所说："其身正，不令而行，其身不正，虽令不从。"

4. 不断提升个人的教师人格魅力和学识魅力

凡优秀的教师，都有极高的人格魅力和学识魅力。

人格魅力是指人的性格或特质等多方面的综合呈现，它是通过长期的教育实践而形成和发展的独特的感染力、影响力与号召力之总和。教师人格魅力要素包括以下 4 点。[①]

---

① 吴惠红．论教师的人格魅力．http：//www.gxu.edu.cn/administration/xwzx/tpxw/xb_show.php? id＝3188. 2013-05-08

1）渊博的知识、灵动的智慧。知识是水，魅力是舟，魅力需要知识的承载方能显出迷人的风采。教师只有知识渊博，才能为魅力形成铺垫深层的土壤。唯有教师善于读书，深有所得，才能教好书。只教学生读书，而自己少读书或不读书，是不容易收到成效的，因此，在读书方面，也得要求“教师下水”（叶圣陶，1980）。

2）具有堪为人师的高尚品德。教师是以培养人为终极目标的。要培养高质量的人才，教师必须先将自己造就成一个值得推崇的模范。魅力崇尚高尚的操守，他需要一身正气和傲然不俗的风骨，需要站得直、走得正。所以，教师应淡泊以明志，宁静以致远，朗如日月，清如水静。

3）具有诚挚博大的无私爱心。一个要让学生真正喜欢的教师，必须要有诚挚博大的无私爱心，如慈母般用真挚丰富的情感去感染、教育学生。一个教师是否赢得学生的信任和爱戴，主要是看他是否真正地去关心爱护学生。具有诚挚博大的无私爱心，是教师具有人格魅力的前提。

4）拥有一定的人文修养。一方面，人文素质的高低决定着教师师德水平的高低。一个教师的人文修养在一定程度上影响着他能否具有爱岗敬业、乐于奉献的精神和品格，影响他能否真正做到教书育人。另一方面，人文修养的高低还决定着教师学识水平的高低。教师的学识水平，不仅包括他在本专业学习研究中的深度与广度，还包括教师对本民族人文精神的深刻理解，对民族历史文化的熟练掌握。较高的人文修养有利于教师把握社会发展趋势，使他们勇于接受新事物；有利于教师汲取传统文化的精华，拥有取之不竭的教育资源；拥有较高的人文修养的教师，在专业课教学中，不仅能使学生获得某种自然、社会和思维领域的规律性知识，而且还可以给学生以人文方面的启迪和美的享受，教师的影响就能更多地渗透到学生生活的一切领域。

（三）能力为重

能力为重，即“把学科知识、教育理论与教育实践相结合，突出教书育人的实践能力；研究中学生，遵循中学生成长规律，提升教育教学专业化水平；坚持实践、反思、再实践、再反思，不断提高专业能力”。

能力，一般认为，指人们顺利完成某种活动所必备的个性心理特征。教师教育教学能力，是指教师顺利完成教学任务所必需的有效的心理条件，主要包括以下 3 点。

1）专业（研究）能力。教师一方面要研究学科教学内容，另一方面要研究学生的学习规律，把握学生认知发展的规律和心理发展规律，认识学生、了解学生，把握学生的特点和需求，并根据这些规律和特点开展教育教学。

2）教育实践能力。教师不仅要成为教育理论家，更重要的是能把这些理论运用到教学实践中去，将教育教学研究成果转化为教学质量成果。因此，教师必须具有较高的教育教学实践能力，即能独立、有效地解决教学实际中的各种问题。

3）教学反思与发展能力。教学反思是教师专业发展的有效途径之一。我们要大胆地在教学实践中运用并检验自己的教学思想，做到实践—反思—再实践—再反思，以不断提高自身的专业能力。

（四）终身学习

终身学习，即“学习先进中学教育理论，了解国内外中学教育改革与发展的经验和做法；优化知识结构，提高文化素养；具有终身学习与持续发展的意识和能力，做终身学习的典范”。

现在的社会是一个开放的社会，一个不断进步的社会，新事物不断出现。为了适应这样的社会，每一个人，特别是教师，都有责任和义务不断地学习。在终身学习的社会中，教师应该是终身学习的典范，“改革要求每个人都要坚持、开放、迅速地学习”（Barbara，2006）。

1）向书本学习。我们要给自己制定一个读书计划。每学期都要坚持读几本教育哲学、教学论、课程论、学科专业，以及教育心理学等方面的书。要订阅几本杂志，了解学科教育教学发展的动向。

2）向他人学习。要经常参加各种教学研究活动，从交流中学习；要经常听别人的课，在听课过程中，一方面欣赏他人的优点，另一方面批判他人缺点。在欣赏和批判中学习。

3）在实践中学习。读书是学习，实践则是更重要的学习。实践必须要有理论指导。所以，我们的每一项教学活动都必须依据一定的教学理论。任何教学理论都有其最佳适应条件和局限性。我们要结合自己的教学条件，创造性地运用教学理论，并在用的过程中，形成自己的教学风格。

四、教师专业发展的基本内容

《中学教师专业标准》中设置了三个“维度”，即专业理念与师德、专业知识、专业能力。每个“维度”下又设若干“领域”。每个“领域”中又提出了若干“基本要求”，见表12-1。

表 12-1　中学教师专业标准基本内容

维度	领域	基本要求
专业理念与师德	（一）职业理解与认识	1. 贯彻党和国家教育方针政策，遵守教育法律法规
		2. 理解中学教育工作的意义，热爱中学教育事业，具有职业理想和敬业精神
		3. 认同中学教师的专业性和独特性，注重自身专业发展
		4. 具有良好职业道德修养，为人师表
		5. 具有团队合作精神，积极开展协作与交流
	（二）对学生的态度与行为	6. 关爱中学生，重视中学生身心健康发展，保护中学生生命安全
		7. 尊重中学生独立人格，维护中学生合法权益，平等对待每一个中学生。不讽刺、挖苦、歧视中学生，不体罚或变相体罚中学生
		8. 尊重个体差异，主动了解和满足中学生的不同需要
		9. 信任中学生，积极创造条件，促进中学生的自主发展
	（三）教育教学的态度与行为	10. 树立育人为本、德育为先的理念，将中学生的知识学习、能力发展与品德养成相结合，重视中学生的全面发展
		11. 尊重教育规律和中学生身心发展规律，为每一个中学生提供适合的教育
		12. 激发中学生的求知欲和好奇心，培养中学生的学习兴趣和爱好，营造自由探索、勇于创新的氛围
		13. 引导中学生自主学习、自强自立，培养良好的思维习惯和适应社会的能力

续表

维度	领域	基本要求
专业理念与师德	（四）个人修养与行为	14. 富有爱心、责任心、耐心和细心 15. 乐观向上、热情开朗、有亲和力 16. 善于自我调节情绪，保持平和心态 17. 勤于学习，不断进取 18. 衣着整洁得体，语言规范健康，举止文明礼貌
专业知识	（五）教育知识	19. 掌握中学教育的基本原理和主要方法 20. 掌握班集体建设与班级管理的策略与方法 21. 了解中学生身心发展的一般规律与特点 22. 了解中学生世界观、人生观、价值观形成的过程及其教育方法 23. 了解中学生思维能力与创新能力发展的过程与特点 24. 了解中学生群体文化特点与行为方式
	（六）学科知识	25. 理解所教学科的知识体系、基本思想与方法 26. 掌握所教学科内容的基本知识、基本原理与技能 27. 了解所教学科与其他学科的联系 28. 了解所教学科与社会实践的联系
	（七）学科教学知识	29. 掌握所教学科的课程标准 30. 掌握所教学科课程资源开发的主要方法与策略 31. 了解中学生在学习具体学科内容时的认知特点 32. 掌握针对具体学科内容进行教学的方法与策略
	（八）通识性知识	33. 具有相应的自然科学和人文社会科学知识 34. 了解中国教育的基本情况 35. 具有相应的艺术欣赏与表现知识 36. 具有适应教育内容、教学手段和方法现代化的信息技术知识
专业能力	（九）教学设计	37. 科学设计教学目标和教学计划 38. 合理利用教学资源和方法设计教学过程 39. 引导和帮助中学生设计个性化的学习计划
	（十）教学实施	40. 营造良好的学习环境与氛围，激发与保护中学生的学习兴趣 41. 通过启发式、探究式、讨论式、参与式等多种方式，有效实施教学 42. 有效调控教学过程 43. 引发中学生独立思考和主动探究，发展学生创新能力 44. 将现代教育技术手段渗透应用到教学中
	（十一）班级管理与教育活动	45. 建立良好的师生关系，帮助中学生建立良好的同伴关系 46. 注重结合学科教学进行育人活动 47. 根据中学生世界观、人生观、价值观形成的特点，有针对性地组织开展德育活动 48. 针对中学生青春期生理和心理发展特点，有针对性地组织开展有益身心健康发展的教育活动 49. 指导学生理想、心理、学业等多方面的发展 50. 有效管理和开展班级活动 51. 妥善应对突发事件

续表

维度	领域	基本要求
专业能力	（十二）教育教学评价	52. 利用评价工具，掌握多元评价方法，多视角、全过程评价学生发展 53. 引导学生进行自我评价 54. 自我评价教育教学效果，及时调整和改进教育教学工作
	（十三）沟通与合作	55. 了解中学生，平等地与中学生进行沟通交流 56. 与同事合作交流，分享经验和资源，共同发展 57. 与家长进行有效沟通合作，共同促进中学生发展 58. 协助中学与社区建立合作互助的良好关系
	（十四）反思与发展	59. 主动收集分析相关信息，不断进行反思，改进教育教学工作 60. 针对教育教学工作中的现实需要与问题，进行探索和研究 61. 制定专业发展规划，不断提高自身专业素质

五、中学教师资格考试内容

中学教师资格考试内容分初中教师和高中教师两部分。

（一）初中教师

初中教师资格考试内容分为 3 个领域（一级指标）。具体内容见表 12-2。

表 12-2　初中教师资格考试内容

一级指标	二级指标	三级指标
1. 职业道德与素养	1.1 职业理念	1.1.1 了解国家实施素质教育的基本要求，能正确分析和评判教育现象 1.1.2 了解初中教育阶段对学生发展的意义，能客观公正地对待学生，促进学生全面发展 1.1.3 了解教师专业发展的要求，具有终身学习与自主发展的意识
	1.2 职业规范	1.2.1 了解国家主要的教育法律法规，能分析评价教育教学实践中的法律问题 1.2.2 了解教师职业道德规范，能分析评价教育教学实践中的道德规范问题 1.2.3 了解教师职业道德行为要求，能做到爱岗敬业、爱国守法、关爱学生、教书育人、为人师表、终身学习
	1.3 基本素养	1.3.1 掌握一定的自然和人文社会科学知识，具有较好的文化修养 1.3.2 掌握一定的艺术鉴赏知识，具有一般的审美能力 1.3.3 具有阅读理解能力、语言与文字表达能力、交流沟通能力、信息获取和处理能力
2. 教育知识与应用	2.1 教育基础	2.1.1 掌握教育理论的基本知识，能运用教育的基本原理和方法，分析和解决初中教育教学实践中的问题 2.1.2 掌握初中教育规律与学生特点的相关知识，能分析、处理教育教学中的问题 2.1.3 了解基础教育课程改革的动态和发展情况，能分析和指导教育教学 2.1.4 了解教育科学研究的基本理论和方法，能对教育教学实践的问题进行初步研究
	2.2 学生指导	2.2.1 了解学生思想品德发展的规律和个性特征，能有针对性地开展德育工作 2.2.2 了解初中生身体、情感发展的特性和差异性，掌握心理辅导的基本方法 2.2.3 了解初中生学习心理发展的特点和规律，能指导学生选择不同的学习方法进行积极有效的学习
	2.3 班级管理	2.3.1 了解班级管理的一般原理和方法，能做好班级的日常管理工作 2.3.2 了解学习环境、课外活动的组织和管理知识，能组织学生开展丰富多彩的课外活动 2.3.3 了解人际沟通的方法，能主动与同事、学生、家长、社区等进行交流

续表

一级指标	二级指标	三级指标
3. 教学知识与能力	3.1 学科知识	3.1.1 掌握拟任教学科的基础知识、基本理论，了解学科发展的历史、现状和趋势，能在教学中正确运用学科知识 3.1.2 掌握拟任教学科义务教育课程标准 7～9 学段的教学内容和要求，能用以指导自己教学。 3.1.3 掌握学科教学论的理论知识，能指导学科教学活动
	3.2 教学设计	3.2.1 了解分析学生学习需求的基本方法，能根据学生已有的知识水平和学习经验，准确说明所选内容与学生已学知识的联系 3.2.2 了解学习内容的选择与分析学生的基本方法，能根据学生的认知特征和课程标准的要求确定教学目标、教学重点和难点 3.2.3 掌握教案设计的要求、方法和技巧，能恰当地描述教学目标，选择适当的教学方法，合理安排教学过程和教学内容，在规定的时间内完成所选教学内容的教案设计
	3.3 教学实施	3.3.1 了解教学情境创设、学习动力激发与培养的方法，能有效地将学生引入学习活动 3.3.2 掌握指导学生学习的方法和策略，能依据学科特点和学生的认知特征，恰当地运用教学方法，帮助学生有效学习 3.3.3 掌握教学组织的形式和策略，能在教学活动中调动学生的主动性，组织探究性教学与研究性学习 3.3.4 了解课堂总结的方法，能适时地对教学内容进行归纳、总结，条理清楚、重点突出，合理布置作业 3.3.5 能运用现代教育技术进行教学
	3.4 教学评价	3.4.1 了解教学评价的知识与方法，具有正确的评价观，能对学生的学习活动进行评价 3.4.2 了解教学反思的基本方法和策略，能对自己的教学过程进行反思，提出改进的思路

（二）高中教师

高中教师资格考试内容也分为 3 个领域，具体内容见表 12-3。

表 12-3　高中教师资格考试内容

一级指标	二级指标	三级指标
1. 职业道德与素养	1.1 职业理念	1.1.1 了解国家实施素质教育的基本要求，能正确分析和评判教育现象 1.1.2 了解高中教育阶段对学生发展的意义，能客观公正地对待学生，促进学生全面发展 1.1.3 了解教师专业发展的要求，具有终身学习与自主发展的意识
	1.2 职业规范	1.2.1 了解国家主要的教育法律法规，能分析评价教育教学实践中的法律问题 1.2.2 了解教师职业道德规范，能分析评价教育教学实践中的道德规范问题 1.2.3 了解教师职业道德行为要求，能做到爱岗敬业、爱国守法、关爱学生、教书育人、为人师表、终身学习
	1.3 基本素养	1.3.1 掌握一定的自然和人文社会科学知识，具有较好的文化修养 1.3.2 掌握一定的艺术鉴赏知识，具有一般的审美能力 1.3.3 具有阅读理解能力、语言与文字表达能力、交流沟通能力、信息获取和处理能力

续表

一级指标	二级指标	三级指标
2. 教育知识与应用	2.1 教育基础	2.1.1 掌握教育理论的基本知识，能运用教育的基本原理和方法，分析和解决高中教育教学实践中的问题 2.1.2 掌握高中教育规律与学生特点的相关知识，能分析、处理教育教学中的问题 2.1.3 了解基础教育课程改革的动态和发展情况，能分析和指导教育教学 2.1.4 了解教育科学研究的基本理论和方法，能用以分析和研究教育教学实践问题
	2.2 学生指导	2.2.1 了解学生思想品德发展的规律和个性特征，能有针对性地开展德育工作 2.2.2 了解高中生身体、情感发展的特性和差异性，掌握心理辅导的基本方法 2.2.3 了解高中生的学习心理发展的特点和规律，能指导学生选择不同的学习方法进行积极有效的学习
	2.3 班级管理	2.3.1 了解班级管理的一般原理和方法，能做好班级的日常管理工作 2.3.2 了解学习环境、课外活动的组织和管理知识，能组织学生开展丰富多彩的课外活动 2.3.3 了解人际沟通的方法，能主动与同事、学生、家长、社区等进行交流
3. 教学知识与能力	3.1 学科知识	3.1.1 掌握拟任教学科的基础知识、基本理论，了解学科发展的历史、现状和趋势，能在高中教学中融会贯通地运用学科知识 3.1.2 熟悉拟任教学科普通高中课程标准的教学内容和要求，能用以指导自己教学 3.1.3 掌握学科教学论的理论知识，能指导学科教学活动
	3.2 教学设计	3.2.1 了解分析学生学习需求的基本方法，能根据学生已有的知识水平和学习经验，准确说明所选内容与学生已学知识的联系 3.2.2 掌握学习内容的选择与分析学生的基本方法，能根据学生的认知特征和课程标准的要求确定教学目标、教学重点和难点 3.2.3 掌握教案设计的要求、方法和技巧，能恰当地描述教学目标，选择适当的教学方法，合理安排教学过程和教学内容，在规定的时间内完成所选教学内容的教案设计
	3.3 教学实施	3.3.1 了解教学情境创设、学习动力激发与培养的方法，能有效地将学生引入学习活动 3.3.2 掌握指导学生学习的方法和策略，能依据学科特点和学生的认知特征，恰当地运用教学方法，帮助学生有效学习 3.3.3 掌握教学组织的形式和策略，能在教学活动中调动学生的主动性，组织探究性教学与研究性学习 3.3.4 了解课堂总结的方法，能适时地对教学内容进行归纳、总结，条理清楚、重点突出，合理布置作业 3.3.5 能运用现代教育技术进行教学
	3.4 教学评价	3.4.1 了解教学评价知识与方法，具有正确的评价观，能对学生的学习活动进行评价 3.4.2 了解教学反思的基本方法和策略，能对自己的教学过程进行反思，提出改进的思路

第三节　教师专业发展的一般规律

教师专业发展具有一定的规律。这种规律主要表现为发展的阶段性。关于教师发展的阶段划分，国内外不同学者有不同的意见。一般认为，教师专业发展（自任职开始）分为 5 个阶段。

第一阶段：新手阶段。自进入教师行列的 1～2 年时间。在这一段时间里，这些教育新手处于被动适应时期。他们拥有的学科专业知识虽然比任教学科丰富，但是其体系并非与所教教科书体系完全相同，因此，在学科专业知识方面，此时的新手们处于调整、组合时期。在教育教学专业知识方面，他们几乎是空白。大学所学的教育学、心理学知识均属于理论性的。这些理论性（学术性）知识对复杂的教学实践的指导价值几乎是零。在社会学知识方面，这些年轻教师也是刚被“社会化”的新手。他们需要学会与老教师相处。部分刚参加工作的教师，由于适应新环境或者抗挫折能力较差，或者对教师工作缺少应有的认识，其适应性相对较差。因此，其适应的时间也相应地延长。

第二阶段：入门阶段。这一时期一般需要1～2年。其主要特征有3个。第一，在学科专业知识上已经形成了与所教内容相一致的知识体系。第二，具备了初步的教育教学知识，能处理日常教学问题。第三，能按教学常规，完成教学任务。

第三阶段：胜任阶段。这一时期一般需要2～3年。其主要特征有3个。第一，初步积累了教学经验，其教学属于经验型教学，即能根据已经积累的处理教学案例的经验处理即时出现的各种教学问题。第二，能独立完成教学设计。第三，初步建立具有自己特色的教学风格。第四，具有较高的教学艺术水平和教师魅力，其课堂教学比较受学生欢迎。

第四阶段：熟练阶段。一般地，经过5～6年左右的努力，年轻教师的教学水平显著提高，表现在6个方面。第一，具有较高的教育教学智慧，能轻松处理各种突发事件。第二，能初步开展教学研究（包括课程研究），能对自己的教学工作进行反思，并写出具有较高水平的教学论文。第三，能开展教学改革与实验，构建自己的教学策略和教学模式，教学效果良好。第四，能指导学生开展课外活动和研究性学习。第五，能独立开发课程资源，开设校本课程。第六，能胜任班主任工作。

第五阶段：成熟阶段。经过熟练阶段1～2年的努力，至第7～8年，即可进入成熟阶段。至此，年轻的教师即可成为专家型教师。其主要特征有4个。第一，能掌握一般的教育教学理论，并能将教学实践与教学理论相结合，为自己的教学改革与实践找到理论根据。第二，独立开展教学研究与课题研究。第三，能与他人对教学中的问题进行交流，并指导他人教学。第四，具有较强的教学改革意识和能力，掌握学科教学前沿研究成果，并开展相关教学改革与实验。

第四节　教师专业发展模式与途径

优秀教师的发展道路是不同的，从而形成了若干教师专业发展模式与发展途径。

一、教师专业发展模式

教师专业发展模式指教师专业发展的指导思想、策略、方法与途径、评价等的综合性结构。

（一）理智型教师专业发展模式

该模式强调知识对于教师专业发展的重要意义。认为，一个优秀教师最重要的是要拥有知识。一是学科知识（content knowledge），二是教育知识（pedagogical knowledge）。具备了丰富的知识，教师自然就会成为一个优秀的教师。

目前，许多培训部门基于这一认识，在开展教师教育或教学培训中，他们大多倾向于向参训人员传递专业知识。

（二）实践-反思型教师专业发展模式

该模式强调教学实践在教师专业发展中的意义。认为以下 3 点。

1）教师专业发展的动力在于教师自身的认识，而不是外界的刺激。该模式倡导者认为，教师专业发展的根本原因是通过教学反思，促进对教学实践活动的深刻理解，形成内在的意义建构，而不在于获取外在的知识。

2）强调实践在教师专业发展中的作用。认为教师只有通过实践，才能知道自己需要什么；只有知道自己需要什么，才能去学习、补充什么。同时，他们认为，只有在实践中检验学到的知识，才能知道什么知识是有用的，什么是没用的；同样，也只有在实践之后，才知道哪些做法是对的，是有效的，哪些做法是无效的。即，他们强调实践反思。

3）教学研究实践是教师专业发展的有效途径。研究实践的方式多种多样。例如，写日志、博客、课后反思、构想、文献分析等。与同事或同行进行交流（包括面对面交流、网络交流等）也是一种有效的途径。

（三）合作型教师专业发展模式

该模式的倡导者认为，教师个体专业发展是建立在全体发展的基础之上的。教师专业知识的发展和专业能力的提高，不仅需要自己的努力，也需要他人（同事、校外专家等）的帮助。他人的帮助，一是指他人的指点与指导，二是通过听课、参与教学研究活动，学习他人的教学经验。因此，该模式的倡导者，极力倡导学校教研文化，认为学校的文化气氛直接影响着教师专业发展。

（四）学习、实践、研究三位一体模式

该模式倡导者认为，教师专业发展是一个综合性问题，是多种因素相互作用的结果，因此，他们认为，自主学习、积极实践，以及教学研究是专业发展必不可少的三驾马车。其中，主动学习与自我反思是内力，是基础，实践与同伴帮助、专家指点与引领是关键，教学研究是后备的持续动力保障。

随着社会对高质量教育教学需求的不断增强，教师专业发展的质量也在不断提高。教师专业发展已经成为广大教师必须面对的一个现实问题。随着教师专业发展研究的不断深入，一些新的教师专业发展模式也必将不断出现。我们要改变传统基于培训的专业发展模式为现时代的基于发展的专业发展模式，改变基于外在动力的专业发展为基于内在动力的专业发展，改变基于理论性知识的专业发展为基于实践性知识与技能的专业发展，改变基于个体的专业发展为基于全体的专业发展。

二、教师专业发展的基本途径

概括各种教师专业发展模式，其共性的问题是教师必须与时俱进，不断学习。目前，实现教师专业发展的主要学习形式有 8 个。

（一）积极参与各级各类教师培训

目前，教师教育培训，往往以专家讲座为主。教育教学理论分为学术性教学理论与实践

性教学理论。教师在听学术性报告时，要尽可能将理论与自己的教学实践联系起来。目前，部分教师之所以感觉专家报告“无效”，就是因为没能把专家报告中所谈到的学术性理论与自己的教学实践结合起来，因而感觉专家的理论不能指导自己的教学实践。

（二）积极观摩他人教学

教学是一项经验性很强的活动。观察他人教学能受到许多启发。这些启发既包括他人的教学经验，也包括他人教学不足所带来的教学教训。观摩他人教学，既要接受他人好的一面，又要用批判的态度找出其不足，并设想自己的处理方案。

（三）积极邀请他人指导，同事互助指导

有计划地邀请专家型教师听课指导是教师实现专业发展的重要方式。

（四）积极开展课题研究

课题研究是教育科学研究的重要内容之一。积极申报各级各类课题，争取手头始终有研究的课题。通过课题研究，一方面提高自己的研究能力和研究水平，另一方面争取取得更多的成果，为参与更多的研究活动打下基础。

要积极开展基于学校的问题研究。通过解决学校面临的主要问题，进一步提高教学质量。

（五）认真读书学习

读书是最有效的学习方式之一。读书，包括读纸质著作、文章，也包括电子材料。浏览他人的教育教学博客也是读书学习的重要内容。

（六）积极开展教学行为研究

教学是一项专业性活动。教学活动中存在着许多问题。为解决这些问题所进行的研究，可笼统称为行动研究。行动研究是一种参与性研究，即研究者就是实践者。行动研究也是一种反思性研究，即研究的内容是针对行动中存在的问题而开展的。

教学研究是教师专业发展的有效途径。教学研究不仅可以提高教学水平，而且还能满足自我存在（R. Murray Thomas，2005）。从这个角度上看，教学服务在满足学生学习与发展需求的同时，也满足了教师自我价值实现的需要。

（七）积极开展叙事式研究

叙事式研究是指以叙事的方式开展的研究。叙事研究通过观察教育教学过程中的真实现象，追寻教师教育教学的足迹，发现和揭示教育教学事件中所反映（或存在）的教育教学思想、规律或价值。叙事式研究直接面对教学现实，即时性地解决现实问题。

（八）积极开展教学反思

教学反思是教师专业发展所必需的手段。教学反思是指通过对以往教学实践进行回顾、评价、批判，并进行修正，形成新的体系。

教学反思的形式是多样的。我们最常见的就是教后反思。上完一节课，就及时分析这一课的成败。笔者的建议是：每上完一节课，总是要找出 2 点优点，2 点缺点。优点，则继续发扬，缺点，则必须改正。这样，经过 3～4 个重复班的教学，就会打造一节比较完美的课。教后反思的结果要及时地记录在备课本上，或者记在单独的本上。建议教师们建立专门的教学反思记录本。

思考与练习

1. 地理教师专业发展的内涵有哪些？
2. 简要说明地理教师专业发展的意义。
3. 简要说明地理教师专业发展的主要途径。
4. 地理教师专业发展的一般规律是什么？
5. 选择一位中学地理教师，研究他（她）的专业发展历程，探究其专业发展的规律与特点。

参 考 文 献

常华锋，朱莉. 2011. 生本教学研究. 北京：首都师范大学出版社，32.

常华锋. 2007. 高中地理新课程教学设计. 济南：山东教育出版社，3.

常华锋. 2008. 高中地理有效教学设计的基本内容. 教学与管理，(08)：68.

陈向明. 2008. 教师专业发展需要什么“理论”的指导. 中国教育报.

教育部师范教育司. 2001. 教师专业化的发展与实践. 北京：人民教育出版社，23.

连榕. 2007. 教师专业发展. 北京：高等教育出版社，12.

叶圣陶. 1980. 叶圣陶语文教育论集. 北京：教育科学出版社，490.

Barbara MacGilchrist，Margaret Buttress. 2006. 教与学的变革. 郑莉，刘大鹏译. 北京：中国轻工业出版社，223.

R. Murray Thomas. 2005. Teachers Doing Research. New York：Pearson Education，Inc. ，5.